VACUNAS MENTALES

Enrique Zúñiga del Campo

ISBN: 9780999199381
LCCN: 2018949411

Publicado por: Pink Crickets LLC
San Antonio, Texas

DEDICATORIA

Dedicado a la memoria de mis padres:
Don Ponciano Eugenio Zúñiga Flores (mi mejor amigo) y Doña Leonor del Campo Hernández (Polillita).
Quienes me dieron la estructura básica para llegar a ser médico.

ÍNDICE

INTRODUCCIÓN

En 1971, ya siendo médico y habiendo obtenido el post grado en Psiquiatría; me trasladé a la ciudad de México, para lograr un segundo postgrado, en Psicoanálisis. En 1973 después de dos años de psicoanálisis personal (mismo que se extendió hasta 1979), llegué al Instituto de Psicoanálisis de la Asociación Psicoanalítica Mexicana .

Mis compañeros de "La Generación" fuimos recibidos por varios de los Psicoanalistas , que serían nuestros maestros y supervisores. El Director del Instituto era entonces el Dr. Antonio Mendizábal. Nos dio la bienvenida, y habló de la fascinante y satisfactoria tarea que aprenderíamos; y al mismo tiempo , de lo doloroso que resultaba "Despellejarnos todos los días, con cada uno de los pacientes". Nos esperaba un futuro laboral difícil, que viviríamos en "carne viva".

Al escuchar esto pensé : "me parece que este tío exagera". Claro, yo sólo era un frío médico, entrenado a memorizar conceptos, a saber de enfermedades psiquiátricas; y a visualizar la patología en el paciente. Con mis conocimientos yo era el portador de la llave que podía encerrarlo en el manicomio, o sacarlo, vía el uso de psicofármacos.

Con ocho años de un meticuloso análisis personal, de cuatro y cinco sesiones por semana, (en el que yo fui el paciente) aunado a muchas horas de supervisiones y cuatro años de estudio en los seminarios del Instituto; fui asimilando en forma gradual y sistemática, que para entender al paciente, debía tener una enorme capacidad de empatía; que habría que ponerme en el lugar del enfermo, pensar como él, y sentir lo que él sentía. Si esto no sucedía, no podría ayudarlo.

Acto seguido regresar a mi mismo y expresar mi interpretación de los porqués de sus pensamientos, de su conducta y de su sufrimiento, sin juzgarlo, entendiéndolo y acompañándolo, para así auxiliarlo hacia la salud.

En estos cuarenta años de ejercicio profesional, con el paciente en el diván, o frente a él; cuando se me hace un nudo en la garganta, o cuando me inunda la tristeza y el sufrimiento de quien me consulta, o cuando siento rabia por las injusticias y el abuso de que ha sido objeto él o la paciente; controlo mis emociones, trago saliva y recuerdo las sabias palabras de Toño Mendizábal y me digo ¡Qué razón tenía¡

En medicina física, el médico opera, corta, cura, amputa, etc. y aquí el médico no siente, al paciente le duele y se adecua a las indicaciones que el especialista le prescribe. En mi especialidad el paciente sufre, y el terapeuta también.

Algunos pacientes llegan a nuestra oficina asustados, angustiados, dolidos, o deprimidos. Otros muy acelerados, y una minoría están ahí, pero no sienten ni aceptan tener problemas, Pero no importa el grado de alteración que presenten; todos coinciden en no tener la menor idea de lo que va a suceder. Algunos manifiestan vagos conceptos sobre la psicoterapia, por algo que escucharon, o por haber visto una película. En realidad están frente a un terapeuta, que es un perfecto desconocido para ellos, y se apoyan en que, quién les recomendó, les aseguró, que les sería benéfico. Pero en mayor o menor grado, el paciente siente ahogarse en medio del océano, y con una tormenta de emociones encima.

Por el lado de los terapeutas, existen muchas variables en la forma de trabajar en cada uno de ellos. Existen terapeutas que obtuvieron el postgrado en psicoanálisis Freudiano, y que se mantienen en esa práctica ortodoxa. Algunos prefieren después la escuela francesa de Lacán o de algún otro Neofreudiano. Según su información, algunos siguen los lineamientos de el análisis transaccional; hay quienes aplican terapias breves, Sistémicas, Cognitivas, Gestalt, etc. o el uso exclusivo de psicofármacos.

Otros terapeutas escuchan al paciente, y escasamente van interviniendo sin explicaciones, en un trabajo que ellos consideran "psicoanalítico". Pero ni todos los pacientes son para psicoanálisis, ni el psicoanálisis es la panacea que todo cure; ni todos los terapeutas lograron el entrenamiento para aplicar ésta técnica; del mismo modo que un psicólogo (terapeuta) no médico, no está capacitado para recetar psicofármacos.

Otros terapeutas se trazan una estrategia y no la comunican a su paciente. Y no me cabe duda, que un buen número de terapeutas, ni siquiera elaboran una historia clínica, ni un plan definido de trabajo. Así se pierde tiempo, dinero y esfuerzo; ya que si uno no sabe a dónde va, lo mas probable es que no llegue. O que cualquier camión lo lleve.

En mi práctica profesional, atiendo algunos de mis pacientes en psicoanálisis (en los que considero que serán más beneficiados, con este nivel de terapia profunda). En la mayoría sigo una psicoterapia con la base psicoanalítica y con las modificaciones que he incorporado con la experiencia, y utilizo todos los conceptos que considero útiles para el beneficio del paciente.

Después de algunas consultas de evaluación, y de haber decidido aceptar el caso; conociendo las expectativas que el paciente tiene de la terapia, le comunico qué es lo que espero yo de él, para en un viaje bipersonal, lograr una reeducación de sus emociones, llegar a la meta; y que aprenda cómo mantenerse en tierra firme.

La experiencia me ha proporcionado la convicción de que si ambos, paciente y terapeuta, entendemos lo que sucede, por qué sucede, y lo que tendremos que trabajar; el sufrimiento disminuirá.

Cuando se comprende que éste trabajo no es mágico, que tiene una logística, y que hay que seguir todo un procedimiento ; disminuye la angustia y el dolor.

Este es el **motivo número uno** por lo que he escrito este libro, disminuir el dolor a través del conocimiento. Aquí expongo mucho de lo que explico en términos digeribles, a mis pacientes y sus familiares.

El **segundo motivo** fue percatarme de lo fácil que es complicar lo sencillo, y lo difícil que resulta simplificar lo abstracto y complicado; como es el funcionamiento de la mente normal y de la alterada.

Y habiendo explicado muchas veces en términos sencillos, sin tecnicismos, con dibujos, lo que yo entiendo, a pacientes y amigos, en estos años he recibido estímulos y peticiones de

"Lo que acabas de explicarme, ¿Por qué no lo publicas? "

Hacerlo me parecía que sería un aporte muy mediocre, pero mi hermano menor, aprovechaba toda oportunidad para insistirme diciéndome: "Escribe para gente como yo, para gente que necesitamos entender, escribe para tus pacientes, o para futuros pacientes".

Finalmente aquí me encuentro escribiendo.

Para estructurar lo aquí expuesto, he tomado la forma de pensar de William de Ockham. El principio de Ockham conocido como la "Navaja de Ockham", establece que siempre debe elegirse la teoría mas sencilla. Las teorías deben ser tan simples como sea posible. El lector encontrará explicaciones muy simplificadas de la psicoterapia con la que trabajo. No pretendo simplificar la teoría y/o la técnica psicoanalítica; ni simplificar los conceptos de otras corrientes de tratamiento.

Estas líneas van dirigidas a futuros pacientes, y a pacientes ya tratados, a padres de familia, a jóvenes parejas, médicos a maestros, a programas de escuelas para padres y a todo interesado , en comprender la conducta. Espero que el lector se beneficie de estas simplificaciones

El **tercer y último motivo** de este libro, es la frustración que vivo, por la escasa o nula labor de prevención que en esta disciplina hacemos. Nos llenamos de trabajo, y atendemos los últimos eslabones, ya alterados, de una cadena que se deformó muchos años atrás. Y el tiempo fuera del consultorio, lo dedicamos a labores de docencia, para entrenar a nuevos terapeutas, para que a su vez, atiendan a nuevos pacientes. No cubrimos la creciente demanda de pacientes: niños, adolescentes, adultos, parejas, familias, adictos, deprimidos, etc.

En casi todas las áreas de la salud, se han implementado medidas de prevención de enfermedades.

En nuestro país, a raíz que se instaló en los años sesentas, la cartilla nacional de vacunación obligatoria, muchas enfermedades infantiles han disminuido y algunas prácticamente desaparecido; por lo cual el número de camas hospitalarias en pediatría, se han reducido.

Sabemos desde hace muchos años, que pesa mas (o que vale más) un gramo de prevención, que un kilogramo de curación. Pero respecto a la salud mental, muy poco se hace.

Las herramientas de prevención en los padecimientos transmisibles, como ya mencioné, son las vacunas. En las enfermedades no trasmisibles, los equivalentes a las vacunas son solamente dos:

1) Información. Equilibrada, veraz y entendible.

2) Educación para la salud: Programas sostenidos que formen en el interior de cada ser humano, las mejores y mas saludables formas de vida.

Espero que las ideas aquí expresadas dejen en el lector, información clara, y pueda beneficiarse y orientar algún familiar o amigo. Y así hacer algo de medicina preventiva; que es el primer nivel de atención médica, e indudablemente la mejor de las medicinas.

Este libro está estructurado de 3 partes.

En la **primera parte**, en el primer capítulo, explico como se puede entender la conducta humana: apoyado de algunos dibujos, describo cómo se forma el aparato mental; cómo es que sentimos impulsos, y que los frena. Incluyo también aquí, el origen y el destino de los instintos básicos: la agresión y la sexualidad.

Siguiendo el esquema del ciclo de la vida; el segundo capítulo continúa con lo más importante y trascendente que sucede desde el nacimiento hasta llegar a la edad adulta. Enfatizo, como el desarrollo temprano, determinará toda la conducta ulterior; y lo que mas impacta en la infancia y en la adolescencia.

En el capítulo tercero, el adulto joven necesita una pareja. Describo cómo es la elección de ésta, el noviazgo, el matrimonio y su evolución. Cómo es la comunicación en la pareja, sus roles, y su mantenimiento adecuado. Cómo se conflictúa la pareja, y cómo salir del conflicto.

El capítulo cuatro está enfocado a las relaciones ente padres e hijos. Muestro el efecto en los hijos, de padres emocionalmente inmaduros vs. padres maduros. Qué pasa cuando los padres son laxos vs. exigentes. En este mismo segmento, hago mención especial sobre la exigencia y sus efectos.

Para la **segunda parte**, seleccioné cuatro temas. Corresponden a las variables más importantes, que he observado en mis pacientes. Que mas alteran sus vidas, y la de muchos adultos.

El capítulo quinto; se centra en el sentimiento de Culpa. Ahí analizo qué es y cómo se genera, como diferenciarla de la ansiedad; y lo que sucede cuando no se resuelve y se reprime. Cómo influye en las relaciones familiares, en la actividad profesional, en las enfermedades físicas y emocionales.

En el capítulo sexto reviso las Conductas Delictivas, entendidas como los aspectos emocionales y los neurológicos de la conducta violenta y delictiva. Además de la violencia física, abundo sobre el maltrato psicológico. Finalizo este capítulo con la descripción de los seres humanos más peligrosos : los psicópatas.

El capítulo séptimo lo dedico a las Conductas Adictivas :el consumo de substancias que estimulan la función del cerebro, y otras que lo deprimen. Cómo el uso de unas es legal, y el de otras es ilegal. La importancia de saber distinguir entre un usuario y un adicto. Cuál es el origen emocional, profundo, de la conducta adictiva. En forma somera reviso otras adicciones, no necesariamente con substancias tóxicas. Relato mi experiencia respecto a la prevención, y mi opinión acerca de la despenalización del uso de las drogas.

He considerado necesario dedicar un capítulo aparte –el octavo- a la adicción más peligrosa, más nociva y más difundida: el Alcoholismo.

La **tercera y última parte**, contiene dos capítulos. En el capítulo noveno, el foco de atención es a la fase final del ciclo vital. Reflexiono sobre el proceso de envejecimiento en todo humano, e incluyo algunas observaciones sobre el envejecimiento en el médico (quienes sabiendo mas del tema, no somos los que mejor envejecemos) Cierro el capítulo con algunos puntos de vista sobre la muerte.

En el décimo capítulo que he llamado "Que hacer", el lector encontrará un compendio de consejos, puntos específicos, hechos, afirmaciones y recordatorios, sobre cada uno de los temas desarrollados.

VACUNA 1
¿CÓMO ENTENDER LA CONDUCTA?

"Las cosas deberían de simplificarse lo mas posible,
pero no cualquier tipo de simplificación".
Albert Einstein

Desde mis años de formación hospitalaria y de cinco años como director del hospital psiquiátrico del estado de Nuevo León; llamó poderosamente mi atención, la conducta humana alterada.

Me pregunté infinidad de ocasiones:

¿Qué hace que un padre golpee a un hijo a quien ama?

¿Por qué una mujer tolera abnegadamente el maltrato violento de su pareja?

¿Por qué un niño es proclive a accidentarse?

¿Qué determina el pensamiento y el lenguaje del esquizofrénico?

Con el post grado en Psiquiatría, las interrogantes continuaban. Sabía que la mente tiene una parte consciente, que es como la punta de un iceberg; y otra parte oculta, profunda y amplísima que es el inconsciente.

Las respuestas médicas y psiquiátricas no satisfacían mi curiosidad. Sentía que las explicaciones se quedaban en la superficie.

Esta insatisfacción, me impulsó a buscar en la teoría y técnica psicoanalítica, y a invertir seis años más de formación.

Gradualmente se fue corriendo el telón, fue desapareciendo la obscuridad y fui encontrando las respuestas que buscaba, y que ahora les comparto.

Existen diferentes escuelas para explicar el funcionamiento de la conducta humana. La orientación Biologista explica que todos los pensamientos, palabras y actos son producto de la química del cerebro; de la interacción entre las neuronas.

Indudablemente, que en algunas enfermedades, como veremos mas adelante, y con la intervención de tóxicos, ya sean estimulantes o depresores del sistema nervioso central, si podemos entender el factor químico influyendo en la conducta.

Pero en la actualidad no podemos entender y explicar la totalidad de la conducta dentro de este marco Biologista.

Otra escuela -El Conductismo- enfatiza la importancia de esquemas aprendidos en los primeros años, en un aprendizaje entre estímulos y respuestas. Parte de las observaciones que hizo Iván Pavlov, al darle de comer a un perro y tocar una campana, comida-sonido de campana; comida-campana- n veces.

Posteriormente ya instalada en el animal la relación comida-campana, observó que, con el solo sonido de la campana, el animal empezaba a salivar y a mover el rabo, esperando el alimento.

Tampoco podemos entender toda la conducta como producto de estímulos y respuestas instaladas en el ser humano, como reflejos condicionados. Los psicoanalistas entendemos que la conducta es muy compleja y es multideterminada. Entran en ella múltiples factores: genéticos, familiares, estructurales, topográficos, económicos(1), educativos y sociales. Y en un intento de explicación puedo decirles que la conducta es como la fachada de un edificio. La conducta es lo que vemos por fuera, de la estructura de la personalidad.

La Estructura Mental como un Edificio.

Un edificio nos muestra una fachada según como fue construido. Podemos esbozar y dibujar la fachada del Empire State Building o recordar como es la fachada de una iglesia y esas imágenes nos hablan de cómo fueron edificados dichos edificios.

Un tejaban, desde la fachada nos habla de la pobreza de su estructura, de tablas, láminas, etc.

Pero el edificio de la mente no se cimenta y se estructura como los edificios que conocemos, y en un altísimo porcentaje ni siquiera se planifica o se proyecta por una pareja; cómo será de adulto un bebé que esta a punto de nacer. En otro porcentaje sucede, que el padre tiene en su mente un proyecto y la madre otro; por lo cual es cómo si uno de los padres quiere una construcción y pone algunos ladrillos y el otro los quita, por que quiere seguir otro diseño, y pone a la vez sus ladrillos y así sucesivamente. (Ver Figura 1)

Los factores económicos se refieren a la economía mental. Esta es la forma de entender cómo la mente distribuye sus recursos y capacidades.

Una Visión de la Estructura del Aparato Mental

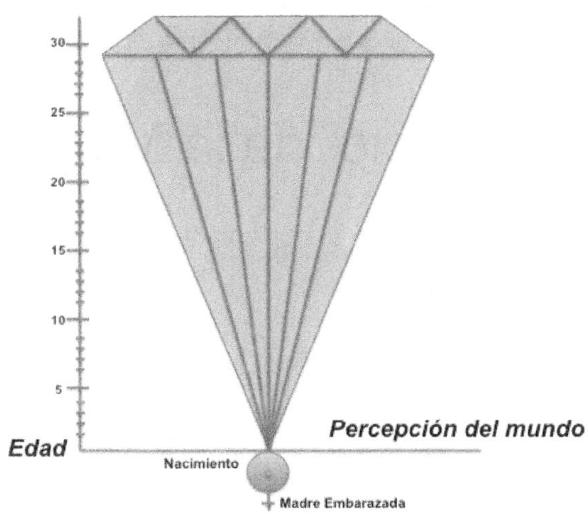

Figura 1.

El edificio de la mente lo comparo con un prisma.

En esta gráfica la línea vertical nos muestra los años de vida y la horizontal la percepción del mundo.

La estructura de la mente parte de cero años y cero percepción.

John Locke defendió la idea, de que la mente del ser humano, al nacer era como una hoja en blanco. Posteriormente nuestro conocimiento va llegando en forma de experiencia, es decir las ideas provienen de nuestra experiencia sensorial del mundo.(3) Actualmente sabemos que nacemos con una información genética, con una herencia; pero ésta no se desarrolla por si sola. Es indispensable la intervención de la madre, y de los cuidadores del niño.

El bebé sale del útero materno y sólo percibe ruidos, luces, hambre, frío, calor, etc. Y de ese vértice se va expandiendo en forma progresiva, su percepción del mundo exterior.

En forma gradual el sistema nervioso central se va mielinizando, va madurando, y el bebé sostiene la cabeza, se puede sentar, parar, caminar, etc. Y también en forma gradual y progresiva, va percatándose de quién es su madre, de quién lo cuida y de quién no es la madre, de quién le resulta extraño, y muestra temor abrazando a la madre; mas adelante identifica la figura del padre, hermanos, etc.

Y así se llega a la adultez y el edificio de su mente es un prisma.

Las caras de éste diamante listo para ser engarzado, corresponden a la fachada del edificio, esto es lo que la gente ve. Y cada faceta como una ventana, mostrará como es el ser humano: como hijo, como estudiante, si hace algún deporte, si tiene una pareja, como es como hermano, después como es en su trabajo, como es como padre o madre, etc. etc. (Ver Figura 2)

Fachada del "Edificio" de la Mente

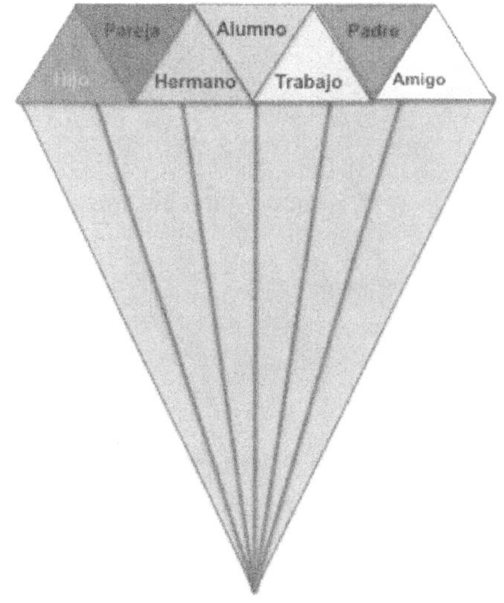

Figura 2.

El prisma continúa creciendo y mientras fluya bien la sangre en el cerebro, continuamos aprendiendo e incorporando nuevas vivencias y por lo tanto construimos nuevas facetas del prisma.

¿Por qué alguien tiene un edificio o aparato perceptual más estrecho, o más amplio?

¿ A qué se debe o qué determina el ángulo de apertura de el prisma? (Ver Figura 3)

Amplitud del Aparato Mental

Binomio inseparable: semilla y medio ambiente

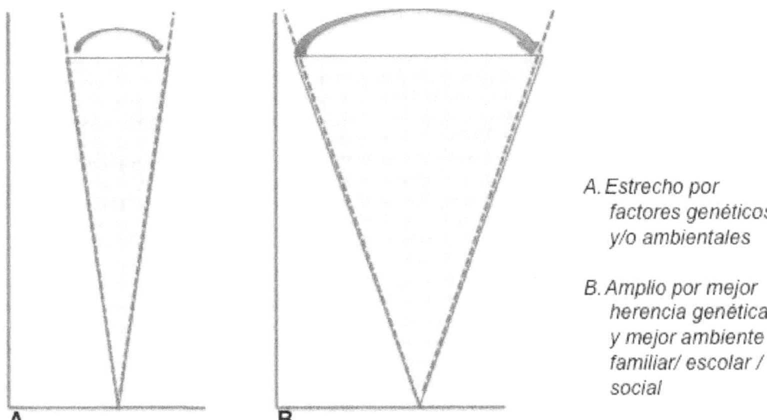

Figura 3.

Esto se debe a factores genéticos y a lo que sucede afuera del individuo. A lo que se trasmite en el DNA de los genes, y a la información, que el mundo exterior le proporcionan al ser en desarrollo. Imaginemos que la mente al nacer es como un queso fresco recién cuajado, y el manejo posterior le pone en un molde redondo o rectangular, y el añejamiento le da determinado acabado.

Lo Externo Se Hace Interno.

Somos un binomio inseparable semilla-medio ambiente. Alguien puede nacer con una magnífica genética (semilla) pero caer en un terreno árido, sin recursos externos nutricios (medio ambiente). Entonces el edificio no se expande. O a la inversa: ser una semilla genéticamente débil, pero caer en un terreno muy fértil y nutricio y compensar las deficiencias de la semilla.

Un ejemplo clínico de la interacción semilla-medio ambiente es:

Horacio, un niño de 10 años que nació con hidrocefalia (uno de los conductos de su cerebro, por donde circula el líquido cefalorraquídeo, no abrió, lo que provocó que su cabeza creciera un cincuenta porciento más de lo normal. Si la cabeza de los niños recién nacidos la equiparamos a una naranja, la cabeza de Horacio era como una toronja). Cuando fue llevado a mi consultorio por su abuela ya se le había instalado una válvula que facilita la circulación de ese líquido que protege cerebro y médula espinal.

Su defecto congénito provocó dos situaciones: un cierto déficit en su rendimiento escolar, y la crítica constante de sus compañeros por lo "cabezón".

La abuela era una mujer profesionista, con un alto nivel de cultural general, y con una buena posición económica, que se propuso ayudar a su nieto desde muy pequeño; generándole un ambiente muy enriquecedor. Mientras los compañeros de Horacio conocían la pirámide de Chichen Itzá en una estampita, o en una foto del libro escolar, él era llevado por su abuela a conocer la pirámide original. Y si revisaban algo de la cultura Egipcia, la abuela echaba mano de sus conocimientos y le explicaba todo lo que conocía de los Egipcios.

Además con la terapia, el niño aprendió a defenderse del bullying de sus compañeros, y mejoró considerablemente su autoestima.

Imaginemos que usted lector (a) y yo, con nuestros mismos padres, nuestros mismos genes, pero que nos hubiésemos desarrollado en una pobre ranchería, sin escuela, sin energía eléctrica, subalimentados, sin información a través de la radio y/o televisión. Por buena que hubiese sido nuestra genética, no estaríamos aquí, yo tratando de explicar lo que sé de la conducta, y usted tratando de entenderme.

El edificio se va gradualmente consolidando. Y sucede que lo externo se hace interno. El bebé escucha el idioma español, progresivamente lo va entendiendo.

Primero se guía por la musicalidad de la voz de la madre, y posteriormente entiende significados y significantes del lenguaje. Incorpora así el español. Si el niño tiene acceso a una educación temprana bilingüe, incorpora mejor el segundo idioma, que si lo estudia de adulto.

Lo Externo se hace Interno

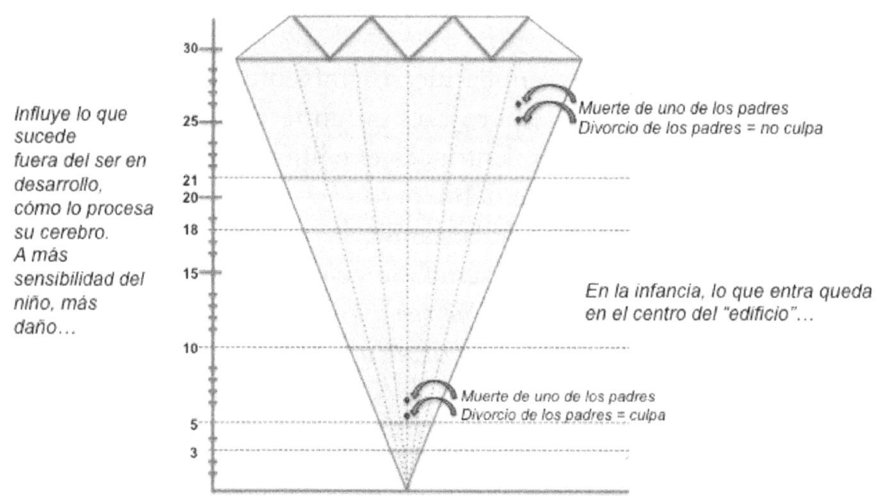

Figura 4.

Dorothy Nolte en un poema enfatizó que los niños aprenden lo que viven.

- Si los niños viven con crítica, aprenden a condenar.
- Si los niños viven con miedo, aprenden ser aprensivos y temerosos.

- Si los niños viven con una excesiva compasión, aprenden a sentirse apesadumbrados para sí mismos.
- Si los niños viven con estímulo, aprenden confianza.
- Si los niños viven con tolerancia, aprenden paciencia.
- Si los niños viven con alabanza, aprenden el aprecio.
- Si los niños viven con cariño y aceptación, aprenden a amar.

Cuando sucede un hecho traumático afuera del ser humano, es determinante el cómo sucede, el cuándo sucede y como lo procesa el cerebro.

Por ejemplo, un trauma como es la muerte del padre o la madre, se procesa y elabora muy diferente en la adultez, digamos treinta o más años, que en los primeros años de la vida.

Es la misma muerte, pero a menor edad, más impacta en la estructura del edificio de la personalidad.

Otro ejemplo: Divorcio de los padres. El daño emocional en el niño, que para su estabilidad requiere a la pareja unida y en armonía, es diferente cuando los padres se separan y el individuo ya ha logrado una autonomía en su desarrollo, que cuando sucede en la infancia.

A menor edad mayor lesión, igual que en lo biológico. Si nos pincha un alfiler en un dedo de la mano, nos saldrá una gota de sangre, y con dicha gota se podrá determinar el nivel de glucosa, o el grupo sanguíneo.

Pero si el alfiler hace lo mismo durante la primer o segunda semana de gestación, destruye severamente las células que se están desarrollando, y multiplicando para formar al feto, o futuro bebé.

El Aparato Mental como una Computadora.

El funcionamiento de la mente se ha equiparado a un sistema cibernético, donde en los años de desarrollo queda una información que a pesar de que se olvide, ahí está. Cuando aparece un determinado estímulo externo, se produce una respuesta, la cual dependerá según la información que el individuo haya recibido y la forma como la hubiera procesado. Esto no es absoluto, estudios recientes han aclarado que la mente también hace conexiones entre algunos recuerdos y llena los vacíos de estos recuerdos, con prejuicios.

No es que el cerebro sea un continente o depósito que incorpora indiscriminadamente todo lo que se le dice, o se le hace. Es lo que sucede, y cómo lo procesa el pequeño.

Existen estudios en gemelos idénticos, con los mismos genes, por haber sido univitelinos, es decir que se formaron porque en un solo óvulo entraron en el mismo momento dos espermatozoides; y el óvulo se dividió; pues en esos dos seres iguales, la misma indicación, un gemelo puede entender una vivencia y procesarla de una forma, y el otro gemelo entenderla y procesarla de otra.

En el cerebro ahora entendido como una computadora, se ha calculado que en los primeros cinco años se graba el 65% del disco duro y del año seis a los dieciocho años, se forma otro 30%.

Imaginen ustedes la trascendencia de esos primeros 5 años, donde por desconocimiento, los padres comúnmente piensan que como el niño no entiende, pueden, en los primeros años decir y hacer lo que sea, y que esto no influirá en su hijo en desarrollo.

Llegamos a la mayoría de edad con el 95% estructurado. (Ver Figura 5)

Aparato mental como una computadora

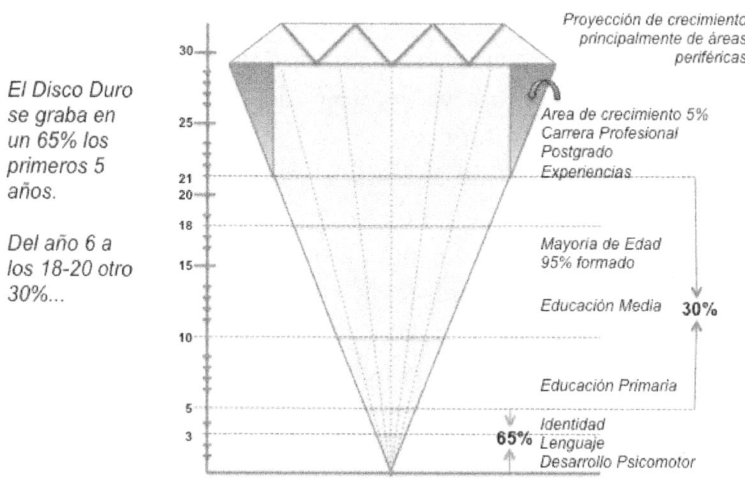

Figura 5.

No importa que después de los 18 años el ser humano estudie una carrera, luego obtenga un postgrado, aprenda otro idioma. Las formas, los modos y las modalidades de adaptación ya estarán estructuradas y le acompañarán el resto de su vida.

Infancia es Destino.

En su libro "Infancia es destino" el Dr. Santiago Ramírez enfatizó una serie de conceptos que les comparto.

"El troquel temprano-Infancia- imprime un sello a los modelos de comportamiento tardío. En otros términos; praxis es devenir, o la infancia es el destino del hombre.

La conducta en forma reiterada, estereotipada y constante se repite. Es como el Bolero de Ravel.

Los años infantiles se olvidan, pero las vivencias cargadas de afecto, son capaces de actualizarse y teñirse con matices calcados de la historia individual".(34)

Otro factor de suma importancia es la sensibilidad con que cada niño nace. Existen niños que genéticamente nacen poco sensibles, y pueden los padres estar en la misma habitación discutiendo o en una franca violencia física, y el niño estar jugando con un juguete, sin ser impactado por el pleito adulto.

Y existen otros niños, que si la madre es ansiosa y hace una exclamación de susto, por que no pagó el recibo de luz, y seguramente le cortarán la energía eléctrica, y su esposo (que días antes le dio el dinero y le pidió pagarlo) se enojará.

Esa expresión de ansiedad o susto, invade al pequeño y le eriza toda la piel y le pregunta con ansiedad: ¿Qué pasó mamá? La mayor o menor sensibilidad de los niños es equiparable a la tolerancia al dolor. Hay niños en los que el umbral para sentir dolor es muy alto, y toleran lesiones (fractura de hueso) sin quejarse; mientras que en otros niños, el umbral al dolor es muy bajo y cualquier raspón, lastimada o pequeña herida, les hace sentir un dolor intolerable.

En esos primeros años una mamá, (o cuidadora) muy tranquila, muy calmada, muy serena, es la mejor formadora del bebé. Mujeres ansiosas, aceleradas, gritonas, irritables o emocionalmente enfermas, que tienen que trabajar para subsistir, que tienen que recurrir a guarderías poco profesionales, o se apoyan en personas incompetentes para la crianza, son lo peor que le puede suceder a un bebé, para su futura salud mental.

Es muy importante también que ustedes conozcan las necesidades emocionales de un ser en desarrollo.

Necesidades Básicas: Seguridad y Afecto.

Igual que necesitamos oxígeno para nuestra salud física, y si nos falta oxígeno fallecemos en tres, máximo cinco minutos, para la estabilidad emocional necesitamos Seguridad y Afecto.

Todos necesitamos , inclusive en la edad adulta, mínimos de seguridad y mínimos de afecto.

Las reacciones de ansiedad que vivimos actualmente por la inseguridad de la ciudad y del país; si nos pueden secuestrar por quitarnos un auto, o pedir dinero a la familia, si podemos encontrarnos en un fuego cruzado, si no sabemos donde se encuentra un hijo, al cual por su inmadurez se le hace fácil no avisar donde está, etc., nos afectan por que decrecen nuestros requerimientos de seguridad.

Y aunque cada uno de nosotros nos queramos, cuidemos nuestra salud, vigilemos nuestra dieta, bebamos con moderación, es decir nos proporcionemos afecto; continuamos necesitando mínimos de afecto exterior. Requerimos tener la sensación de que somos útiles y que nos quieren, y así de diversas maneras, expresamos afecto a familiares y amigos, y ellos nos corresponden.

Esas necesidades básicas, son mayores en la infancia y estos requerimientos los recibe el niño de sus padres y de sus cuidadores.

Posteriormente en la edad adulta y por medio de la educación religiosa el ser humano, proyecta la figura temprana que incorporó de los padres, hacia un ser supremo, Dios, Alá, Mahoma, Buda, Yahvé, etc. Y en todas las religiones, ese ser superior es fuente de seguridad y afecto emocionales. (14)

Si se apega y respeta los mandamientos de la ley de Dios; si cumple los lineamientos de su iglesia, se siente emocionalmente confortado. Dios, lo cuida, Dios lo ama, y así cubre parte de sus necesidades de seguridad y afecto.

En todo niño en desarrollo, sucede un mecanismo mental muy curioso, pero muy humano y muy común. Si los padres pelean, si el padre o la madre se alcoholizan o se drogan, y lo maltratan, el niño no puede procesar en sus primeros cinco años o hasta los 10, "Mi padre está con el efecto de una intoxicación aguda" o "está explotando por sus dificultades económicas" NO, lo que piensa es "Yo provoqué esa reacción", " Yo soy el culpable de su violencia" o "Yo soy el culpable de que se divorcien".

Y encuentra alguna explicación absurda, y así incorpora una culpa absurda. Dicha culpa ya incorporada tendrá repercusiones en su vida adulta.

¿Por que reacciona así el ser humano?

Tempranamente todo niño se siente omnipotente y cree que todo pasa por él. Se explica todo desde esos puntos de vista primitivos. Y así se adjudica la culpa, mantiene a sus padres como buenos, y entonces sus necesidades básicas de seguridad y afecto estarán cubiertas . Aunque él sea "malo", sus padres "buenos" lo amarán y lo cuidarán. (31)

Si conceptualiza a los padres como responsables de su propia violencia, como malos, su seguridad y su necesidad de afecto entran en crisis, y su sistema emocional se desorganiza. Es como si un adulto creyente en un Dios, lo imagina como maldito que en cualquier momento lo destruye o castiga sin motivo, solo porque se encolerizó.

Y si el adulto sufriría en esas condiciones siendo adulto, imaginen ustedes cómo sería la reacción de un indefenso infante.

¿Que se hace en todos los sistemas religiosos?: más o menos lo mismo " yo soy el pecador", "una palabra de Dios, bastará para sanar mi alma".

Dinamismo del Aparato Mental.

Continuando con el esquema del edificio de la mente, puedo ahora agregar, que todo eso que fue externo y se hizo interno, no queda como algo estático o inmóvil. Imaginen que algo que gravita en nuestro interior, se moviliza afuera de nosotros como lo que sucede en el esquema del átomo. (Ver Figura 6)

Dinamismo del Aparato Mental

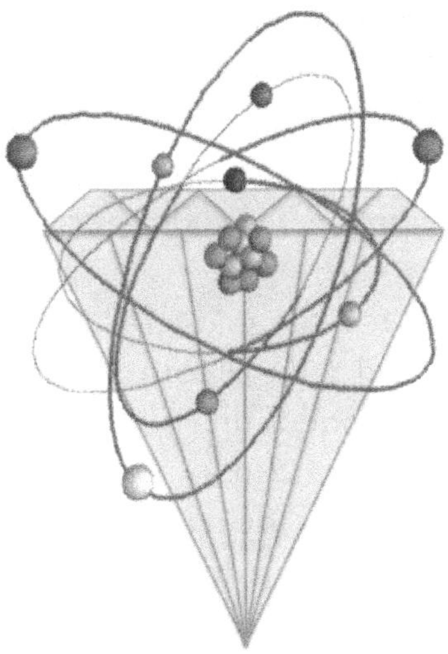

Figura 6.

Y en la vida adulta, en nuestra cotidianidad, reencontramos en la pareja, en los hijos, los amigos, en las autoridades, en los jefes, en el trabajo, elementos que vivimos e incorporamos en el desarrollo. Y otras personas, la pareja, jefes, clientes, maestros, alumnos, etc. reencuentran en cada uno de nosotros, elementos o introyectos de su pasado.

Construyendo la Identidad.

¿Cómo es el edificio de la personalidad por dentro? Cómo podemos entender el diseño interior de ese edificio?

De la simbiosis biológica que existe dentro de la madre durante el embarazo, al nacer el bebé, continúa en una simbiosis psicológica. El recién nacido tiene un sinnúmero de necesidades que la madre cubre; piensa por él, actúa por él, si la madre siente frío lo cobija, si siente calor lo baña, si sabe que ya tiene hambre lo alimenta, etc. etc.

Esta simbiosis psicológica, se prolonga durante los tres primeros años de la vida del niño y es cuando logra la separación-individuación de la madre; donde ya estructuró el suficiente lenguaje, e inició los primeros contactos de socialización educativa. Donde ya controla sus esfínteres y puede comunicar sus necesidades.

Ahí ha quedado definida su identidad, sabe quien es; si escucha su nombre, sabe que se refieren a él, ubica de su propiedad sus zapatos, sus prendas de vestir, sus juguetes; conoce a sus hermanos, e identifica a cada uno, y por supuesto a sus padres. Esa identidad es el eje central del edificio.

Posteriormente esa identidad primitiva se complementará con la identificación con sus padres y deberá (en condiciones normales) identificarse con el padre del mismo sexo. Y tendrá la tendencia a ser predominantemente como él. Influirán además en el proceso de identificación figuras relevantes , abuelos y formadores. (12)

Alrededor de la identidad, en forma gradual y progresiva, primero en la familia, luego en la educación formal y en la formación social y religiosa; se va formando de una capa que corresponde a una serie de valores. Aprenderá que está bien y que está mal. Será estimulado con lo bueno y reprobado con lo malo; según el sistema de valores de su familia y de su grupo.

Mas hacia afuera de los valores (que pueden seguir nutriéndose y creciendo) se estructura todo el sistema educativo, y se forman así lo que será en la vida adulta las capacidades o habilidades . Las herramientas que el individuo acuñó con todo lo que el terreno o ambiente le proporcionó

¿Incorporó un segundo idioma?

¿Aprendió a tocar un instrumento?

¿Dominó un deporte?

Finalmente en el exterior, podemos ubicar las acciones del individuo, es la capa externa y depende de toda la estructura que se formó desde sus primeros años, con su familia, de su identidad, de su educación con maestros y compañeros, en la sociedad en que estuvo inmerso y con el sistema de valores que incorporó.

Un individuo con una identidad adecuada, con un sistema de valores incorporando respeto, con una buena educación, con padres respetuosos y trabajadores, sus acciones serán predominantemente correctas. (Ver Figura 7)

Corte Longitudinal del Aparato Mental que muestra la Estructura Interna.

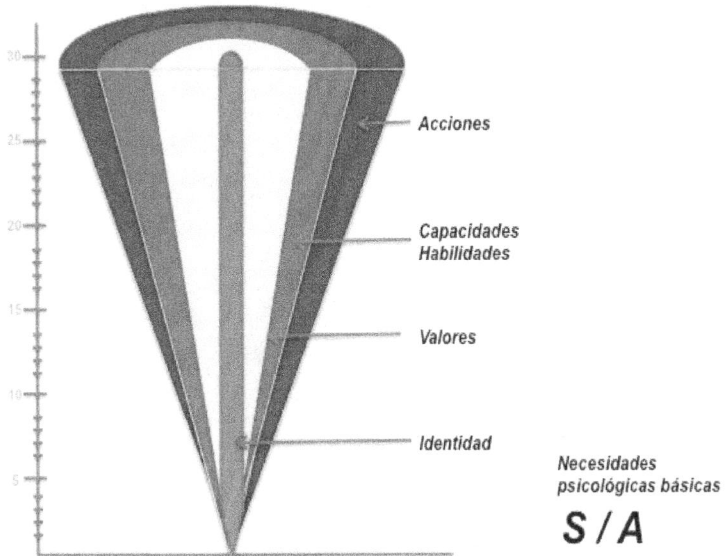

Figura 7.

¿Qué sucede cuando la identidad no es forrada o cubierta por un sistema de valores, que le inculque la familia y la educación? En esta estructura mental, no se instala un freno adecuado a la impulsividad, y el individuo actúa con toda facilidad y sin ningún remordimiento todos los impulsos que registra su mente (figura No. 8)

La estructura mental quedará ampliamente revisada en el capítulo 6 sobre conductas delictivas.

Cuando no hay valores ni educación

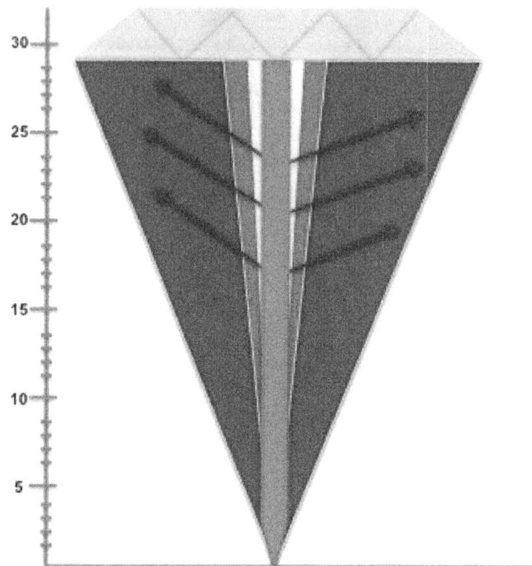

Los valores y las capacidades NO FRENAN y la impulsividad se actúa.

Figura 8.

El pequeño ser, al estructurar su identidad, al percatarse quién es, y quién no es, al lograr la separación-individuación de la madre; con quien primero tuvo una Simbiosis Psicológica (embarazo), que continúa con una Simbiosis Psicológica (primeros tres años de vida). Ahí ya se estructuró la entidad Psicológica que conocemos como Ego o Yo.

Sigmund Freud describió tres estructuras dentro del aparato mental: el Ello, el Yo, y el Superyó. (11)

En el Ello están los impulsos; y se ubica en la parte más profunda del aparato mental, en el inconsciente. Esta parte existe desde el nacimiento.

El Yo es la parte consciente de uno mismo, y es la encargada de actuar o no los impulsos. Se va formando gradualmente y queda estructurada al salir de la etapa simbiótica emocional con la madre, (como ya se describió renglones arriba) al separarse e individualizarse el niño de la madre, lo que sucede al tercer año de vida.

El Yo va a recibir una serie de impulsos que le llegan (lo quiera o no) por ser biología. Estos impulsos básicos son Agresión y Sexualidad. Y parten del Ello.

Para que la entidad "Yo", no actúe desorganizadamente los impulsos que le llegan del Ello, (primero son impulsos de agresión y de coraje y hace berrinches; y al crecer y producirse las hormonas, aparecen los impulsos sexuales), se forma otra entidad en su mente, el Superyó

¿Qué es el Súper Yo?

El Súper yo lo estructuran los padres y cuidadores primero, y los educadores después. Es el equivalente de conciencia moral que nos dice que está bien hacer, y que está mal.

Esta entidad (súper yo) primero es externa y gradualmente se va internalizando; para finalmente ser parte consiente y parte inconsciente. (11)

De esta forma el Yo se encuentra como el dibujo donde un sujeto tiene un Diablo en uno de sus oídos, empujándolo a que actúe sus impulsos, y en el otro lado, tiene un ángel que lo frena y le pide que no lo haga. (Ver Figura 9).

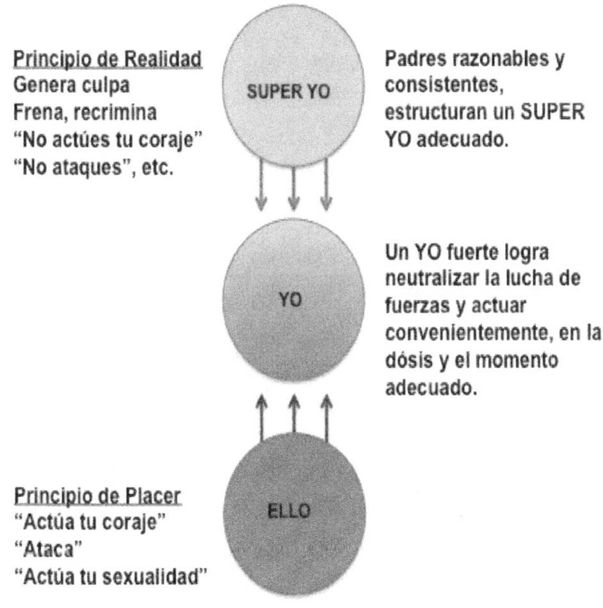

Figura 9.

Si el Súper yo –padres– trasmitieron con afecto, razonadamente un sistema de valores, y corrigieron al niño con medidas acordes a su edad, para que creciera en armonía, entonces la estructura "Yo" será fuerte, y si el Yo es fuerte, soporta esa lucha de impulsos y decide que es lo más operativo hacer.

Pero si no existe armonía en estas tres entidades, si se nació con una gran impulsividad biológica y no se formó un Superyó, o es un Superyó muy laxo. ¿Qué sucede? (Ver Figura 10)

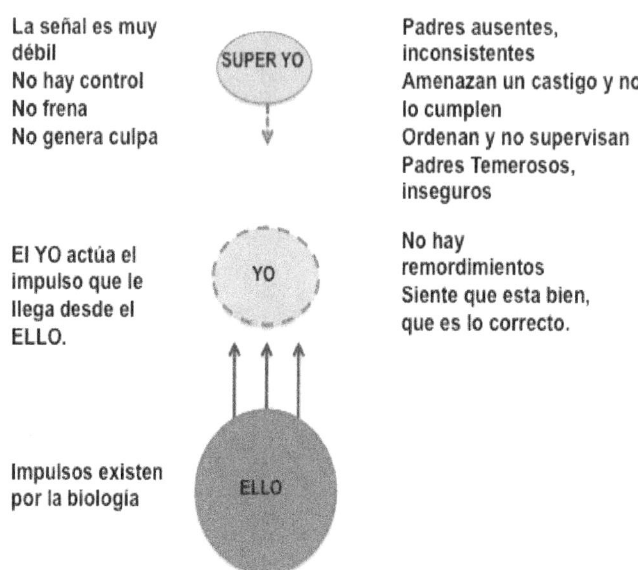

Figura 10.

Aquí el yo actúa su impulsividad, por que la señal de freno no existe, o es muy débil.

Esto sucede cuando los padres no están, o no frenan al hijo, o no se atreven a controlar su impulsividad. Si son inconsistentes, amenazan con restricciones o castigos (cuando el hijo no se ajusta a las normas de la familia) y luego no los cumplen. Ordenan alguna tarea y no la supervisan; padres inseguros y temerosos de sus hijos.

Ya adulto, la sociedad a través de su instituciones, penalizan la conducta inadecuada del Yo, y de esta forma, tratan de estructurarle un Superyó, al castigarlo en la cárcel. Para que posteriormente el sujeto que no temió a sus padres, le tema a la policía, y al rechazo social.

Otra variable que sucede, es cuando los padres son sumamente agresivos, y dominantes, y ejercen en el niño un control de tipo militar, desde la temprana infancia. El niño crece en un constante temor por la violencia física y/o verbal de los padres.

Sucede entonces que el Yo no se fortalece, y no podrá desarrollar un sistema adecuado de valores y de controles. (Ver Figura 11).

Estructura con un SUPER YO aplastante,

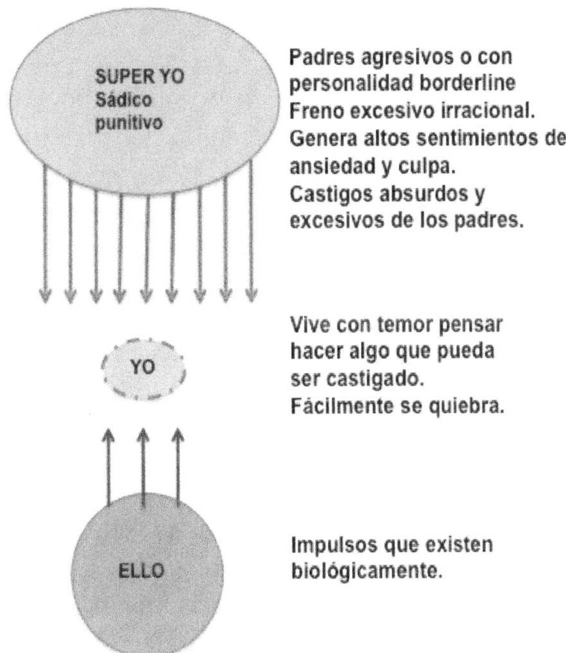

Figura 11.

Será un sujeto apocado y temeroso. Pero también puede evolucionar diferente y cuando ya no existen él o los padres exigentes; el niño creció y se separó de ellos, al verse libre puede actuar sin dificultad ni culpa sus impulsos; y/o puede haberse identificado con el padre sádico, y llegar a ser como él. Para ahora abusar de otros, como abusaron de él.

La estructura del "Yo", para un funcionamiento óptimo, deberá lograr incorporar una información familiar correcta, identificándose con padres emocionalmente estables, con un buen porcentaje de salud mental, y obtener así no solo una inteligencia académica, sino también una inteligencia emocional.

El adulto no recuerda todo lo olvidado o reprimido de sus primeros años, pre-escolares, pero los vive de nuevo; no los reproduce como recuerdo, sino como actos.

La Olla de Presión de los Instintos Básicos.

Todo animal tiene instintos. Estos son impulsos naturales que dirigen su comportamiento. Son una fuerza de finalidad biológica que tienden a salir. Sus límites y complejidades son determinados en cada especie.

En el hombre, son un sistema de tendencias, que pueden resultarle atractivas o repulsivas; que dependen de su dinámica y de sus circunstancias.

- Huir ante la amenaza y el dolor.
- Buscar placer.
- Conservación y protección de su persona y su especie.
- Sexualidad y procreación.
- Poder social.
- Inclinaciones familiares- al grupo- al medio social.
- Coraje, agresión. (Toda frustración genera coraje.)

Los diversos instintos, son sectores del comportamiento individual, o de conductas relativas a situaciones concretas.

Freud distinguió a los que consideró esenciales.

- El instinto sexual (eros), y
- El instinto de muerte (tanatos).

El instinto sexual sirve para la procreación y el amor.

El instinto de muerte, tiende a la destrucción y su fuerza biológica es la agresión. (12)

Para entender el manejo de los instintos básicos agresión y sexualidad, imaginemos que en la mente existe una olla de presión hermética. Dividida en medio, pero conectada en el fondo. En cada lado existe una válvula de escape, ya que en cada lado se produce un gas que tiende a salir. El que exista una conexión en el fondo, permite que se puedan mezclar, y ambos impulsos (gases) salgan por uno o por el otro lado. (Ver Figura 12).

La Olla de Presión Instintos Básicos

Se ubica en la parte interna (central) del Aparato Mental, en la Identidad

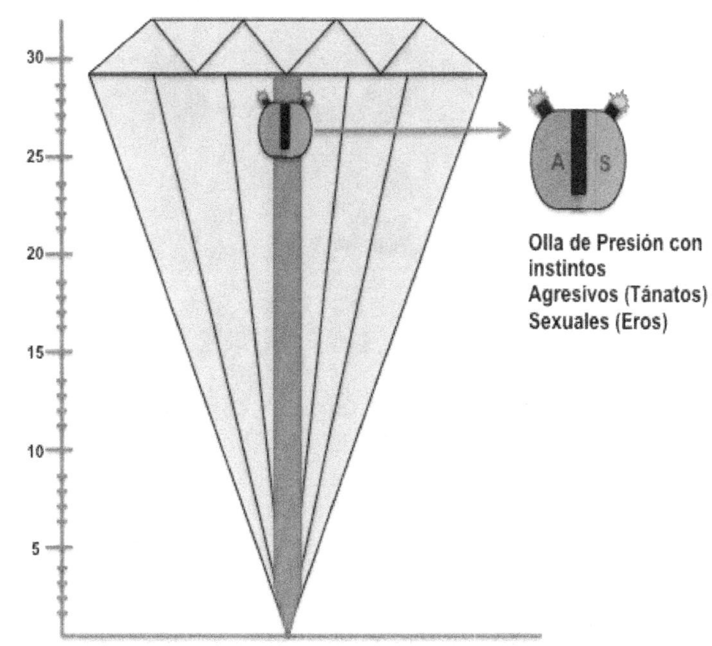

Figura 12.

Ésta olla la ubicamos gráficamente en el área más interna—forma parte de nuestra identidad.

Por supuesto si la olla se planta sobre una estufa, se producirá más gas.

Si nos estimulan en el lado agresivo, se producirá coraje, que tenderá a salir por su válvula. Si nos estimulan en el lado sexual, se producirá excitación y el impulso necesitará salir.

¿Cuáles son las salidas naturales de estos impulsos?

Empecemos por el lado agresivo, ya que éste impulso es el más primitivo. El niño si se le frustra, si no llega el biberón, si no le dan lo que quiere, se enoja y llora con coraje, patalea y se violenta. (Ver Figura 13).

Salidas de los Instintos

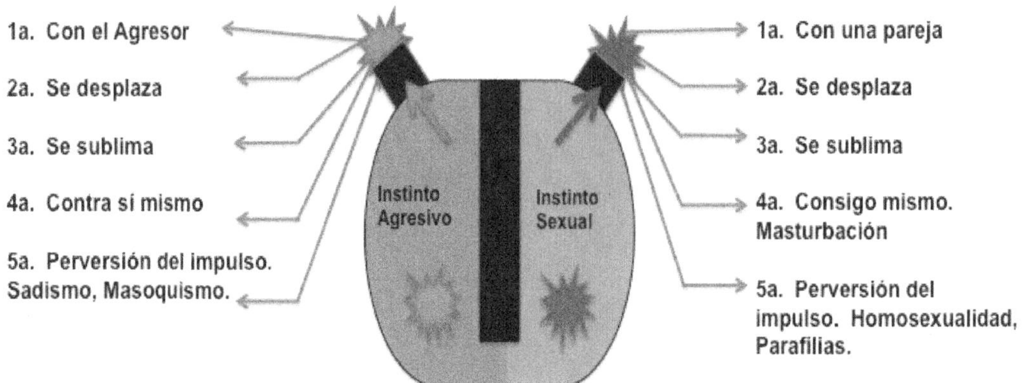

Figura 13.

Salidas del Impulso Agresivo.

La primera opción de salida, **es en contra de el agresor**. Expresar a quién corresponde, en la dosis adecuada, en el momento correcto lo que nos molesta, es lo sano, es una forma que corresponde a la madurez emocional.

Pero si el individuo no puede expresarle su coraje al agresor, digamos que es un empleado, que teme a un jefe, muy agresivo, al que tiene que someterse o arriesgarse a ser despedido. Se guarda el coraje, llega a su casa y descarga en su pareja toda la frustración y la rabia que no pudo sacar en el trabajo, tratando a la mujer como recientemente le trataron a él, aventando el plato de su cena, o gritando por que no está bien condimentado.

Esta es la segunda salida o **desplazamiento**.

La tercera es la **sublimación**. Esto corresponde a un mecanismo de la mente, mas elaborado, que opera inconscientemente. En actividades no destructivas sale el coraje. En obras de arte, cargadas de colores, rojos, fuertes, figuras grotescas. El cazador, el cirujano, subliman su agresión; trasformando su agresión en algo positivo.

Se necesita haber logrado una madurez emocional para poder sublimar el impulso.

La cuarta salida del impulso agresivo, es **contra si mismo**.

Es como si la válvula no dejara salir el gas, dañando primero empaques y luego toda la olla; o saliera y regresara contra si mismo. Existen múltiples formas como podemos agredirnos a nosotros mismos.

Por ejemplo: abusando de la comida, del alcohol o fumando; no haciendo ejercicio. Teniendo un conocimiento saludable y no aplicándolo a nosotros.

Se ha dicho que el conocimiento aplicado es sabiduría y que el conocimiento no aplicado es estupidez; pero también podemos entender el conocimiento no aplicado como agresión a nosotros mismos, o a nuestro entorno.

La máxima expresión de ésta cuarta salida "contra sí mismo" es el suicidio. Ésta salida obviamente es anormal, inmadura.

La quinta salida de la agresión es la **perversión del impulso**. Es el sadismo y su contraparte el masoquismo. El individuo sádico, disfruta hacer daño físico o emocional a otro. Y por lo general localiza una víctima, o varias que toleren su sadismo. El masoquista -también inmaduro- acepta y puede llegar a disfrutar el maltrato. Digamos que acepta ser el costal donde el sádico todos los días descarga sus golpes. Para ésta salida del impulso agresivo, influye por supuesto, el proceso de identificación con un padre o madre (sádico), violento y explosivo; o con un padre o madre tolerante y sumiso que soporta continuamente la agresión de la pareja.

Influye también la carga biológica agresiva con la que el niño nace. Existiendo muchas variables y grados de perversión del impulso.

Es importante precisar que un individuo no utiliza solamente una salida de expresión del impulso, puede utilizar varias o todas, y predominará la que le resulte mas operativa. En actividades como el deporte, se mezclan tanto el desplazamiento como la sublimación. Es más sano derivar el coraje en un golpe a una pelota, que descargarla en le padre, la madre o cualquier otra persona; así el impulso se desplaza. Al servir el deporte para la salud del individuo, el impulso se sublima.

Pero existen individuos que llegan a exagerar en la práctica deportiva, y pueden utilizar (por la dosis) esta vía contra si mismos, lesionando partes de su cuerpo, hipertrofiando su corazón, o llevarlo al infarto.

Salidas del Impulso Sexual.

Por el lado de la sexualidad, cuando llegaron y se instalaron las hormonas, el impulso tiende a salir.

La primera opción, la sana y madura de el adulto, **es con una pareja**. Si pensamos en el esquema de un hombre, el impulso se expresará con una mujer. Y la mujer con su hombre pareja.

Si el individuo no tiene una buena relación con su pareja, por la razón que sea (por que él está en la Guerra del Golfo Pérsico y ella en América) o simplemente por que él o ella no sintonizan con las necesidades sexuales de el otro, entonces aparece la segunda salida que **es el desplazamiento**.

Aquí, el hombre descarga su impulse en otra mujer; y la mujer desplaza su impulse y lo descarga en otro hombre.

La tercera opción **es la sublimación,** y al igual que en el lado de la agresión corresponde a mecanismos elevados de la mente: y el adulto puede en actos no sexuales, recrear este impulso; en obras de arte, pinturas, esculturas, en la poesía, elaborando canciones amorosas, etc. Como ya se aclaro en las salidas del impuso agresivo, las salidas del impulso sexual no son exclusivas de una u otra vía.

Muchas veces son mixtas. Por ejemplo: los artistas que son los seres que más subliman, también existen entre ellos grupos que además de sublimar en su arte, tienen salidas perversas es decir: promiscuidad sexual. La persona puede por la vía sexual agredirse a si mismo, dada la conexión profunda donde un impulso se puede trenzar con el otro y haber sexo violento, sexo sin protección, no planeado, etc.

La cuarta opción de salida del impulso es consigo mismo, corresponde **a la masturbación**. Si el ser humano es adolescente que todavía no tiene pareja, la masturbación es normal.

Si el adulto tiene pareja pero está enferma, operada o a distancia, también puede la masturbación considerarse dentro de lo normal; ya que no todo adulto podrá sublimar el impulso, y en una urgencia sexual, sentarse a escribir un poema o una canción.

Pero si se está con la pareja, y la pareja está disponible, bien, sana, afectuosa, y él o ella, prefieren masturbarse; aquí ya es una salida inadecuada y seguramente se debe a una fijación patológica conocida como onanismo. Ni con la pareja (primera), ni se desplaza (segunda), ni se sublima (tercera), se masturba.

La quinta salida del impulso sexual es **la perversión del impulso**. También como en el lado agresivo, es la salida más inmadura . La perversión del impulso sexual está en la homosexualidad masculina y femenina, y en todas las parafilias; sujetos que expresan su sexualidad con animales=zoofilia, con muertos=necrofilia, etc.

En los últimos años por razones políticas y económicas, gradualmente se ha ido aceptando como normal a la homosexualidad. Se aceptan uniones matrimoniales entre dos hombres y/o entre dos mujeres. En programas de televisión y en películas se trata éste tema con singular naturalidad, y se dice que así nacieron. Es una alteración, que se inicia desde los primeros años de la vida.

No se ha descubierto un gen de la homosexualidad, como se conocen los genes de otras anormalidades; por ejemplo: la trisomía 21 en el Síndrome Down. Nadie hace un hijo deficiente mental, así nació. Pero si se influye en la homosexualidad. Cuando el hijo o la hija no se pueden identificar con el padre de su mismo sexo. Por distancia física, por distancia afectiva, por violencia, por que la mamá esperaba a una niña y viste a su hijo de pequeño como niña; o el padre quería un hijo y facilita que su hija se masculinice emocionalmente. Le visten de niño, le estimulan con juegos y conductas que corresponden al rol masculino. Son múltiples factores y muy complejos los que hacen que el individuo altere su rol de identidad sexual.

Si en un futuro, con los estudios del genoma humano, se descubre un gen de la homosexualidad, entonces los especialistas tendremos que elaborar una explicación diferente. Pero mientras esto no suceda, la homosexualidad entra en la misma explicación del sadismo y masoquismo, son perversiones de los instintos.

Estas perversiones aparecen cuando no pudieron expresarse en las primeras salidas que corresponden a la normalidad.

Desde hace años, existe la polémica, si el individuo homosexual así nace o se hace.

El Manual Diagnóstico y Estadístico de los Trastornos Mentales de la American Psychiaric Association, es el texto que unifica los criterios diagnósticos, y nos sirve de apoyo a los especialistas de la salud mental en América y algunos países de Europa, en dictámenes y en la práctica clínica. Lo conocemos por sus iniciales en ingles DSM (Diagnostic and Statistial Manual of Mental Disorders) siendo el V el último publicado.

El DSM V, en su capítulo sobre trastornos sexuales, atribuye la homosexualidad a un trastorno de la identidad sexual (F64.x—302xx) y enfatiza que "El individuo se identifica de un modo intenso y persistente con el otro sexo: (El deseo de ser), y de un gran malestar persistente y un sentido de inadecuación con el sexo asignado por su físico"

La homosexualidad fue eliminada en 1973 del DSMIV y la ONU la eliminó como trastorno mental en 1990.

La homosexualidad no es una enfermedad mental; es un trastorno de la Identidad sexual (disfonía de género).

La participación de la Biología es la siguiente: en la sangre de todo ser humano, circulan tanto hormonas masculinas (testosterona) como hormonas femeninas (estrógenos). En los hombres predomina la testosterona sobre una escasa cantidad de estrógenos. En las mujeres sucede lo contrario; en ellas predominan los estrógenos y existe una leve cantidad de testosterona.

Si una madre por determinada alteración biológica, tiene circulando en su sangre, niveles mucho más altos de lo normal de estrógenos y está embarazada de un niño, este nacerá con una carga mayor de hormonas femeninas, lo que influirá en una posible feminización. Si a esto se agrega dificultades de identificación con el padre (padres distantes, ausentes, agresivos, que generan temor en el niño, etc. etc.); se configuran y facilitan todas las variables necesarias para una falla en la identificación definitiva de niño a hombre.

Examinemos el otro lado de posibilidades: una madre con alteraciones biológicas (hormonales), que trae durante el embarazo una carga desproporcionadamente más alta de testosterona, y está procreando una niña, esta nacerá con una carga mayor de hormonas masculinas, e influirá para una posible masculinización. Si a esto se agrega que la pareja deseaba un niño, o si la madre no facilita a la niña su identificación con ella (distancia, agresión, ausencia, desesperación) se configuran y facilitan las variables necesarias para una falla en la identificación definitiva de la niña a mujer.

Regresemos a la olla de presión y de la misma forma que opera la 5a. salida del lado de la agresión, en esta salida inadecuada del impulso sexual, influye también, los procesos de identificación como se acaba de precisar.

Padres exigentes, distantes, poco afectuosos, o con un 'temor" de que si son cariñosos con el hijo del mismo sexo lo hacen homosexual; dificultan el proceso de identificación en los primeros años de la vida; y facilitan que se "identifique más" con el padre del sexo opuesto a él.

¿Qué va a pasar con los niños adoptados por parejas de homosexuales y lesbianas?

¿Cómo va a ser su proceso de identificación?

Se necesita tiempo y futuras investigaciones; pero no olvidemos que el niño aprende lo que vive.

Qué pasa cuando no hay salida adecuada de los instintos?

Figura 14

¿Qué sucede si se bloquea una válvula de la olla? Resulta entonces que la pulsión o instinto bloqueado, encuentra salida por la otra válvula, y en ese caso se mezcla con el otro instinto. La agresión puede trenzarse con la sexualidad y drenar por ese lado, provocando conductas patológicas.

A su vez, la sexualidad bloqueada, podrá mezclarse con la agresión y por ahí salir, apareciendo también formas inadecuadas de funcionamiento.

Siendo estudiante de medicina, por necesidades económicas fui a trabajar al penal del estado de Nuevo León; primero como auxiliar médico, luego como medico y al final como perito medico legista en la rama de psiquiatría. Trabajé durante nueve años.

Podía asistir a la hora que me acomodara, los internos se acercaban al departamento médico, al ser informados que había llegado. El único día de la semana que debía estar a las diez de la mañana, eran los viernes. Tenía que practicarse revisión ginecológica a las prostitutas que asistían al reclusorio, para la visita conyugal. Las que no mostraban signos de infecciones, podían pasar al área destinada a esas visitas y los reos hacían fila para poder tener su retoso glandular.

Durante esos nueve años, cambiaron varias veces al director del penal, y siempre sucedió que se suspendían las visitas conyugales durante dos o tres semanas.

Se evitaba población flotante en lo que los nuevos directivos, acomodaban a su gente de confianza, detectara y/o cambiara a celadores problema.

Siendo un grupo cerrado e impulsivo, se podía ver como al bloquear la salidad de la olla por el lado sexual, automáticamente se presentaba una gran impulsividad por el lado agresivo. Aumentaba el trabajo producto de riñas, y lesiones con objetos punzo cortantes.

Al abrirse la compuerta, es decir al reanudarse las visitas conyugales, también en forma automática disminuía notablemente las explosiones agresivas.

También he observado lo que sucede en otros grupos humanos. He trabajado con pacientes religiosos, sacerdotes y monjas; los que por sus votos de obediencia y castidad, tienen que neutralizar las pulsiones básicas-agresión y sexualidad- por medio de la sublimación que es la tercera salida descrita en el dibujo de la olla.

Ma. Ángela es una religiosa, de una orden de clausura. Tiene 48 años. Ingresó al convento a los 15 años y desde entonces su actividad ha sido principalmente rezar.

Por las características de su comunidad religiosa, no tiene vida extra muros.

Asiste a mi oficina con un alto nivel de angustia. Me relata que tuvo un sueño erótico, que el contendió del sueño le alteró muchísimo, y se lo relató a su superiora. La superiora indicó de inmediato que se regresara a su casa durante un año, y reconsiderara su vocación.

Este escenario le espantó. Con sus familiares no había convivido hacia treinta y tres años.

Además, ¿qué actividad podría desarrollar para ayudar a su familia y su manutención? Prácticamente no estaba desarrollada el área laboral; primero tendría que capacitarse, estudiar más, aprender algún oficio, y posteriormente entrar al ambiente de trabajo; además su familia de condición humilde, sentía un orgullo que ella fuera religiosa, y como reaccionarían si ella ya no era aceptada como hermana de su comunidad.

Toda esta maraña de pensamientos, aunado al sentimiento de culpa por lo soñado, provocó una crisis de ansiedad, que ameritó mi intervención.

En la primera entrevista puntualicé a Ma. Ángela y a su superiora lo siguiente:

1. El espacio tiempo de un año, por si solo, no solucionaba el problema y si lo empeoraría.

2. Requería ayuda psicoterapéutica.

3. Por su edad, se estaban movilizando y alterando sus hormonas, con lo cual se provocó el sueño.

4. Les expliqué la olla de presión, y los impulsos básicos, que aunque fuesen religiosas, eran primero seres humanos.

Esta explicación, logró una disminución importante en sus niveles de ansiedad. Ya en el trabajo con la paciente, trabajé con ella por qué no había funcionado ya la sublimación de los impulsos.

Le indiqué la necesidad de ejercicio físico aeróbico y le sugerí que utilizara la salida número uno del impulso agresivo, es decir que expresara su coraje, en la dosis adecuada, a la persona correspondiente; y que toda agresión futura que sufriera, no pusiera la otra mejilla.

En seis meses de trabajo en psicoterapia, logró aprender una expresión saludable de su agresión y recuperó su estabilidad.

También puede ser obstaculizado el manejo de la agresión y suceder lo contrario. (Ver Figura 15).

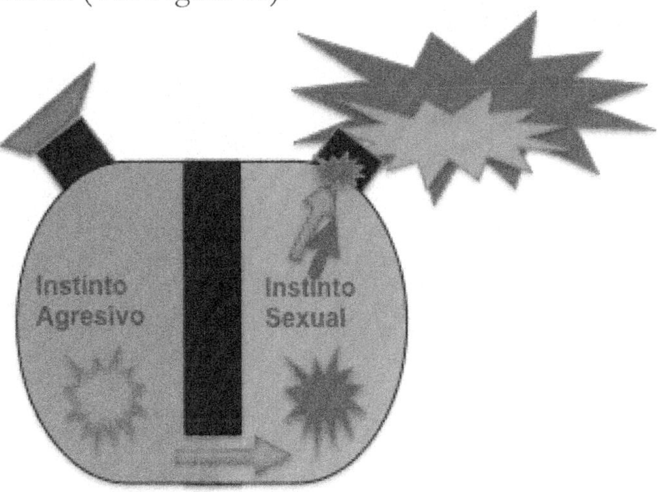

Figura 15.

De el buen funcionamiento de ésta olla; de el manejo adecuado de los impulsos básicos; de una buena salida de estas pulsiones; depende en un alto porcentaje el equilibrio emocional de la persona. En otras palabras, formas maduras de manejar la agresión y la sexualidad permiten al ser humano, vivir en armonía consigo mismo y con su entorno.

El Aparato Mental como un Árbol.

Para finalizar este capítulo comparemos el edificio del aparato mental con un árbol; digamos que un nogal, que empieza a producir hasta los veinte años.

El embarazo equivale a sembrar la semilla, el nacimiento y el desarrollo temprano, es como una frágil planta, que requiere de mucho cuidado y de protección. Si un animal atropella y pisa la planta la quiebra y muere. Si sopla mucho viento es necesario que sea protegido, si se le corta una rama, la cicatriz continuará y será visible en el tronco adulto.

Igual sucede con el niño, si es golpeado lo podrá olvidar en su conciencia, pero en su interior inconsciente, persistirán las cicatrices del maltrato.

Si el árbol creció sano, fuerte y posteriormente recibe golpes, ya de adulto, no le pasará nada. Igual sucede con el ser humano. (Ver Figura 16).

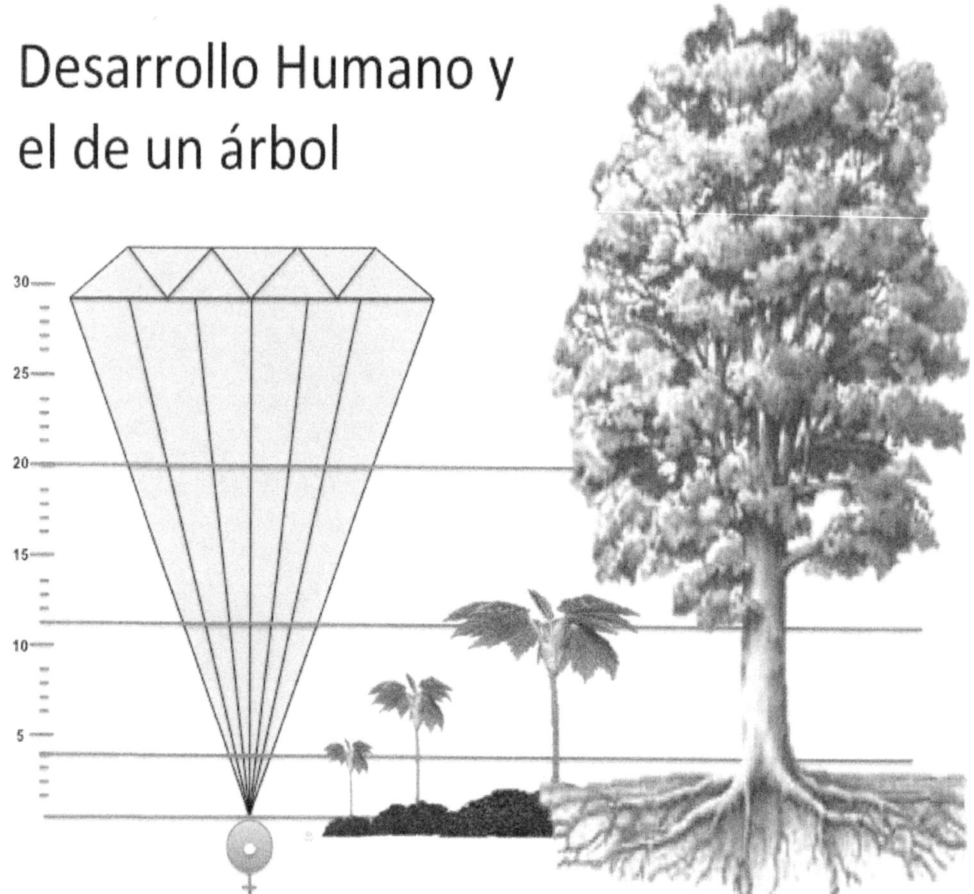

Figura 16.

VACUNA 2.
DEL NACIMIENTO A LA ADULTEZ

"Así como la rama se dobla,
el árbol se inclina"
Virgilio (70-19 a. De C.)

Desarrollo temprano: Primeros años

En la escala animal, un ser nace, y rápidamente está completo; y si bien requiere que la madre le alimente (sea una ave, o un becerro) su evolución de crecimiento y separación llevan poco tiempo.

En el hombre-animal racional- para llegar a tener una autonomía de la madre primero, y de la familia después, necesita transcurrir mucho tiempo.

Nacemos con una gran inmadurez neurológica, y es en forma gradual que logramos poder caminar y comunicarnos. Existe una gran dependencia; necesitamos que un adulto nos cuide durante varios años. Este es el costo de llegar a ser seres racionales, inteligentes.

Todos empezamos siendo un bebé desvalido, solos no podríamos hacer las cosas mas rudimentarias para vivir o para una comodidad. Al nacer, salimos de un lugar en el que la comodidad y la seguridad eran tan completas, que nunca se repetirá una felicidad y seguridad tan absolutas.

Al salir de útero materno al mundo, no podemos por si solos hacer frente a las demandas del exterior, o a los sentimientos caóticos del interior.

Seguramente le impulso natural, sería regresar al lugar donde había ese confort de calor, seguridad y alimento permanente vía el cordón umbilical; pero lógicamente esto es imposible. Sin embargo tuvimos una madre que respondió a nuestras necesidades, manteniéndonos vivos y bien; trató de que estuviéramos seguros en un lugar tranquilo; y a través de una fusión simbiótica con esta poderosa persona tuvimos la ilusión de ser enormemente fuertes.

De la simbiosis biológica antes del nacimiento, pasamos a una simbiosis psicológica y nuestra madre piensa por nosotros y sentimos que somos omnipotentes. Que el solo deseo de comer, hace que llegue el pecho o el biberón.

Durante el primer año de vida, el bebé duerme mucho y come muy seguido. Esto es debido a que durante este lapso, el ser humano crece más y de manera mas constante que en el resto de su vida. Está logrando un desarrollo que no pudo suceder dentro de la madre. (ver Figura 17).

Etapas Psicológicas

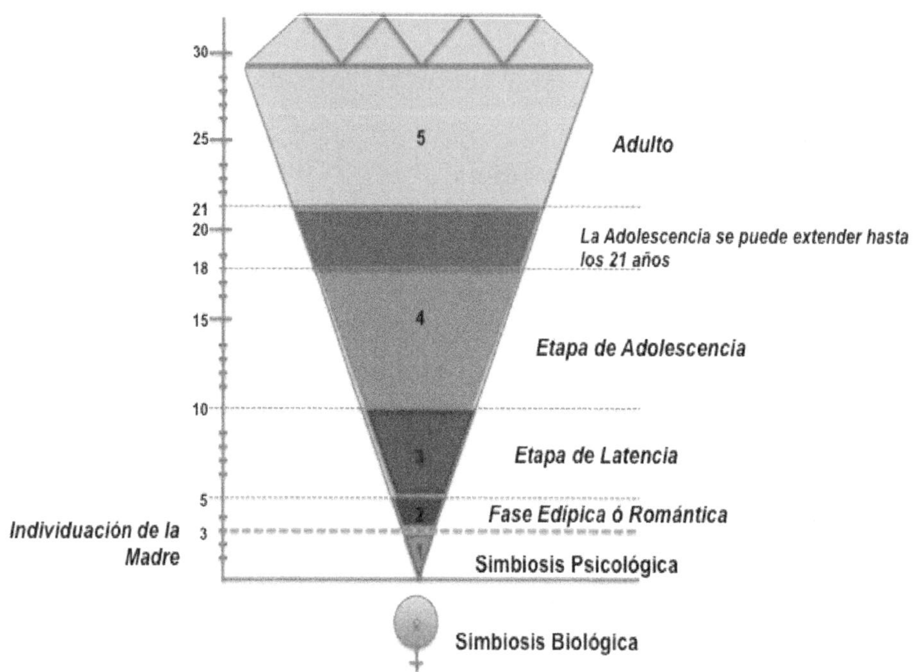

Figura 17.

En este proceso se requiere una adecuada nutrición. Es fundamental que el niño se alimente con la leche materna los primeros cuatro a seis meses de vida; pues ésta le brinda los nutrientes necesarios para crecer, y por ese medio recibe los anticuerpos de la madre, que reforzarán su sistema inmune.

La forma como el bebé es alimentado también es esencial. Una madre amorosa que le da el pecho con cuidado y gusto, o le alimenta con un biberón tibio, permite que el hijo incorpore el alimento como las primeras expresiones de afecto. Si la madre no le da pecho para no deformarse su figura, o se lo da bruscamente, y/o el biberón está muy caliente o recién salido del refrigerador – quedan en el bebé esquemas de alimentación-afecto desagradables, generando desde ahí sentimientos muy tempranos de peligro.

El proceso de separarnos de la madre, de lograr una individuación, continúa y es un camino difícil, a pesar de que nuestra madre intente separarnos, la reacción natural es aferrarnos a ella.

Todo niño se vincula a su madre con las manos, con sus brazos y ojos. Esta es una necesidad biológica muy profunda; y el modo como reaccione la madre a esa necesidad en la temprana infancia; tendrá una enorme repercusión y un enorme impacto en la capacidad del adulto para formar una relación de pareja, o la capacidad de vivir solo si fuese necesario.

Por abnegada que sea la madre, será incapaz de sintonizar perfectamente con su hijo. Y de estar con él en todo momento y de responder inmediatamente a sus necesidades. La madre tendrá otras cosas que hacer, como cubrir sus propias necesidades, y preocupaciones. Puede estar deprimida, tensa, o físicamente enferma. Tendrá que atender su rol de pareja, o quizá necesite trabajar. Puede tener creencias frustrantes de cariño, y pensar que es malo hacerle caso cuando llora por la noche, o que no debe de darle de comer fuera de horario.

Primer corte trasversal (Fig. 17)

El proceso de separación individuación de la madre, se logra alrededor de el tercer año de vida. Y mientras más estén satisfechas las necesidades de cariño y de seguridad del niño en estos tres años, mejor serán sus cimientos para su futura personalidad. Si los cimientos son de calidad posteriormente soportarán el peso del edificio, y tolerarán sacudidas que se presentarán en la adolescencia y en la vida adulta.

En estos años donde está el mayor porcentaje de los cimientos, la estimulación temprana es determinante. Esto lo enfatiza el Japonés Masaru Ibuka, en su libro "El jardín de niños es demasiado tarde".

Para la separación de la madre y el hijo, es muy importante la presencia del padre, que ayude al niño en forma segura, a alejarse de la madre e iniciarse en su individualidad. Por eso decimos que el padre es el partero emocional; o psicológico.

Una buena iniciación le da al niño apoyo, fortalece su identidad, y aumenta su confianza. El niño aprende que puede valerse por sí solo, y puede correr ciertos riesgos.

Aquí esta la base para ir visualizando que el mundo no es tan terrible, la presencia del padre le muestra al niño que puede ir afrontando algunos peligros, y le va capacitando para establecer nuevas relaciones con otras personas que no sean sus padres.

Cuando llega otro bebé, y todavía no se logra la separación-individuación, situación muy frecuente por desconocimiento de la pareja, o por estímulos de la familia y/o del obstetra, el edificio de la personalidad queda lastimado en sus cimientos, y esto repercutirá en la adultez.

Si la madre es ansiosa e insegura, y se aferra al niño e impide una adecuada separación; mina su autonomía por temor de que corra riesgos, haciéndolo más dependiente. La madre debe relacionarse en forma calmada, y esa tranquilidad la absorbe e incorpora el bebé .

La escuela Francesa de psicoanálisis, describe que la mujer para un adecuado maternizaje debe tener la capacidad de 'Reveríe". Corresponde a entender los temores y ansiedades de su hijo; absorberlas, neutralizarlas y revertírselas ya procesadas.

Si el niño se acerca a la madre asustado por una pequeña herida que sangra un poco, la respuesta adecuada sería; "vamos a ver, no pasa nada, lavemos con agua y jabón" cantándole sana, sana colita de rana......, sequemos y pongamos un curita (o si es necesario) llamar o ir con el doctor.

Pero si el niño se acerca asustado gritando: ¡Mamá! Y la madre ansiosa, espantada también, grita: ¡Hijo, qué te pasó!, el susto del infante se multiplica y con ello su seguridad se desmorona.

Entonces la fuente de seguridad materna no sirve. En otras palabras la madre debe tener la disponibilidad de ayudar al despego del hijo. Primero dejándolo suficientemente satisfecho, asegurándole su presencia afectuosa y después permitiéndole que se aleje de ella. Y al salir ella de la casa, trasmitirle con calma a su hijo que todo estará bien, y que regresará. Y no esconderse para salir, o arreglar para que distraigan al niño y así no llore al ver que se va.

Un niño será tímido y miedoso si su madre no lo anima a alejarse de ella, y su padre no ofrece ayuda y orientación.

Desafortunadamente no todos los padres hacen su trabajo esencial bien. Dejan todos los asuntos relacionados con la educación del niño a la madre, y no reconocen ni aceptan que se trata de su rol de padre. Otros son muy egoístas y se resisten en ayudar a la madre y al niño a distanciarse entre si; considerando que su labor de proveedores es suficiente.

Fase Edípica. Segundo corte transversal (del tercero al sexto año de vida).

En el desarrollo infantil, después de los tres años, los niños empiezan a buscar la atención del adulto del sexo opuesto a ellos; y a la par, tienen miedo al progenitor de su mismo sexo. Imaginan que se puede, enojar, con él (o ella) por querer ponerse en su lugar.(13)

Estos deseos y temores son la causa de comportamientos desconcertantes; berrinches, cambios de humor, continua competitividad, demasiada sensibilidad ante llamadas de atención u ofensas, sentimientos de poder hacer y saber todo.

Frecuentemente los padres no comprenden las reacciones de su hijo (a) en esta fase del desarrollo y les resultan reprobables. En este momento de la vida infantil, las emociones del niño (a) son muy intensas, y los niños muy sensibles.(12)

Es sumamente importante como reaccionen los padres en esta fase edípica; por que es la plataforma en la cual se cimentarán las relaciones cuando lleguen a la adultez. El niño que sale bien librado de estos años, logrará tener relaciones positivas y significativas, y si fueron años complicados, de adulto buscará inconscientemente, relaciones conflictivas e insatisfactorias.

Los niños dentro de esta fase, no están buscando una relación adulta con el progenitor de el sexo opuesto, sino que tratan de imitar la relación social que percibe que tienen sus padres.

Todo niño primero imita y gradualmente se va identificando. Es decir si la niña imita ser la madre-pareja del padre, puede así identificarse con la madre y posteriormente tener igual que su madre, una pareja como el padre. Igual sucede con el niño, que tiene que vivir una etapa de enamoramiento con la madre; ubicarse en el rol de que son pareja, y así identificarse con su padre y posteriormente tener pareja como lo hizo su padre.

Es importante enfatizar que los niños tienen una idea muy vaga de la relación amorosa de sus padres; y en el transcurso de esta fase, no buscan ningún tipo de atención teñida de sexo. Lo que desean son los elementos de posesión amorosa, afecto, exclusividad "Quiéreme a mí", "Veme a mí".

Al cumplirse los tres años—logran la separación-individuación de la madre y se perciben como seres únicos, ahí se dan cuenta de que sus padres tienen una relación que no les incluye a ellos. Los padres tienen su habitación, su cama, separada de la de los hijos y estos quieren un sitio en esa relación que han descubierto.

Los niños intentan separar a los padres y se van a acostar en medio de ellos. Su intención es desviar la admiración que un padre le tiene al otro, y repito, desviarla hacia ellos. Si los padres entienden lo que le pasa al hijo; no les hace ruido esta etapa. Pero si los padres rivalizan, critican o se burlan del hijo, éste se sentirá avergonzado e inhibido. Y cuando adultos pueden sentirse más cómodos, dejando que otros se lleven los méritos de sus esfuerzos.

Los niños entre los tres y los seis años, tienen una imagen de si mismos que no es realista; y no comprenden las diferencias de madurez y de poder que hay entre ellos y sus padres. Por una lado compiten con su progenitor del mismo sexo, y a la par tienen miedo de que éste tome represalias en respuesta a su competitividad. Esto provoca que los niños de esta edad necesitan que se les reafirme constantemente.

Si son rechazados por el padre del sexo opuesto, en sus deseos intensos de pasar mas tiempo jugando con él, llevado a la cama por él, etc. puede quedar con un resentimiento de coraje y/o de injusticia que se proyectará de adulto en personas del sexo opuesto.

Todo niño es vulnerable, imperfecto , dependiente, inmaduro, y piensa que sus padres no pueden equivocarse. Pero es frecuente, que los padres y/o los cuidadores del niño, maltraten al niño por esos rasgos de inmadurez. Esto es un abuso a su condición de niño, al exigirle que hable y entienda como adulto. Esto provoca que el niño no se sienta valioso, sino culpable. No puede ver que los que están mal son los adultos, porque se comprometen sus necesidades psicológicas básicas de seguridad y afecto. (31)

Al creer que los adultos siempre tienen la razón, adaptan su mundo mental y evolucionan con rasgos disfuncionales de supervivencia; se sienten menos, se hacen rebeldes o perfectos; muy caóticos o controladores; muy dependientes o todo lo contrario. Todos estos modos de adaptación se convierten en problemas de funcionamiento en la edad adulta.

Período de Latencia. Tercer corte transversal. Período de los siete a los once años.

Esta es una etapa relativamente tranquila que corresponde a los años de estudios primarios formales.

El niño evoluciona de un pensamiento concreto, adquiriendo la capacidad de un pensamiento abstracto. Distingue también en estos años la diferencia entre la fantasía y la realidad. En estos años se consolidan las bases de un sistema de valores, que cubren la identidad y con la escolaridad empieza la capacitación formal de el ser humano. (4)

En esta etapa de Latencia se inician vínculos con compañeros y amigos, que cuando son constantes y favorables perduran muchos años. También se inician actividades físico-deportivas que fortalecen el funcionamiento global del niño.

Este tiempo de tranquilidad emocional, se ve bruscamente interrumpido por la aparición de las hormonas y la confusión que generan en su mente. En los últimos años esta etapa tranquila, se ha ido acortando, por dos factores muy importantes: Primero la cantidad de hormonas presentes en los alimentos, lo que provoca una pubertad cada vez mas temprana, y segundo por la sobrestimación que reciben los infantes en los medios de comunicación – televisión—videojuegos---internet—etc.

La Adolescencia. Cuarto corte transversal. Período entre los doce a los diecinueve o veinte años.

Si los primeros años del desarrollo son difíciles, por depender de los padres o los cuidadores, de su equilibrio emocional y de sus decisiones; la adolescencia es otra encrucijada. Es una etapa de muchos cambios; de crecimiento repentino, de la irrupción hormonal, de tener que completar el desarrollo físico. Son años que se viven en un puente, donde se esta dejando de ser niño, en un extremo, y todavía no se llaga a ser adulto, en el otro lado del puente.

Aquí el ser humano define plenamente su identidad sexual, tiene que precisar cual va a ser su actividad de adulto. Teniendo en su interior una efervescencia y en el exterior un mundo cambiante y la exigencia de adaptarse a las formas de los adultos.

Tiene ya la madurez física para engendrar un hijo, y a la par la inmadurez emocional para cuidarlo y formarlo. Se siente que sabe y puede tanto o más que sus padres, pero adolece de recursos económicos y formas adecuadas para obtenerlos. Es necesario ayudarle y explicarle que la madurez física debe ser controlada y detener su expresión biológica hasta que llegue y se empareje con la madurez emocional.

Antes de la adolescencia, el niño pudo ser controlado por los padres, con relativa facilidad. Las diferencias de tamaño y fuerza aunadas a las dispares capacidades, facilitaron ese control. Con el adolescente el proceso evolutivo se complica; el tamaño y la fuerza de los padres pueden ser superados. Los cuestionamientos que el niño no se atrevía hacer, el joven si los confronta; habiendo padres que llegan a temer ahora, las reacciones de rebeldía del hijo.

Estas dificultades llevaron al Dr. Alonso Cantú a referirse a la adolescencia como la "Edad a prueba de padres".

Muchísimos problemas psicológicos aparecen en esta etapa. Es común la inadaptación; los problemas de la alimentación, el sobrepeso, la bulimia y la anorexia; el experimentar con tóxicos lícitos---alcohol, tabaco, café, y según la oferta con tóxicos ilícitos. (marihuana, inhalables, cocaína, anfetaminas, etc.), y en un afán de rebeldía y de sentirse adulto, afirmarse, y ser aceptado por su grupo, muchos adolescentes exageran el tomar, el fumar, y conductas impulsivas, violentando formas de manejar vehículos: automóvil o motocicletas, y así un alto porcentaje de accidentes suceden en manos de adolescentes.

También es alto el porcentaje de embarazos no deseados en esta etapa. La falta de información y de comunicación eficiente entre los padres y sus hijos, evitan la instalación de medidas preventivas.

El incierto futuro, las dificultades de muchas familias para apoyar la formación académica del hijo; las difíciles y escasas oportunidades laborales, llevan frecuentemente a algunos adolescentes, a cuadros depresivos y a aceptar y actuar conductas delictivas. Tensiones, conflictos, traumas, que el niño incorporó, sentimientos de abandono, sentimientos que los padres o cuidadores abusaron a su condición de niño, cuando era temeroso, inseguro y dependiente, ahora emergen y se expresan de múltiples formas.

Si los cimientos se estructuraron adecuadamente; si los primeros cinco años y los siguientes cinco; fueron en un clima de cariño, con explicaciones mas que con sometimientos, "Porque yo lo ordeno", se llegará a la encrucijada de la adolescencia mas equipado; y su transcurso será mas fácil tanto para el joven, como para sus padres.

Los hijos dependen de los padres, y estos controlan a sus hijos, hasta que éstos son capaces de controlar su propia vida. En las familias normales, la transición se produce poco después de la adolescencia; pero en las familias con problemas, esta saludable separación se demora durante años, o continúa durante toda la vida. Sólo puede producirse después de que el hijo ha logrado concretar los cambios que le permitirán hacerse dueño de su propia vida. Cuando ha logrado una autonomía laboral, económica y social.

Imaginemos ahora el edificio de la personalidad en forma horizontal; cortemos las facetas del edificio, nos queda un cono. Si en la identidad temprana, (primeros cinco o diez años) entraron traumas importantes, estarán en el centro del edificio.

(ver Figura No. 18)

Funcionamiento del aparato mental en contacto con el exterior cuando hay hiper-reacciones

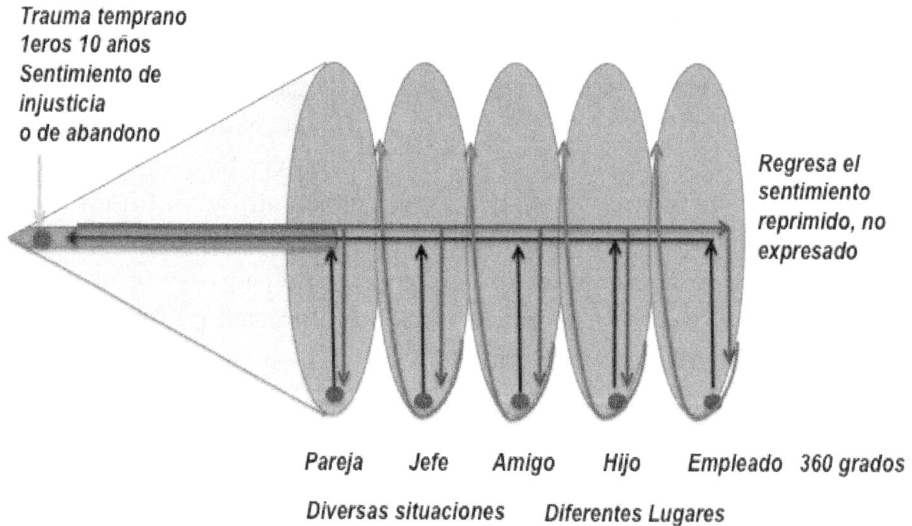

Figura 18.

Veamos ahora la parte del cono que corresponde a la actualidad. Imaginemos una llanta de bicicleta que al rodar se pone en contacto con el exterior y por medio de trecientos sesenta grados, donde vamos a suponer que están los rayos de las llantas, se conectará el mundo externo, hacia el centro infantil. Habrá situaciones que conecten –otras no—con su historia traumática.

Así, si el niño se sintió rechazado o excluido, porque llegaron hermanitos, y se repartió la atención o llegó la niña o el niño esperado por los padres, y aquellos padres se volcaron en el deseado recién nacido y descuidaron las necesidades del "mayor", éste queda con esa sensación profunda, de rechazo o abandono. O fue desatendido porque su hermanito (a) menor, nació con requerimientos especiales que demandaron a la madre un tiempo extra para el más débil, etc.

Luego de adulto, su pareja atiende a sus propios hijos, o a su vida social y por esa conexión inconsciente, se hace un efecto dominó y vuelve a revivir sus sentimientos de abandono y de rechazo.

Como él (o ella) no es consiente de esto, ya que no lo recuerda, simplemente se activan los sentimientos que se reprimieron de coraje, abandono, etc. y le pasa la factura a su pareja, o a otra persona que nada tiene que ver con su pasado. Lo que no pudo expresar en la infancia, ahora sale en otro escenario.

En toda hiperreacción emocional actual, se han conectado emociones de los primeros diez años, que fueron reprimidas, olvidadas, pero no solucionadas.

Proceso evolutivo. Camino a la madurez.

El ser humano es el mismo que nació, que se desarrollo, que fue a la escuela, que hizo amigos, que se enamoró y se casó, etc. y a la par no es el mismo. Existe en él un proceso de cambio evolutivo. Le sucede al hombre lo mismo que a la mariposa la que en todas las culturas, es el ejemplo de la metamorfosis por pasar por diferentes etapas.

Los humanos también pasamos por estadios o fases en el desarrollo, en el camino a la evolución, primero estamos dentro de la madre, al nacer somos un bebé, luego un niño, un adolescente y finalmente llegamos a adulto joven, adulto maduro y adulto viejo.

Se presentan a lo largo de la existencia, cambios en un desarrollo, en una serie de transformaciones tanto físicas como emocionales.

Cada estadío es diferente, no es mejor o peor. Nuestra evolución se realiza por medio del aprendizaje, lo que nos proporcionó el medio familiar, la escuela, y las oportunidades de trabajo que dio el medio social. Además lo que cada uno extrae de sus experiencias. Consiente o inconscientemente todos vamos avanzando a nuestro propio ritmo, y nuestras propias pautas, nadie nace con la información requerida.

Muchos seres se estancan en alguna de las etapas del desarrollo, avanzan en años de edad física, pero se detiene el desarrollo psicológico. Existen individuos que llegan a la edad adulta y continúan adoptando conductas infantiles egoístas y/o conductas adolescentes impulsivas.

También hay jóvenes que han asumido las riendas de su vida, y que han dejado de culpar a los demás por las consecuencias que tienen sus actos y sus decisiones. Tuvieron la capacidad de llegar a la madurez y un equilibrio emocional.

Cuando hay una menor evolución, somos más egocéntricos, más egoístas, más víctimas, sin empatía, más ignorantes y más inconscientes. Por consecuencia más sufrimos, más nos quejamos, más peleamos y más estamos en conflicto con los demás. A mayor evolución, somos más altruistas, más responsables, y por lo tanto comprendemos a los demás. Somos más conscientes y más sabios. Como consecuencia de esto más felices somos, nos percatamos de que tener más, no nos hace mejores humanos, y aumenta la capacidad de amar y de servir a los demás.

Este proceso evolutivo se le conoce como espiral de la madurez; y lo podemos graficar como la cuerda que rodea a un trompo, o que va cubriendo al prisma. Cada vuelta es más y más amplia. En la medida que aprendemos de nuestros errores, avanzamos por el camino que nos permite convertirnos en seres mejores. (ver Figura No. 19).

Proceso Evolutivo de la Madurez

Evolución por medio del aprendizaje, medio familiar, escolar y laboral y lo que cada uno extrae de sus experiencias

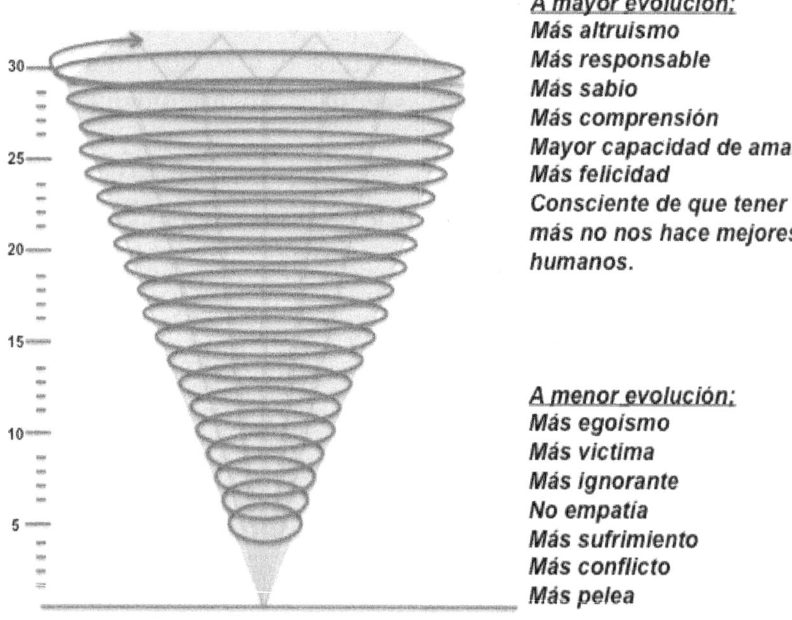

Figura 19.

Cuando alguien se detuvo en alguna etapa del desarrollo, el edificio—prisma—continúa su crecimiento pero la espiral ya no le acompaña, continuando en el mismo lugar, o el crecimiento es muy limitado o parcializado.

En el proceso terapéutico, médico y paciente tienen que recorrer la espiral a la inversa, juntos regresar y detectar los anclajes, y desconectarlos para ahora en forma libre continuar el camino a la madurez o a la salud.

Lo externo se hizo interno, por lo tanto, somos predominantemente pasado. El futuro, el día de mañana, todavía no llega, y el momento presente, en su dinamismo va incorporándose y va aumentando el archivo del pasado. Por esa razón, no funcionan los consejos; "ya dale vuelta a la hoja del libro de tu vida" o "ya lo pasado, pasado". Pasó y ahí esta adentro, y esto es válido tanto para momentos positivos, agradables, como para otros dolorosos, negativos, desagradables. Sucede además, que archivamos más fácil las vivencias traumáticas. Si un niño tiene en un mes, veintinueve magníficos días, tranquilos, llenos de afecto, risas, alegrías, le compraron lo que quiso, etc. y el día treinta por alguna travesura, o por el motivo que sea, es regañado, reprobado, lo nalguean y lo mandan a la cama sin cenar, ese día pesa mucho más y lo recordará mas que los veintinueve días buenos. El niño no piensa: "no está mal el porcentaje sólo uno en contra, y veintinueve a favor".

Este esquema se explica por que desde la infancia se piensa que lo bueno nos lo merecemos, que eso es lo normal y lo correcto; que nos den, nos atiendan y complazcan.

En la edad adulta en general continua éste funcionamiento emocional, y si alguien nos hace un servicio o un favor, fácilmente lo olvidamos. Pero si alguien nos rechaza, no nos ayuda, o nos lastima; eso no se olvida. El odio es mas fácil, que la gratitud o el amor.

Aspecto Económico de la Mente.

La mente funciona buscando el mínimo esfuerzo. Se prefiere el placer que el rigor de la realidad. De ahí se formó el viejo refrán: "vale más malo por conocido, que bueno por conocer", por que lo que conocemos ya no nos causa un desgaste; y así repetimos pautas de conducta, que aunque no sean las mejores, nos funcionan por economía mental.

Explicando el funcionamiento mental, desde este enfoque económico; podemos afirmar que cada uno tenemos una cierta cantidad de capacidad, con un porcentaje nacemos y se incrementa con la información y formación que recibimos.

Digamos que una persona tiene mil dólares o de euros de capacidad, pero tiene que estar utilizando cuatrocientos o quinientos para tapar y/o detener conflictos de su desarrollo, que tiene que mantener reprimidos (de este gasto no se percata). Gasta trecientos en el día a día por el desgaste y el estrés en que vive; necesita doscientos o mas para su vida diaria y su trabajo; total no trae liquidez para algo nuevo o extra; para ser creativo o disfrutar.

Funciona mejor, alguien con menor capacidad digamos quinientos dólares, pero libre de conflictos del pasado, con un mínimo de estrés, no se ha complicado endeudándose, y su trabajo no le demanda mucho desgaste emocional. Tiene energía para disfrutar.

Es común que una persona acuda en busca de solución a determinada conflictiva; digamos como ejemplo una fobia a espacios cerrados, que le incapacita para el uso de elevadores, aviones, etc. Al trabajar en terapia, localizar la raíz del problema, donde se ancló el conflicto, y separar el aquí y ahora, del allá y entonces, la persona mas libre, nota que en su trabajo rinde más, y es más feliz, con su familia y amistades y vive mejor.

Al solucionar el conflicto, se liberó energía mental que estaba utilizando para palear su síntoma, y desapareció la angustia y/o depresión que le acompañaba. No asistió a terapia para rendir mas laboralmente, pero logró ese plus, por este factor económico de la mente.

Como lo puntualice en un principio, la conducta puede alterarse porque el funcionamiento neurológico está dañado y el individuo posee cualidades físicas y fisiológicas diferentes al resto de individuos o, con una anatomía normal del sistema nervioso central, poseer cantidades diferentes de sus sentimientos o afectos.

Por último para entender la explicación puramente emocional, imaginen un metro; entre los 40 y 60 cm. ubicaremos sentimientos que en el marco referencial donde vive determinada persona, son normales. Ahí caerían sentimientos de temor, de coraje, de tristeza, de alegría, etc. que son sentidos y expresados dentro de ese rango normal.

En la medida que se aleja el esquema del 60 hacia los 100, o del 40 hacia el 0 del metro, ya estamos con un funcionamiento alterado. Si un temor se incrementa llega a un estado de pánico, el coraje evoluciona al odio, la tristeza a depresión, la alegría en manía, etc. (ver Figura No. 20)

Emociones Normales y Alteradas

con un SNC normal, las emociones poseen cantidades diferentes

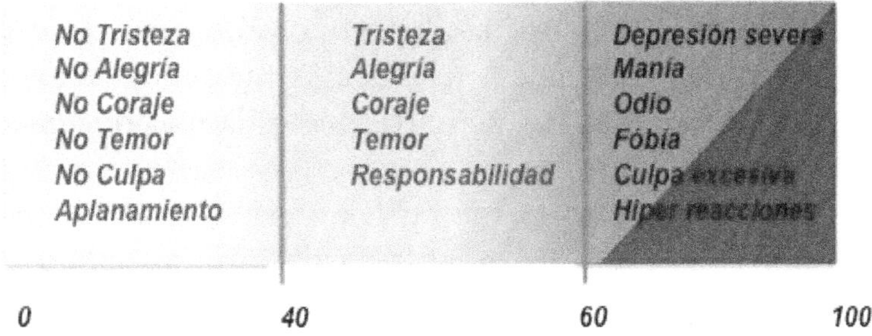

Figura 20.

Si la persona no siente nada, no tiene culpas, se fue hacia el otro lado del metro, hacia el cero. Si daña a otro ser humano, le mutila o golpea y no tiene un sentimiento de auto reproche, como sucede en delincuentes, estas respuestas también son patológicas.

En los pacientes psicóticos, como los esquizofrénicos, se presenta un "aplanamiento afectivo". El sujeto no siente emociones, dice sentir pero no lo trasmite. Las ideas y los afectos que normalmente son dos líneas que suben o bajan en forma paralela (ideas alegres van junto de sentimientos alegres, ideas tristes van acompañadas de sentimientos tristes), en el enfermo que no siente, las ideas pueden estar arriba o abajo, pero el sentimiento es una línea recta, aplanada.

Sumarizando.

Las actitudes afectivas frente a otras personas, actitudes muy importantes para la conducta posterior del individuo cuando es adulto; quedan establecidas en una época increíblemente temprana. En los primeros seis años de la infancia, el pequeño ser humano ha fijado de una vez por todas las formas y el tono afectivo de sus relaciones con los individuos del sexo propio y del opuesto. A partir de ese momento, podrá desarrollarlas y orientarlas en distintos sentidos, pero ya no logrará abandonarlas.

Las personas a las cuales se ha fijado de tal manera son sus padres y cuidadores; sus hermanos y primeros educadores. Todas las personas que haya que conocer posteriormente, serán para él, personajes sustitutivos de estos primeros objetos afectivos. Los ordenará partiendo de las imágenes de la madre, el padre, de los hermanos, etc. imágenes que proyectará en personas y relaciones en su entorno adulto.

Las relaciones del adulto, reciben el impacto de una herencia afectiva. Tropiezan con simpatías o antipatías, en cuya producción escasamente han participado. Todas las amistades y vínculos amorosos posteriores, son seleccionadas sobre las huellas de memoria, que cada uno de aquellos modelos primitivos haya dejado.

Como lo señaló el Dr. Eric Berne en los años sesentas, la mayoría de las personas actuamos siguiendo un "guión de vida", que es como el argumento preestablecido en una obra dramática, que nos sentimos obligados a representar; independientemente de si nos identificamos o no con el personaje, de si nos gusta o no. (1)

Cuando se está representando un guión, lo que se hace es actuar según la definición del personaje que otro escribió.

El guión de vida lo establece el niño durante su infancia, bajo las influencias principalmente de sus padres y otras figuras parentales. Este guión gradualmente se va reforzando por las diferentes experiencias y acontecimientos que el niño va viviendo a medida que crece. Es un plan de vida que contiene lo mas significativo de lo que le va a suceder a una persona. No se tata de un destino determinado por los dioses; sino que tiene su origen en los inicios de la vida. Ya se ha enfatizado la importancia de los primeros años, de lo que sucede afuera del niño y de las tempranas e inmaduras decisiones que toma el infante y/o adolescente para adaptarse y sobrevivir en su entorno.

Son mecanismos que quedan instalados como un programa que conduce a la persona en el futuro y de manera inconsciente. El guión de vida, se basa, en decisiones tomadas en la infancia, con la información y recursos disponibles en ese momento, y que dan lugar a una cierta posición, esperanzas y curso de la vida.

Recordemos que en los primeros años de la vida se establecen las bases de la autoestima y del valor propio. Y el niño hace un conjunto de decisiones prematuras y forzadas, tomadas bajo presión y mucho antes de lo debido.

El guión se forma en primer lugar por los mandatos, es decir, por las prohibiciones o inhibiciones en el comportamiento del niño. Son mensajes verbales o de forma no verbal, que llegan al infante repetidos día tras día, por sus padres o personas con fuerte influencia emocional en él, o excepcionalmente a causa de una circunstancia vivida como dramática.

En Segundo lugar están las atribuciones; que le dicen al niño lo que debe ser, o lo que debe hacer; y lo cargan con todo aquello que se espera o se desea que sea. La posible lista de atribuciones es ilimitada: "eres torpe como tu tío", "eres igual que el abuelo", "eres bueno, malo, listo, sano, frágil, distinto, tremendo", etc. etc.

Mandatos y atribuciones son etiquetas que ha base de repetición, penetran y moldean la identidad del pequeño que es frágil, dependiente, temeroso e inseguro y que lo que busca es ser amado, protegido y reconocido para satisfacer sus necesidades psicológicas de seguridad y afecto.

Los guiones de vida pueden ser modificados en un tratamiento de psicoterapia. Se presenta una segunda oportunidad, de reacomodar lo que se vivió en el desarrollo. Es como reescribir el guión y el paciente el nuevo guionista. Se tiene que partir de un viaje al interior, y de un progresivo proceso de toma de conciencia de lo incorporado; de lo que se adjudicó como culpas absurdas, y de cuales son los deseos legítimos y adaptativos con los que las personas quieren vivir su vida.

El trabajo psicoterapéutico no es rápido, ni sencillo. Se parte de revisar el guión, analizando diferentes dimensiones de la existencia relacionadas con los deseos, las creencias, las elecciones y vocaciones. Pero el trabajo de terapia será revisado en el último capítulo del libro.

Con padres razonables o impulsivos; bondadosos o agresivos, o sin padres. Con un sistema de valores ya introyectados, con una infancia tranquila o tormentosa, con una educación y capacitación de primera o de tercera, con un guión de vida, de exitoso o de fracasado, de víctima o de agresor, de abandonador o abandonado; tenemos ya frente a nosotros un joven adulto.

El disco duro de su ordenador cerebral ya está grabado; (lo que fue externo, se hizo interno); y solo está esperando que estímulos externos, pulsen, la tecla adecuada, y entre la señal para que se genere el efecto dominó. El estímulo externo llegará al interior profundo del inconsciente, y desde ahí reaccionará.

VACUNA 3.
LA PAREJA

"La vida conyugal es una barca que lleva dos personas en medio de un mar a veces tormentoso;
si uno de los dos hace algún movimiento brusco, la barca se hundirá"
León Tolstoi

Necesidad de una Pareja.

Los humanos somos seres sociales. Necesitamos vivir con los demás; y necesitamos ser comprendidos.

En el primer capítulo al describir como se forma el aparato mental, describí las necesidades psicológicas básicas del niño de seguridad y afecto, y el adulto continúa con las mismas necesidades. Lo que cubrieron los padres, ahora se busca en la pareja. Con la pareja el individuo va sentir que le quieren, y se va a sentir mas seguro, complementado y apoyado.

También describí los impulsos (eros y tánatos) y en el dibujo número 12 en una metáfora de la olla de presión, queda implícito que para la salida número uno de la sexualidad, que es la ideal, requerimos a una pareja.

Necesitamos comunicar a alguien nuestra intimidad y lo que de niños comunicamos a mamá, a papá o a quien nos cuidaba, después lo hacemos con la novia(o), con un amigo(a) o con una pareja, y así recurrimos al matrimonio.

Otro factor que interviene, es el proceso de identificación que tenemos con nuestros padres y cuando esta identificación es la adecuada, en una vida normal, seremos como cada uno de ellos y buscaremos unirnos con otra persona.

El niño se identifica con su padre y como él tendrá una pareja como su madre. Lo opuesto sucede en la niña, que será muy parecida a su madre, y buscará (igual que lo hizo ella) un compañero como su padre.

Como elegimos a la pareja (o nos elige).

La elección de la pareja es una de las decisiones mas trascendentes del ser humano, ya que marcará el resto de la vida. Sin embargo, ¿Cuánto tiempo destinamos a la búsqueda de la pareja?

¿Y que tal si comparamos este tiempo, con el tiempo dedicado a la formación profesional?

Para elegir pareja no nos tecnificamos, y nueve de diez personas tomamos esta decisión en un momento de inmadurez. Nos enamoramos y esperamos obtener una fusión absoluta con la pareja. El enamoramiento obnubila la razón, nos despegamos de la realidad y confundidos imaginamos que hemos encontrado una alma gemela, con quién compartir todo. En mi especialidad decimos que el enamoramiento es un estado psicótico, (una locura transitoria) que se cura con el matrimonio. Los enamorados ignoran que su pasión es perecedera, efímera y volátil, y se prometen (y se lo creen) que su amor será para siempre.

Para la mayoría de los hombres, es muy importante el físico de la mujer. Se dice que se unen por la vista. Para la mayoría de las mujeres, les resulta mas importante lo que el hombre les dice; en general se unen por el oído.

Es frecuente que en la elección predomine una parte, y que esa parte se confunda con el todo. Por ejemplo: puede ser que el rasgo predominante sea el atractivo físico, o se admire la capacidad intelectual. En otras ocasiones el atractivo puede ser la posición económica de la familia. Esto sucede cuando el hombre o la mujer hacemos un acercamiento brusco, y así no podemos visualizar otras áreas o toda la personalidad.

Para entender y poder valorar a una persona es necesario ver el mayor número de ángulos posibles. No sólo su conducta, o su físico. Es indispensable observar a cierta distancia. Sucede igual, cuando deseamos leer un libro, si lo llevamos a un centímetro de nuestros ojos (acercamiento brusco), no lo leemos, y si lo mantenemos a dos metros de distancia (como los noviazgos a distancia, por teléfono o por mail) tampoco lo leemos.

La lectura ideal la logramos a treinta centímetros de distancia; y la lectura de la pareja para verla adecuadamente, también requiere una distancia óptima.

Cuando la realidad nos da la bienvenida y la pareja muestra inevitablemente otros gustos, o no entiende determinadas emociones, o se muestra ya como es, y no como aparentó ser, nos cae como un cubo de agua helada, la prueba de que nos hemos unido a la mujer o a el hombre equivocados; y nos resulta muy molesto tener que vivir además, con el resto de la persona que uno ha elegido; y que por el enamoramiento, la prisa, y el desconocimiento no vimos. Yo esto lo vi con claridad, aterrice en la realidad, durante el viaje de "luna de miel".

La media naranja idéntica no existe. Es una ilusión imaginar que coincidiremos en el entendimiento al cien por ciento. Magnificas mezclas, que permiten relaciones duraderas, son un 90 a favor y 10 en contra, o un 80 a favor y 20 en contra.

Los hombres y las mujeres funcionamos diferente, somos complementarios, pero no idénticos. La mujer pone a funcionar en forma regular los dos hemisferios cerebrales; el hombre se apoya mas en el hemisferio izquierdo.

De esa descripción muy detallada, fue el éxito de el Dr. Gray: "Los hombres son de Marte, las mujeres son de Venus". "Cuando el ser humano deja de ser nómada, y se establece, se hace una importante división del trabajo. El hombre se hace cazador y la mujer recolectora. Se queda en la cueva, choza o casa, y su actividad es ahí cerca, como recolectora y/o agricultora". Si multiplicamos este modelo en millones de generaciones, llegamos a la actualidad y el hombre sigue siendo un cazador y la mujer una recolectora. (18)

Por esta razón del funcionamiento del cerebro, en general el hombre es más focalizado y pierde de vista muchas cosas del entorno, que la mujer si percibe. Es muy común que el hombre busca algo en casa y no lo ve, viene la mujer y lo visualiza de inmediato.

Conocer y aceptar esta realidad, nos facilitará no pretender la fusión absoluta con la pareja. En general, le dedicamos mas tiempo y análisis a la compra de una casa o de un automóvil, que a examinar las características de la pareja. No buscamos proactivamente, sino que aceptamos pasivamente por inmadurez o inseguridad, lo que se nos presenta en nuestro entorno.

Abundan casos de personas muy inmaduras, que deciden y aceptan a la pareja que agradó a la madre, o el padre le dio el visto bueno, y vía esa elección, sienten una mayor aceptación de sus padres.

Cuando hacemos una elección posterior a un divorcio o a una decepción, y no está bien cerrado el ciclo; cuando no se examinaron las causas del fracaso y la participación y/o corresponsabilidad del fracaso; las posibilidades son altísimas de un nuevo fracaso.

Pedro es un profesionista de 35 años, que después de un noviazgo de cinco años, estando muy enamorado, y habiendo convivido íntimamente con Eva su novia, decidieron casarse un mes de enero de x año.

Tenían todo arreglado para su boda (banquete, música, iglesia, un amigo sacerdote los casaría, viaje de un mes por Europa, etc. etc.) Un mes antes Eva le comunicó que tenía serias dudas sobre el matrimonio, y no aceptó la sugerencia de Pedro, de asistir a revisar con un Psicoterapeuta lo que estaba pasando.

La realidad que pronto se evidenció fue que Eva había conocido a otro hombre, del cual se había enamorado y le resultaba mejor que Pedro.

Pedro se vio lastimado seriamente en su autoestima y en ese mismo año se casó. En vez de elaborar el duelo, revisar que había sucedido y cual era su porcentaje de corresponsabilidad en el fracaso; de inmediato inició otro noviazgo que duró solo cuatro meses.

En verano, un mes después de terminar, conoce a Julieta y la encuentra como la mujer ideal para unirse a ella. Tuvieron un noviazgo al vapor y a distancia (ella era del sur de México), y al finalizar el año se casaron.

Julieta le dijo todo lo que él quería, o necesitaba oír.

Ella necesitaba salirse de un ambiente familiar que le resultaba asfixiante.

Obviamente era la crónica de un fracaso anunciado. Pedro hizo un acercamiento brusco e idealizado, y no valoró adecuadamente la personalidad de Julieta.

En el siguiente año se divorciaron.

Posteriormente a estos sucesos Pedro llegó a terapia comprendió sus puntos ciegos, y después de caminar solo en la vida; proactivamente buscó otra pareja. Actualmente vive feliz, ha formado una familia estable. Tiene dos lindos hijos a los que ama, y ahora se ríe de aquel trágico año.

Es muy común (principalmente en mujeres) que viven una gran devaluación ante el divorcio; el que algunas rápidamente van al cirujano plástico, hacen cambios bruscos en su vida, y en forma rápida aceptan otra relación y la formalizan, como si continuaran en pleito y así le dijeran, a su pareja: "Tú no me valoraste,......pues si hay quien me valora". Y no miden, que hay hombres que tratan de aprovechar esa condición emocional, sólo para disfrutar de ellas.

Si no transcurrió un tiempo de duelo, y de caminar a solas sin ataduras, por un período mínimo de un año, sucederá como cuando el bebé inseguro, empieza a caminar agarrado de un sofá, se suelta y rápidamente se apoya en un sillón o lo que sea para no caerse.

Noviazgo, matrimonio y evolución.

Hombre y mujer coinciden, se atraen, se gustan, y después de un breve tiempo de conocimiento superficial, se inicia el noviazgo. Inician un recorrido en el que ambos hablan el mismo idioma psicológico. "Vamos a tal parte, vamos a donde tu quieras, la idea es estar juntos" y así se llega a "¿Nos casamos? .....nos casamos".

Existen parejas que después de un breve noviazgo se casan, con un mínimo de conocimiento profundo de el otro; y un máximo de idealización; como creen que es el otro.

Otras parejas recorren un período prolongado de noviazgo y logran conocerse mejor, pero el espacio-tiempo no es suficiente, si uno o el otro, o ambos, no se mostraron genuinamente como eran, o mostrándose tal cual, el otro deformó la información que recibió.

Existen grupos sociales en donde los padres empujan a la pareja al matrimonio; sintiendo que al llegar a éste punto, lograron exitosamente su compromiso de crianza y formación.

Existen parejas que he conocido con problemas menores y que las familias de ambos han sido muy unidas; desde que eran niños. Las dos familias viajaron juntos, compartieron las mismas aficiones todos, (charrería, un deporte, etc.) y los niños incorporan a la otra familia como sus tíos. Crecen y se casan. ¿Qué valores tienen? los mismos , ¿Qué gustos y disfrutes tienen? similares.

Aquí sucede como si dos hermanos muy bien avenidos, sin ser hermanos, se casaran. Ya tenían importantes coincidencias desde mucho antes de enamorarse y casarse. (Ver Figura No. 21)

Encuentro de pareja exitosa

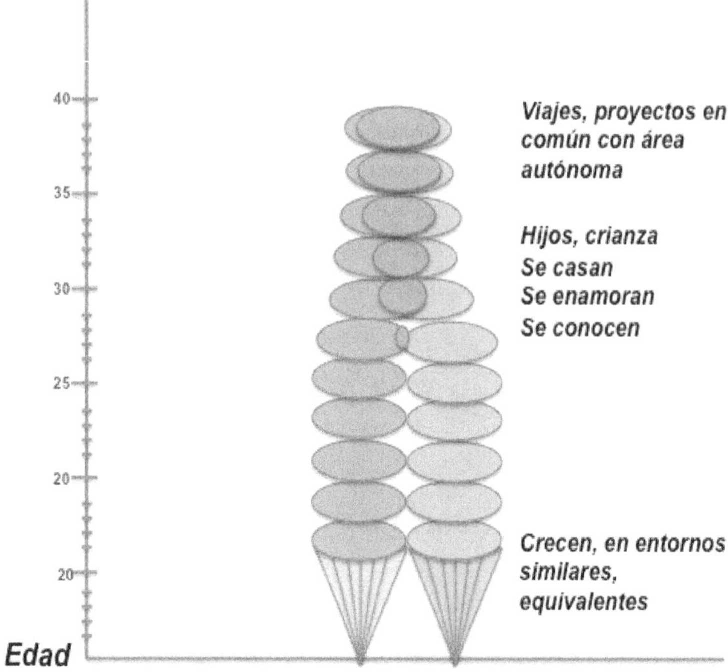

Figura 21.

Las áreas comunes, de coincidencias, van creciendo y fortaleciéndose; se van agregando nuevas vivencias agradables que forman recuerdos también agradables.

Otras parejas también con un mínimo de problemas, que lograron un proyecto común, paralelo, y en las que el tiempo les va fortaleciendo, a pesar de venir de familias diferentes.

Pero, cuando coinciden, se enamoran y se casan parejas muy diferentes, por ejemplo cuando uno es de Asia o Irán y el otro es de América; que profesan diferentes religiones, y donde la única coincidencia fue el atractivo, o la necesidad de salir de un ambiente difícil; sucederá que debido al ángulo de separación , fácil y rápidamente al unirse, se cruzarán y aparecerá la cruda realidad, de que son sumamente diferentes. (ver Figura 22)

Encuentro de pareja no exitosa

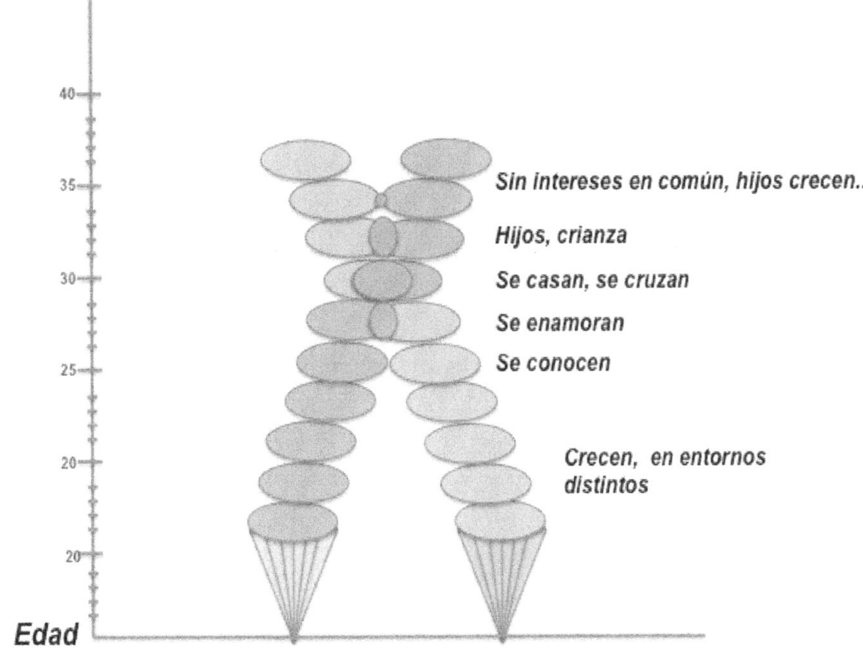

Figura 22.

Roles de la pareja

La pareja ya unida necesita de el funcionamiento en tres áreas o tres roles. La pareja compatible, exitosa logra los tres: El rol conyugal; el rol amoroso y el rol sexual.

El rol conyugal es el que desempeñamos ante el grupo social. Es el que define nuestro estado civil. En la elección de este rol, son muy importantes los criterios familiares, profesionales y culturales.

El hombre elige una mujer que su familia y su grupo la aceptan. Lo mismo ocurre con la elección de la mujer. Este rol, es el que mas pesa en un alto porcentajes de parejas. Antiguamente cuando los padres elegían a la pareja del hijo(a), este no se sentía responsable de la elección.

En otros momentos de la historia se celebraron matrimonios por razones económicas, culturales, o políticas; para evitar guerras, o fortalecer nexos. En estos casos lo amoroso y lo sexual no intervino.

El **rol amoroso** es el que nos permite una comunicación íntima, de calidad. Es con el que nos sentimos entendidos y apoyados. Cubre las necesidades psicológicas básicas de seguridad y afecto , descritas en el capítulo uno. La pareja nos evoca, en el inconsciente, a personas que nos criaron y nos quisieron durante el desarrollo infantil.

Así reencontramos rasgos de nuestra madre, o de nuestro padre, de una tía, una abuela, una hermana mayor o una nana. Y nosotros, sin percatarnos, estimulamos en la pareja; (tocamos algunos botones de su computadora emocional) para que responda a nuestras necesidades que quedaron grabadas en nuestro disco duro.

Cuando la infancia fue difícil, traumática, con las figuras que intervinieron en la crianza; la elección de la pareja se hace buscando características opuestas a esas figuras (madre, padre, abuela, etc.)

Si la relación infantil con la madre o con el padre fue muy difícil digamos que fueron impositivos, se buscará una pareja muy amable, todo lo contrario a lo vivido. Pero en muchas ocasiones, durante el noviazgo, el otro no mostró su carácter impositivo, y aparece ya de casados.

Así de lo que se huía, reaparece, ya que el inconsciente si lo captó y aceptó para la repetición de lo vivido y aprendido. Recuerden: lo externo se hizo interno y volvemos a hacerlo externo.

Sucede como si la pareja aceptara un convenio de consciente a consciente; digamos por encima de una mesa de negociación. Y en el fondo, lo que no se ve, nos ata mucho mas fuerte; de inconsciente a inconsciente. Por eso en el ambiente psicoanalítico decimos: "Dios los crea, y Freud los junta".

El **rol sexual** es el que desempeña el ser humano con su pareja, corresponde a la salida óptima la número uno, en el esquema descrito en el primer capítulo de la olla de presión.

Para la expresión o salida del impulso sexual, necesitamos a una pareja. Por lo general , este rol se consolida, cuando la pareja tiene una buena comunicación, y se desarrolla un buen vínculo, sin pena, con respeto y cariño; y donde tanto el hombre como la mujer obtienen la satisfacción de la descarga de este impulso básico.

Regularmente transcurre un tiempo de vida íntima juntos, para acoplarse ambos sexualmente. Algunas parejas, tienen vida sexual, o viven juntas, antes del matrimonio, y obtienen un buen desempeño sexual; por lo que no hay sorpresas después de casarse.

A través de mis años de actividad profesional he atendido a muchas parejas. A mujeres que ya de casadas se percatan que su pareja es homosexual; y a hombres cuya pareja padece fobia, y ocasionalmente acepta tener alguna relación rápida e insatisfactoria.

También frecuentemente sucede que durante el noviazgo él o ella, son predominantemente amables, con un trato muy correcto, y ya de casados, rápidamente aparece un carácter violento y controlador. Además del cambio y la falta de respeto, esta expresión inadecuada de la agresión impide, el buen desarrollo del rol sexual.

Existen pocas parejas muy afortunadas que logran hacer al mismo tiempo, la buena elección amorosa, la sexual y la conyugal en la misma persona. Por otro lado la gran mayoría, menos afortunados, logran obtener con su pareja sólo uno o dos, de los tres roles.

Esto explica la génesis de las infidelidades, él o ella tienen con su pareja, el rol conyugal, y cubren así sus requerimientos sociales y las necesidades de crianza de los hijos. Sin buscar (o buscando) encuentran que con un amigo o una amiga, tienen un mejor vínculo afectivo, es decir mejor comunicación de calidad que con el cónyuge, y/o mejor comunicación sexual. Apareciendo así la salida número dos o desplazamiento en la olla de presión. Es importante aclarar, que siempre la pareja se erosiona de dentro hacia fuera; primero se daña el funcionamiento de la pareja, y después aparece la infidelidad. Nunca alguien de afuera, irrumpe y daña a una pareja bien unida.

No hay que olvidar el proceso de identificación, del niño o niña con el padre del mismo sexo; el principio básico de que lo externo al niño, se hace interno. Si la niña tiene una madre, que tranquilamente tiene algunos amigos íntimos a pesar de estar casada; entonces aprende que es normal hacerlo. Y si el niño se identifica con un padre parrandero, en el cual su normalidad es la infidelidad, eso tenderá a repetir.

Muchos hombres casados, sienten mayor atracción sexual por mujeres degradadas, vulgares, o prostitutas, sin interés intelectual; pero no se atreven a divorciarse y unirse a ellas, por que no llenan el rol conyugal, Las quieren sólo en la cama, pero no como madre de sus hijos.

La pareja emocionalmente madura, la mas compatible, es la que mas se acerca a cubrir los tres roles, el conyugal, el íntimo y el sexual.

Comunicación en la pareja

Toda comunicación humana es verbal y no verbal, o corporal, algunos especialistas en comunicación calculan que sólo el 20% de la comunicación es verbal y ubican en el 80% el lenguaje corporal; gestos, tono de voz, movimiento de manos, etc. Otros aseguran que sólo el 7% es lo que comunicamos al hablar y el 93% es todo lo no verbal.

Respecto a la comunicación verbal, debemos tener presente, que esta tiene una forma y un fondo. La forma es la manera como trasmitimos el mensaje (tono de voz, actitud, etc.) y el fondo es el contenido que deseamos trasmitir.

Muchos conflictos; no sólo en la pareja, sino en el ámbito social o laboral, parten de la forma de trasmitir lo que deseamos. Hay insultos dichos en forma tan amable, que suena a ¡Buenos días! Y hay Buenos días que por su tono brusco y agresivo, parecen o suenan a insulto.

En la pareja existen tres formas o tres niveles de comunicación.

La que va de la parte consciente de uno a la parte consciente del otro. Aquí no se complica nadie. Ejemplo: Gustas una copa de vino? Sí o No, Gracias. (Ver Figura No. 23-A)

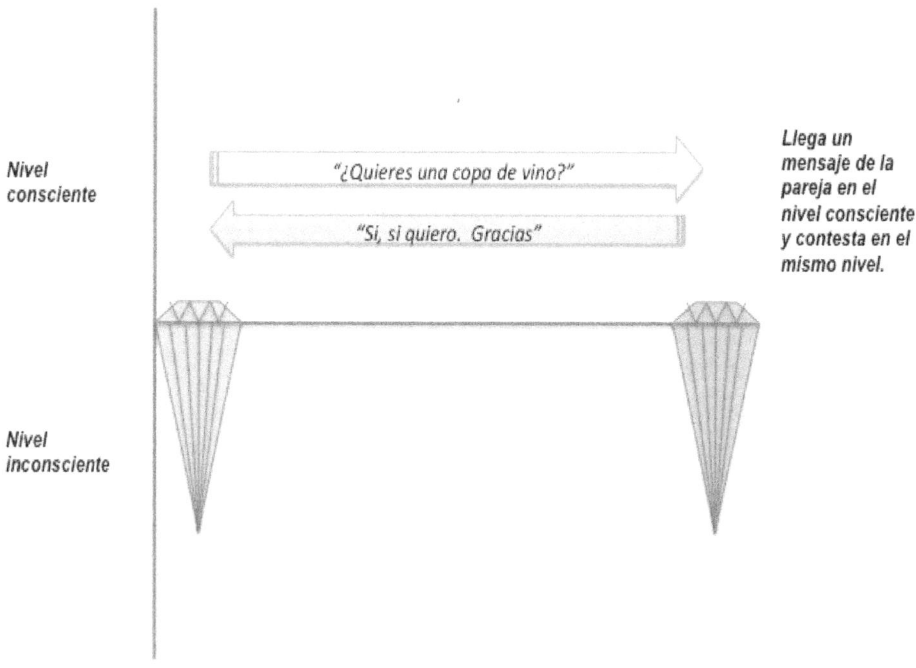

Figura 23-A

La segunda forma de comunicación está en otro nivel. Va del inconsciente de uno, al inconsciente del otro. Ejemplo: a la mujer se le antoja tener flores en su casa, no dice nada (porque de hacerlo estaría utilizando el nivel consciente o la primera forma), y curiosamente el marido llega con flores. Esta forma en ocasiones llama mucho la atención, y se entiende como comunicación telepática. (Figura 23-B)

Comunicación inconsciente

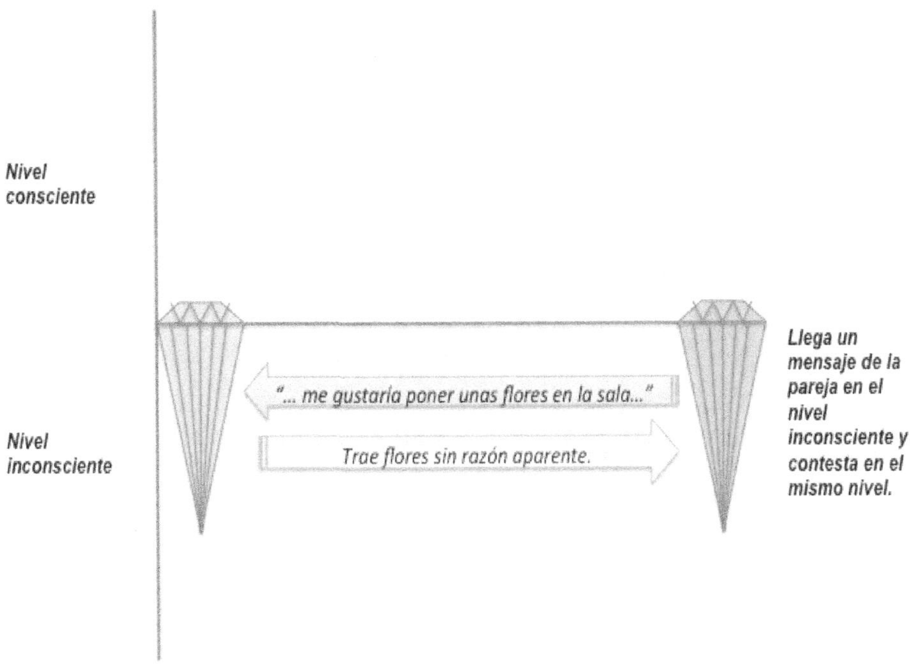

Figura 23-B.

La tercera forma es la que complica a la pareja, por lo general inicia en la parte consciente de uno, y va a dar a la parte inconsciente del otro, aunque sea primero escuchado en la parte consciente, pero por alguna razón el tono de voz, la forma, el momento, algún gesto, etc. El mensaje va y remueve algún conflicto reprimido, oculto en el inconsciente de la pareja. Ahora, sin percatarse, el que fue tocado en su inconsciente, responde con sentimientos que no pudieron salir en la infancia, y ahora se actualizan y aparece una híper-reacción. Así la respuesta es con coraje, tristeza o malestar que años atrás no se expresaron. (Figura 23-C)

Comunicación consciente-inconsciente

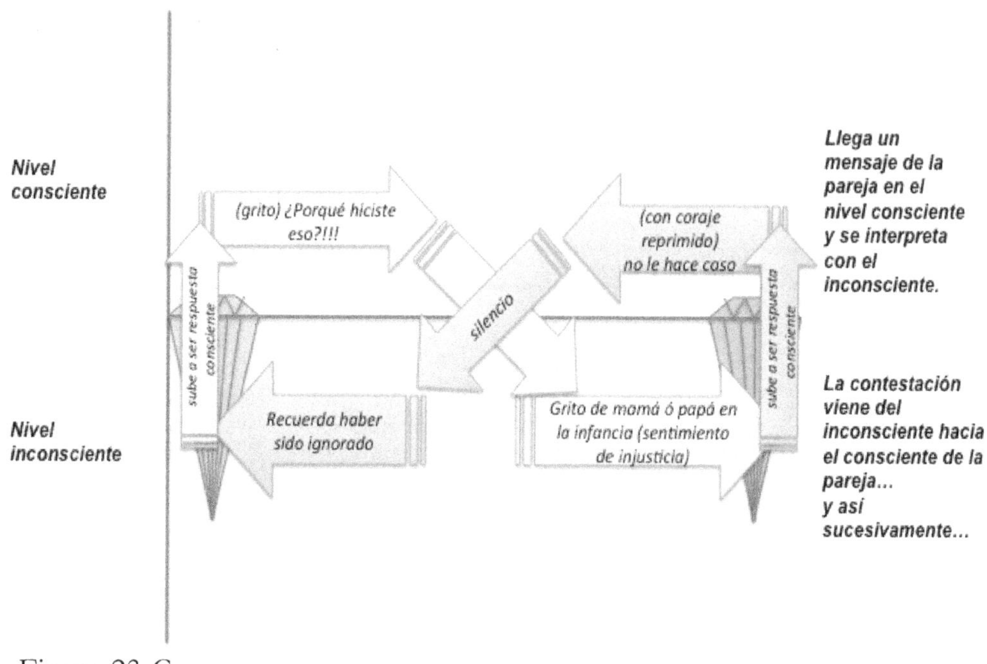

Figura 23-C.

Como el ser humano generalmente no se percata de esto, simplemente reacciona y al contestar, lo hace de tal forma, que logra ganchar otro material reprimido de la pareja. Esto es equivalente a que si tenemos en un hombro una herida, una ulceración, o un absceso que no se ve, ya que está cubierto por la ropa, y nos dan una palmadita así sea afectuosa, nuestra respuesta será con el dolor o malestar despertado.

Cuando ya se inició este tipo de comunicación automáticamente se mantiene y se forman verdaderos nudos. Decimos que se hacen círculos viciosos, donde una mitad del círculo activa y empuja a la otra mitad, y así sucesivamente sin principio ni fin. Pero mas que círculos son movimientos de comunicación mas parecidos al símbolo del infinito.

Mantenimiento de la pareja

Si la pareja se entrenara, desde antes de unirse, (durante el noviazgo), en una comunicación de calidad, en forma honesta y sincera; y cada uno expresara lo que espera del otro y lo que le molesta del otro. Y luego en beneficio de ambos hicieran los ajustes y los cambios para ir genuinamente engranando y genuinamente agradar al otro.

Si esto sucediera.........

Si la pareja no fabricara expectativas de que uno o el otro, después de casados con la llegada de los hijos "van a cambiar" algún mal hábito, como por ejemplo: la forma de beber, o el mal carácter impulsivo, o determinada adicción. Si pudieran decir, así como es, así lo acepto y lo quiero.

Si esto sucediera...

Si los ritos religiosos, no dijeran; "Hasta que la muerte los separe, sino "Hasta que su relación deje de ser ganar-ganar, es decir hasta que uno de los dos sienta que es mucho el costo o desgaste que paga, o aguanta, por el beneficio que obtiene.

Si esto sucediera...

Indudablemente que la historia de las parejas sería diferente. Por que en una sociedad sea el matrimonio, (o sea un negocio), si uno de los dos gana y el otro pierde, ambos pierden. La pareja de marido y mujer se van a conflictuar, van a vivir con mas sufrimiento que satisfacción, y finalmente pueden terminar. Si hablamos de socios de un negocio, el negocio fracasará.

¿Cómo puede una pareja, sentir cada uno que ambos ganan?

¿Cómo hacer una sociedad ganar-ganar?

Con una comunicación adecuada, y por esta vía ir cediendo cada uno, e ir ajustando lo que a uno le molesta o le duele, de la actitud o conducta del otro. Vía la comunicación se puede precisar si ambos llenan los dos requisitos claves. Si son compatibles, y si hay un genuino compromiso.

El mantenimiento de la pareja por lo tanto está en una comunicación efectiva, generadora de cambios productivos.

Los seres humanos aprendemos a darle mantenimiento, a una casa, al jardín, a los autos. En lo físico, a checarnos con el médico, hacer ejercicio físico, etc. En lo espiritual el individuo cumple con los lineamientos que la iglesia le señala. Le damos mantenimiento a las relaciones sociales, y así invitamos amigos, o cumplimos con ellos cuando nos invitan o necesitan.

Pero en general la pareja piensa que por que llegó al matrimonio, llegó a la meta deseada y es todo. Esto es un grave error. Un objetivo es llegar. Los siguientes pasos son los más difíciles, para mantenerse e incrementar la compatibilidad con la pareja.

Lo que sucede comúnmente es equivalente a visitar a un nutriólogo, bajar los kilos de sobrepeso, para lo cual aceptamos un régimen alimenticio; y después de esfuerzo y sufrimiento llegamos al objetivo. Y luego dejamos de vigilar la dieta de mantenimiento y recuperamos los kilos perdidos. Una tarea es llegar, y otra (más difícil) es mantenerse. El mantenimiento que requiere toda pareja, debe instalarse desde el matrimonio o desde novios, y así se previene una enfermedad conyugal.

Si una pareja se reúne una vez por semana durante una hora, o cuarenta y cinco minutos; sin mediadores, solos, en lo que conocemos como sesión de autogestión; y en ese tiempo revisan lo que les molestó a uno de la conducta, actitudes, o actividades del otro, y viceversa, y conociendo este malestar, hacen correcciones necesarias y encuentran soluciones y se armonizan, no habrá un conflicto que crezca, y llegue a explotar ya que no habrá malestares acumulados.

Cuando se presenta un conflicto; se siente frustración y coraje y este sentimiento molesto no se expresa "por temor de hacer un problema mayor", al no salir se reprime y se guarda.

Se acumula con otros conflictos, y como describí en la olla de presión, se queda adentro, se acumula, se desplaza, aparece contra sí mismo o contamina la expresión del impulso sexual o finalmente la olla explota. Aparecen cuadros de ansiedad, estados depresivos o más intolerancia que evoluciona al divorcio.

La Pareja Conflictuada

Friedrich Nietzsche observó: "No es la falta de amor, sino la falta de amistad lo que hace desgraciados a los matrimonios".

¿Por qué una pareja dejan de ser buenos amigos, si es que lograron serlo?

Toda pareja se complica la vida principalmente por un mal manejo del impulso agresivo, ya sea de uno, del otro, o de ambos. Puede existir una buena sexualidad, pero si no hay una buena salida de la agresión, la vida íntima se verá rápidamente afectada; ya que el impulso agresivo (como ya se describió) se mezclará y dañará la expresión sexual.

Si un miembro de la pareja no comunica sus emociones, por su historia, por que no sabe como, por inmadurez o por el motivo que sea, no se llena el rol íntimo y la pareja mantiene un acuerdo de convivencia, que puede cubrir sólo el rol conyugal. Y tarde o temprano la relación se enfermará ya que la otra parte de la pareja, vivirá en una constante frustración, y la frustración crea coraje.

La pareja también se conflictúa cuando no se mantiene un nivel adecuado de compromiso. La Dra. Bárbara de Angelis en su libro ¿Are you the one for me? Dice que para comprender de verdad el compromiso se debe pensar en términos de el jamón con huevos.

Ya que en este platillo se encuentra la diferencia entre la implicación y el compromiso. La gallina se encuentra implicada, y el cerdo esta comprometido.(10)

Muchos creen haberse comprometido con su pareja, cuando en la realidad sólo ofrecen fragmentos de si mismos (un ocasional "Te quiero", una tarjeta de aniversario, etc.) como una gallina ofreciendo su huevo mas reciente.

Cuando se llegó a una enfermedad conyugal solo existen tres escenarios:

1. Continúan los conflictos y el problema crece.
2. La pareja cambia.
3. La pareja se separa.

Si la pareja con conflictos, llegan a buscar ayuda, cuando los problemas se inician, su pronóstico es mas favorable, que cuando han pasado años y ha aumentado el malestar.

Sucede lo mismo con la salud física. Una detección temprana de un cáncer, por ejemplo, puede solucionarse; pero cuando el cáncer creció y se extendió a otros órganos, el pronóstico es fatal.

Cuando valoro una pareja en mi consultorio, fundamento el pronóstico en los siguientes factores.

a) El diagnóstico de la pareja.
b) El tiempo que tiene el conflicto
c) Las complicaciones del conflicto
d) La disposición de ambos para la solución del conflicto.

Los factores de pronóstico negativo, respecto al diagnóstico son:

a)Cuando uno o el otro presentan una gran inmadurez por daños emocionales sufridos en la infancia, y existe un constante sentimiento de ser víctima.

- Si alguno tiene alguna adicción.
- Si existe agresión física o verbal y se ha perdido el respeto.
- Si existe una gran necesidad de control.
- Si existe problemática en área sexual.

b) El tiempo que tiene el conflicto. A menor tiempo con el conflicto, mejor pronóstico.

c) El conflicto se ha complicado cuando la pareja (uno o el otro o ambos) metieron a sus familiares y son padres tóxicos. O cuando (uno o el otro o ambos) han encontrado ya, una relación "mejor" (infidelidad).

d) El nivel de disposición para la solución es otro factor clave.

Si la pareja tiene la voluntad del cambio afrontarán el programa que se les prescriba y harán los ajustes necesarios. Obviamente si uno o el otro ya están saturados y ya no están dispuestos a buscar la recontratación de la relación, la pareja tiene mal pronóstico.

En ocasiones sucede, que, un miembro de la pareja, espera solamente que su cónyuge cambie, y así él o ella no hacen ajustes a sus formas. Aparentan que quieren cambiar y muestran una preocupación, y un falso deseo de cambio; llegando a terapia sólo para cubrir el requisito, de que intentaron e "hicieron todo lo posible" para solucionar los problemas.

Cuando hay un buen pronóstico acostumbro a proponerles un plan terapéutico, enfocado a modificarse. En primer término: "desagresivisar" la relación; para ello debe seguir una tarea y apegarse a ella. Si la pareja logra un manejo adecuado del impulso agresivo, podrá resurgir el rol afectivo y el sexual.

Imagino que la pareja son dos plantas, que fueron descuidadas, fueron rodeadas de yerba que les cubrió y las asfixia, no llega el sol, y la yerba chupa el agua; si viene el jardinero limpia la yerba, riega las plantas, podrán revivir. Si no se marchitarán y morirían.

Los lineamientos que la pareja debe seguir son los siguientes:

1. La pareja (ambos) deben genuinamente estar dispuestos para negociar; es decir para buscar el cambio a un funcionamiento mejor.

2. Deben tratar el asunto en privado.

Sin acercar o meter, a familiares o amigos que "apoyen".

Deben reunirse en un territorio neutral, que ambos acepten.

Yo recomiendo un lugar público (un café) que obligue a dialogar en forma tranquila, en voz baja, y sin usar un lenguaje soez. En este contexto de trabajo, establecer un límite de tiempo. Igual que una sesión con un terapeuta, respetar 45 minutos. Si este tiempo no fue suficiente, esperar a la siguiente reunión, y ahí continuar.

3. El tono del diálogo es crucial.

Se debe controlar el enfado, y mantener el respeto por el otro.

4. No interrumpir el flujo verbal del otro.

Esperar y oír todos los puntos de vista del otro. No permitir que el otro interrumpa. Que espere su turno.

5. No ironizar, ni subir el tono de voz; ya que la forma como se habla o dicen las cosas, puede dañar el fondo o finalidad del mensaje.

6. No culpar al otro, ni permitir que le culpen. Hablar en primera persona yo pienso.......yo siento......yo entiendo.....

7. No pensar por el otro.

No deduzca lo que usted cree que el otro quiere decir, o usted cree que el otro siente. Espere el tiempo necesario para que el otro hable y diga lo que piensa o siente.

8. Después de escuchar cuidadosamente lo que el otro dijo, tratar de comprender su punto de vista.

Afiance lo que escuchó para que luego el otro no cambie lo que dijo, ni se escabulla o desdiga. Ejemplo: "déjame estar seguro de que te he entendido" (y repita lo que escuchó).

9. Nunca desviarse en estas reuniones, ni permitir que le desvíen.

Esto es enfocar el conflicto. No cambie, ni deje que le cambien de enfoque, hasta no haber resuelto o acordado como van a resolver determinado conflicto.

Es muy común que en una discusión, uno o el otro se desvíen y terminen mas complicados al incluir otros problemas o variables, que durante el diálogo se recordaron.

10. Si usted busca ayuda y recurrió a algún amigo o familiar con madurez. Si buscó un terapeuta o sacerdote; no olvide que usted tendrá que resolver sus problemas. La búsqueda de ayuda debe ser sólo para lograr una comunicación respetuosa y productiva.

11. Como paso siguiente, después de haber expuesto su pensar y sentir; después de haber comprendido los argumentos y sentimientos del otro; concéntrese en las formas que usted alcance a ver de resolver el problema. No sólo vea el problema en si, ni la raíz del mismo. Imagine que puede usted proponer, hacer o modificar para llegar a una solución favorable a ambas partes.

12. Escriban sus propuestas de solución, y anoten a lo que se compromete cada uno para que el problema expuesto deje de serlo. Estas reuniones deben lograr propuestas concretas de cambio, y no sólo ser utilizadas como un vomitadero.

13. Si después de un tiempo prudente digamos seis meses de reuniones semanales o bisemanales, no se logran soluciones o cambios sólidos. Si se continúa igual o peor que al inicio de este plan, acepte que también existen conflictos sin solución. Igual que existen diagnósticos de enfermedades mortales.

Acepte que de los tres escenarios descritos en una enfermedad conyugal, le quedan sólo dos alternativas:

a) Vivir con el conflicto, y las discusiones permanentemente; acepte que éste conflicto continuará creciendo, y que el desgaste y la frustración consecuente también continuarán.

b) Terminar esta relación. Ya que la tercera opción "el cambio positivo" que se buscó, no se logró.

Si finalmente llegó hasta aquí, acepte que usted y su pareja no pudieron, o no tuvieron los recursos para cambiar. Aceptar su porcentaje de corresponsabilidad, no culpar totalmente al otro (que usted aceptó y no pudo descifrar a tiempo) ni culparse totalmente a usted; es la forma madura de terminación.

Si terminó la relación, lo sabio es aprender de la experiencia y estar alerta, para no repetir en otro escenario, con otros actores la misma obra.

Recuerde o revise lo descrito en el capítulo uno, "Infancia es destino", y si no se hacen los ajustes internos, le aseguro que volverá a fracasar. No fue su mala suerte, fue su historia temprana la que determinó la evolución de sus pasos y decisiones adultas.

Finalizo este capítulo con una reflexión de André Comte-Sponville :

".... ¿Cuántas parejas se rompen, debido a los sueños que cada uno de los dos se habías formado del amor ?

¿Cuántas mujeres no consiguen perdonar a su marido por no ser el príncipe encantado que habían esperado de solteras?

¿Cuántos maridos no perdonan a su mujer por ser......?

Pero, ¿por ser qué? ¡Lo que es! Y no lo que ellos habían imaginado o esperado. Decimos "Hay que amar a la gente tal cual es". Sí, pero la verdad es que no hay otra solución. Hay que amar a la gente tal cual es, o no amarla. Si amas a la gente tal como no es, no son a quien amas, sino a tus sueños; y no vas a dejar de reprocharles que no correspondan a tus esperanzas.

Así vas a encerrarte en la amargura, en el rencor, en el resentimiento".(7)

VACUNA 4.
RELACIONES PADRES-HIJOS

"Los hijos empiezan por amar a sus padres;
pasado algún tiempo, los juzgan; rara vez los perdonan".
Oscar Wilde.

Padres inmaduros.

De la misma forma que no nos tecnificamos para la elección de la pareja, tampoco conocemos ni nos entrenamos para desarrollar el rol de padres. La inmensa mayoría de los seres humanos, caemos en este grupo de padres inmaduros.

En general no planeamos la llegada de los hijos, ni sabemos como ser padres adecuados. Para funcionar recurrimos a la experiencia que vivimos con nuestros padres, y repetimos los esquemas de cómo nos trataron.

En ocasiones, al no haber estado de acuerdo como fuimos criados, hacemos algunos cambios, los que casi siempre son muy superficiales. En lo esencial repetimos lo que vivimos, y además esperamos que "si así les funciono a nuestros padres", igual suceda entre nosotros y nuestra crianza. La realidad, vamos aprendiendo sobre la marcha, por que las condiciones ambientales son diferentes; la mezcla genética de nuestros hijos es diferente, la información que tienen ahora los jóvenes es diferente; y la tarea de educar, exige mucha atención y una autoeducación permanente. Los consejos y las recetas casi nunca sirven. Cuando los hijos llegan a adultos, los padres se dan cuenta, si la hicieron bien o no. (4)

Los padres inmaduros desconocen que se requiere de ambos padres para enseñar a los hijos; los cuales tienen que aprender a cuidarse, a entender su entorno, a valerse por si mismos, a desenvolverse en el mundo y aceptar sus reglas.

Educar a los hijos no es una tarea exclusiva de las madres. Muchos hombres por desconocimiento e inmadurez, se enfocan sólo a su trabajo, y proveen dinero; y consideran que la formación de los hijos la debe desarrollar la mujer.

Padres Maduros.

Afortunadamente, existen parejas interesadas donde ambos, además de estar pendientes de sus hijos, buscan más información, leen sobre la crianza, y en mi práctica privada he recibido, con gusto, a padres de familia, que asisten cuando sus hijos son pequeños, para prepararse y saber como manejarán la encrucijada de la adolescencia.

En toda familia debe haber una estructura sólida y consistente. Los padres son los representantes de la autoridad, y los hijos deben adecuarse a las normas que les establezcan.

Si los padres mantienen una relación armoniosa, como sucede en los padres maduros, las indicaciones a los hijos serán iguales, en un entorno cercano y familiar, y esto permitirá un desarrollo adecuado. Pero si los padres tienen conflictos entre ellos, los hijos escucharán dos versiones diferentes y esto les confundirá y harán lo que les resulte mas cómodo.

Esta variable es tan importante, que hasta después de un divorcio, si hay menores de edad, los padres deben mantener los mismos permisos o restricciones hacia los hijos, ya sea que estén con un padre o con el otro. Es frecuente que uno de los padres sea mas permisivo, para quedar mejor con el hijo. Y continuar en desacuerdo con el ex-cónyuge.

Para la necesidad de afecto, los padres deben prodigarse en muestras de ternura y cariño.

Para la seguridad, deben trasmitir valores, prohibir ciertos comportamientos y poner límites. Los padres maduros son expresivos en el afecto y sin dificultad establecen límites. Algunos explican al hijo que las medidas que establecen son bajo la base de el cariño que le tienen. La estructura familiar se acerca más a la estructura de una empresa que a una democracia.

Si la pareja es funcional, emocionalmente madura, se quieren, se respetan, continúan siendo amigos, con buena comunicación tanto en cantidad como en calidad; automáticamente los hijos aprenderán a ser felices y tener buen humor.

Se irá formando su carácter y evolucionarán a la responsabilidad. Si los adultos manejan adecuadamente sus jerarquías de valores (ver Figura No. 24) ésta permeará a los hijos.

Jerarquías

Una personalidad madura logra una jerarquización adecuada y vive en armonía

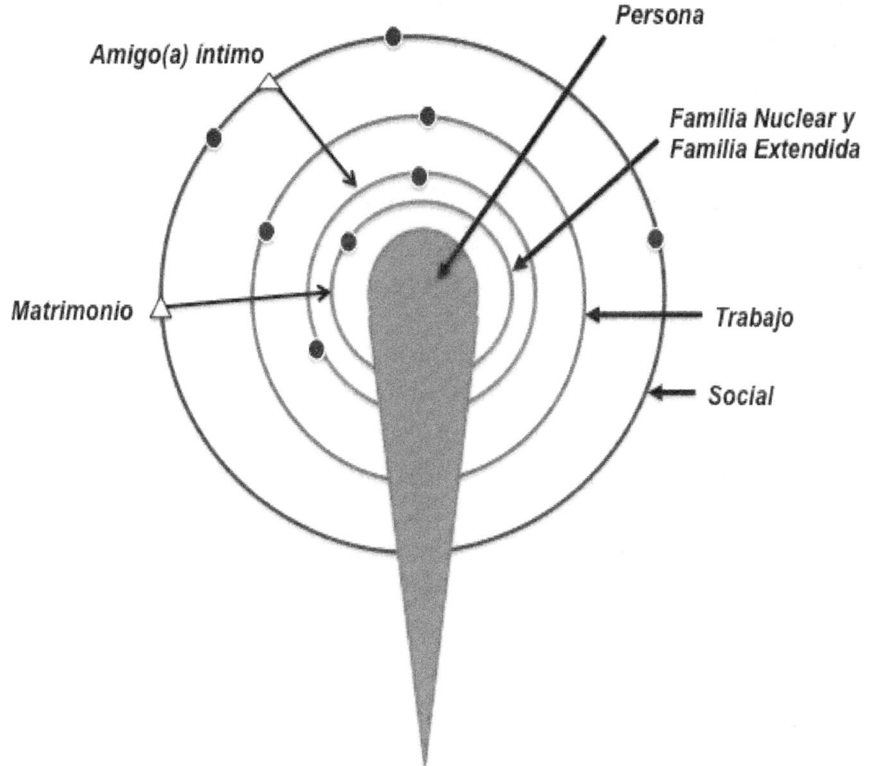

Figura 24.

El orden de importancia o jerarquías adecuadas no siempre quedan instaladas con claridad. En primer lugar está la persona. Hacia fuera continúa la familia. Mas afuera está el trabajo; y al último corresponde el círculo social. Al unirnos con una pareja, tomamos a alguien del contexto social, y le llevamos a un nuevo círculo que es la familia que formamos. Así, después de la persona, seguirá en importancia su pareja y sus hijos; y mas hacia fuera, estará la familia padres y hermanos. Existen personas (políticos, empresarios muy ocupados) que los absorbe tanto el trabajo, que en sus jerarquías ponen a la familia mas afuera. El tiempo se encarga de cobrar este error.

Con un trato amable y de estímulos en el grupo familiar, se formará en cada hijo una buena autoestima, y como lo externo se hace interno, aprenderán a respetar a tener gratitud, y a ser generosos.

Desde el enfoque topográfico, descrito en el cap. 1, estos padres formarán el aparato mental del hijo, un Superyó adecuado y razonable, que permitirá al Yo, ser fuerte vivir en armonía sus impulsos por un lado, y sus controles por el otro lado. (Figura 9).

La convivencia en armonía y el respeto por el otro, entre los padres y de estos a los hijos, es la mejor forma de trasmitirles valores y salud mental. Estos valores forrarán la parte central del edificio; la identidad. Los padres maduros no exigen, convencen al hijo, de las bondades de determinada tarea, y el hijo convencido la desarrolla.

Padres Laxos.

Desafortunadamente muchas familias han evolucionado de abuelos críticos y exigentes "yo mando y tú obedeces", a padres laxos, sumamente permisivos y ausentes. Dejan hacer a los hijos lo que quieran, y no ponen límites. Y como el hecho de manejar, confrontar y solucionar los conflictos, requiere de tiempo, muchos padres prefieren gastar ese tiempo en actividades mas placenteras.

Los padres laxos, se jactan de ser muy "cuates" de sus hijos, y los ubican mas como sus iguales, con lo cual el ser en desarrollo no estructura valores de respeto a los demás. Estos jóvenes pronto tienen conflicto con los maestros(as).

Estas figuras de autoridad muy laxas o ausentes, serán generadoras de un Superyó muy débil, y el Yo estará actuando la impulsividad que le llega, por que las señales de freno y control son muy débiles. (Figura 10).

Nadie nace sabiendo ser padre, aprendemos practicando, y si no se practica a tiempo, cuando los hijos son pequeños, no podremos gestionar al adolescente de más de un metro setenta de altura, y de ochenta kilogramos de peso.

La pareja debe tomar conciencia que su rol de educadores es un trabajo de tiempo completo, y que se requiere de una inversión a largo plazo; además de una constante adaptación a las necesidades de los hijos.

Del mismo modo que los hijos necesitan de ternura, afecto, caricias, palabras cariñosas; también necesitan del "No"; de límites, y de la prohibición de determinados comportamientos. Es saludable cierta dosis de frustración y que el ser en desarrollo aprenda que puede postergar el placer.

Si el joven no ha tenido límites en su infancia, puede evolucionar a ser un psicópata, que le hará la vida imposible a las personas de su entorno, para obtener lo que quiere, cuanto antes, y a cualquier precio.

La formación y educación ideales no deben irse ni al extremo permisivo, ni al extremo restrictivo. Los padres deben guiar, explicar y razonadamente permitir que gradualmente, el hijo se sienta en libertad de escoger lo mejor para él.

En mi práctica clínica, yo acostumbro aconsejar que no se recurra a castigos violentos. Que según la edad, los padres precisen cuales son los intereses del hijo, y premien la buena conducta, o rechacen la mala conducta, no comprando los juguetes que el niño quiere. En otras palabras si el hijo no hace caso a las indicaciones razonables de los padres, aconsejo que los padres no hagan caso a las demandas de los hijos.

Padres exigentes.

Así como existen padres muy laxos y permisivos, hay otros que se mueven en el extremo opuesto, y se caracterizan por una exigencia exagerada. Actúan así, por que tienen la falsa creencia, de que la exigencia es el motor para que el hijo evolucione a ser alguien Excelente.

Estos padres formarán un Superyó sádico punitivo (Figura 11) en la estructura mental del hijo; y como se describió en el capítulo 1, el yo no crece fuerte y de adulto podrá tener un quiebre emocional. * Cuando las demandas exteriores de la vida lo inunden y no las pueda manejar, y el estrés interno que genera el Superyó exigente, lo presionen, el hijo evolucionará hacia un perfeccionismo absurdo.

En estas parejas, es común que uno de los padres sea el muy exigente, y el otro sea pasivo y actúe como si fuese otro hijo(a) asustado. Si esto sucede, el hijo los vive a ambos muy exigentes. Ya que el padre "bueno", no frena las formas exageradas (que pueden llegar a la violencia), del padre aplastante.

Por estas razones, considero que vale la pena reflexionar sobre la exigencia. Los padres exigentes piensan: "Si realmente quieres formar a un hijo excelente, debes ser exigente con él".

La exigencia es un rasgo de conducta que considero no debe ser alentada; por que no es el mejor camino a la excelencia. Es mas bien una actitud inadecuada de tortura, ha los hijos que la padecen, y los padres casi nunca logran la excelencia que aspiran. (29)

¿Cómo se estructura la exigencia?

La exigencia es el nombre de una relación entre un exigidor (padre) y un exigido (hijo). Puede estar en el universo interpersonal, entre un individuo y el afuera, o intrapersonal, entre una parte o mas del mismo individuo.

*Quiebre emocional corresponde a perder contacto con la realidad.

Como ya se ha explicado lo externo se hace interno.

Primero la parte exigente esta afuera, y gradualmente se introyecta y forma parte del ser humano.

Cuando existe, la exigencia está en ambos espacios simultáneamente, es decir en el individuo consigo mismo, y hacia afuera; con otros.

Exigimos, por que nos exigieron en la infancia, y los esquemas mentales se repiten. Primero se padece, se vive el rol de niño exigido. Segundo se actúa, es decir lo que se vivió en forma pasiva, ahora aparece en forma activa; trasladando o proyectado la pasiva al afuera, dejando la exigente dentro de uno mismo.

El perfeccionismo es un derivado de la exigencia. Es una auto-exigencia. Existen persona que sienten ser exigentes sólo con si mismas, y no con los demás. Otros parecen ser exigentes con otros, pero no se exigen a si mismos. Esto no es posible, lo que sucede es que aquí se esta viendo la exigencia mas en uno o en el otro lado, es decir dentro de uno mismo, o hacia fuera.

En la estructura de la exigencia, existen tres partes:

1. El exigidor (en el desarrollo del individuo, son los padres).
2. El exigido (en el desarrollo, son los hijos).
3. La meta, lo que el exigidor demanda al exigido.

En mi trabajo he comprobado que el paciente exigente (o que ha sido exigido) siempre está insatisfecho; si logra algo se exige más. Le sucede como si lo logrado no lo mereciera, o lo logrado se vive como muy poca cosa.

El padre exigente no se da cuenta como trata a su hijo exigido; ni de el efecto que provoca en él. Esto sucede por que su percepción está completamente tomada por la meta. Sólo registra "Hay que llegar como sea". El estado del realizador (hijo exigido), encargado de hacer efectiva la meta, no es percibido por el exigente, si puede o no; si está de acuerdo o no; si está a gusto o no. Sucede lo mismo que al jinete que le exige al caballo llegar a la meta, o subir a la cima; le da con el fuete sin medir el estado físico del animal.

Muchos padres exigen al hijo a que realice algo que ellos quisieran hacer y no pudieron o no tuvieron la oportunidad. Desde la práctica de un deporte, el estudio de un instrumento, patinaje, equitación, etc. etc. , y el hijo se somete para no "defraudar" al padre o a la madre.

Pero posteriormente, cuando el hijo crece y puede, repudia esa actividad, y nunca jamás vuelve a practicarla.

Los padres exigentes creen que para alcanzar un resultado, basta con desearlo intensamente, y demandarlo con fuerza al hijo, encargado de realizarlo, para que efectivamente lo logre. Esto corresponde a una forma autoritaria, dictatorial. Corresponde al pensamiento "Querer es poder".

Algunos Psicólogos instan a reconocer este principio y confunden al paciente al decirle que si no consigue algo, no es por que no pueda, sino por que no quiere. Para entender esto, es necesario aclarar que:

Querer: es orientar la intención en una dirección.

Poder: es la disponibilidad de los recursos adecuados para realizar esta intención.

Querer: es desear ir a un lugar, y ponerle gasolina al automóvil. Si sólo pones combustible al auto, y te olvidas del resto de las piezas, que permiten transformar la energía del combustible en movimiento, no podrás realizar lo que quieres. El padre exigente comete un gran error, al suponer que por pagar el colegio del hijo y exigirle, es suficiente.

La exigencia funciona bien en uno mismo, (auto exigencia), si la orden mental se transfiere vía estímulos neurológicos a los músculos. Ejemplo; si la meta es extender mi brazo y llevarlo al vaso con agua, para luego trasladarlo a mi boca y saciar la sed. Pero en una disfunción neurológica que tenga, por pequeña que sea, la meta ya no la logré; por que alguna parte del equipo de mi cuerpo, no estuvo disponible.

La exigencia se complica aún más, si pasa a otras relaciones, o al universo emocional. Es muy frecuente que los padres crean que exigir a un hijo es suficiente para llevarlo a la excelencia.

En toda actividad por sencilla que sea, existe un programador y un realizador. El programador es el estratega que diseña y coordina la acción. El realizador lleva a cabo la acción encomendada. Algunos ejemplos de programador-realizador son:

Ingeniero—albañil

Entrenador—jugador

Terapeuta--- paciente

Maestro—alumno

Padres—hijos.

La relación exigente-exigido, es una forma particular de la relación programador-realizador. Pero los padres exigentes, están expresando un modo inmaduro e inadecuado del papel del programador; ya que un programador maduro, estimula y motiva al realizador, o sea a el hijo.

Rasgos de los padres exigentes:

1. Tienen una meta, quieren alcanzarla, y dan por sentado que su propósito es legítimo y adecuado.

2. No creen necesario consultar al realizador (hijo) si comparte o no esa meta. Funcionan como amo-esclavo.

3. Creen que para que el hijo alcance la meta, es suficiente con que se lo demanden imperiosamente.

Si el programador es el cerebro, y ordena: "gira la cabeza", y el realizador son los músculos del cuello, con una alteración muscular o nerviosa, todo falla. Y si esto sucede en una estructura mas compleja, con vida propia, es decir afuera del individuo, con otra persona, en una familia o en un grupo, se visualiza y se hace evidente lo inadecuado de la actitud exigente.

Por todo esto, veamos lo diferente que es exigir y proponer. Exigir es ordenar, y excluir el no como una posibilidad legítima de respuesta. Es si o si. Proponer es preguntar, pedir, sugerir, Es reconocer que el hijo tiene el derecho de aceptar o no.

Cuando la exigencia se padece en la infancia; el hijo no tiene ni la claridad, ni la fuerza suficiente para oponerse y decirle no a los padres exigentes; se produce un sometimiento, en la parte superficial del aparato mental; y a la par un resentimiento en la parte profunda; que inevitablemente se manifestará en forma sutil o explosiva. Se explota hacia fuera, y la olla de presión utiliza la primera o segunda opciones de salida, es decir contra el padre exigente o se desplaza contra el maestro o contra el entrenador. O explota hacia adentro, contra si mismo, en una depresión. (Figura 13 del capítulo 1)

En la película "La Sociedad de los Poetas Muertos" en el guión se mostró a un estudiante muy sometido a un padre, muy exigente y obsesivo. Termina suicidándose.

Algunas propuestas en Psicoterapia, son vividas como exigencias; por que el terapeuta no planteo las propuestas como tal, o por que el paciente proviene de unos padres muy impositivos.

Los padres exigentes tienen todos una característica específica, típica; en su orden de prioridades ponen a la meta en primer lugar, y el hijo, realizador, en un segundo y lejano plano. Estos padres obtienen un resultado positivo a corto plazo. El hijo responde a la exigencia, y así confirma a sus padres que su método es efectivo y adecuado. Pero en la medida que no contemplan el estado del hijo, su condición y su disposición, (o no), gradualmente, éste se va desgastando y cada vez rinde menos.

Existen familias numerosas, donde los padres exigen a la hija mayor que forme parte de la crianza, y se haga cargo de parte de las funciones de la madre, que a la hija con toda la inmadurez de su desarrollo no le corresponden. Estas mujeres o no se casan, o llegan a su matrimonio muy desgastadas, e imposibilitadas para una crianza adecuada; otras evolucionan con el tiempo a cuadros depresivos severos.

El hijo exigido, debería comunicar a los padres la importancia de que le consulten, para la elección de la meta que se proponen. Que tengan en cuenta su situación infantil, y que le respeten y comprendan sus necesidades. Pero se necesita llegar a la madurez para poder ser asertivos. Al hijo le resulta mas sencillo someterse, y pensar que sus padres y cuidadores tienen la razón, y que no pueden equivocarse, que le exigen por que él es malo o deficiente.

En un escenario ideal, los padres exigentes deberían entender varios factores.

a) Deberían conocer y escuchar al hijo, al que no respetan, por que ellos han sido absorbidos por las metas que tienen.

b) Comprender lo tóxico y destructivo de su actitud.

c) Identificar que muy probablemente están repitiendo esquemas psicológicos, y que exigen al hijo, como sus padres exigieron a ellos.

d) Percatarse que si el hijo está bien (como si fuese un socio en una tarea común) realizará bien su tarea.

e) Si estos padres fueron sometidos cuando niños, tienen la necesidad de revisar sus esquemas y aprender modelos nuevos de relación padres-hijos.

f) Ir a terapia.

Cuando los padres comprenden, que su labor es mas de educadores, que de imposición, y ven que en esta compleja tarea, es clave como expliquen y enseñen a sus hijos; y para ello inviertan tiempo y meditan como lograr mejores resultados; es decir si cuidan al realizador (hijo) que es como una frágil planta, su trabajo será en un camino mas directo, y eficaz para llega a la meta. Un alto porcentaje de padres, descargan todo el proceso formativo en los maestros, y creen que sólo a ellos les corresponde exigir resultados.

Cuando padres e hijos son tripulantes del mismo barco; cuando son compañeros de el mismo equipo, sin dejar de ver la ubicación del mundo adulto y de el mundo infantil, no habrá sabotajes.

Sucede en las familias como en las empresas. Las empresas que invierten interés y cuidado en el estado de sus obreros o realizadores, son mas eficientes en el logro de sus metas.

En la ciudad donde me desarrollé (que es donde vivo actualmente); existió un gran empresario que fue un símbolo, un líder muy querido y respetado por la comunidad. Este personaje fue Don Eugenio Garza Sada. Su "Genialidad" consistió en que se preocupó por sus trabajadores y mucho antes de que el gobierno estableciera un sistema de salud como el Instituto Mexicano del Seguro Social, en sus empresas creo una clínica de magnífico nivel médico "La clínica Cuauhtémoc y Famosa", para la atención de sus obreros. Este visionario empresario se preocupó por que sus empleados tuviesen casa propia y creó la colonia Cuauhtémoc; mucho antes de que existiera el Infonavit (que es el Instituto Nacional de la vivienda). Logró que sus obreros se sintieran protegidos y orgullosos de laborar en alguna de las fábricas de ese grupo.

Esta conducta, debería seguirla todo empresario, y la podemos polarizar a la empresa que los seres humanos formamos, en cada familia. Corresponde al "egoísmo-altruista", descrito por el Dalai Lama. Es la relación entre dos partes de la misma unidad. No existe aquí ni el egoísmo ni el altruismo como opciones; ya que el bienestar de la otra parte, es tan importante como el bienestar de la propia.

Esta es la interacción madura que debe prevalecer en la pareja. Si procuramos que esté bien la mujer, ella buscará que este bien el hombre. Si los padres se proponen que los hijos estén bien; con un predominio de amor, en relación a la agresión; los hijos responderán de igual forma, y harán todo lo posible, por que sus padres también se sientan bien. El bienestar de una parte, dependerá del otro y viceversa. Así , sin lastimarse la autoridad, en un trato amistoso, vía el convencimiento; es decir menos imposición, y mas diálogo, todos logran una evolución armoniosa.

Oscar Wilde en su cita: "Los hijos se convierten para los padres, en una bendición o en una pesadilla, según como los padres los trataron en el desarrollo", nos ejemplifica cómo una relación madura produce hijos maduros y viceversa.

En la relación inmadura, padres exigentes-hijos exigidos, uno gana y el otro pierde, o ambas partes pierden y se desgastan, el hijo crece con un Yo aplastado y sufre. El padre evoluciona a una frustración, por vivir su proyecto como un fracaso. Los padres maduros, tranquilos que consultan, se adiestran, proponen, respetan, logran tener hijos mas sanos y autónomos.

Los padres exigentes, que sólo saben dar órdenes y reclamar resultados, necesitan de modelos que les enseñe como modificar sus exigencias; aprender formas nuevas, esto conlleva a la necesidad de un asistente interior, que se logra mediante la psicoterapia, y la meditación.

La curación profunda del paciente exigido, que de niño fue muy presionado por los padres, se logra con la psicoterapia. El paciente logra con su auto observación, una compresión de su sufrimiento. La terapia lo provee de un asistente interiorizado, que primero fue externo, el terapeuta. Posteriormente con funciones yóicas mas fuertes, propicia y logra cambios mas convenientes en sus relaciones interpersonales. De lo contrario se reencontrará con otras figuras exigentes, que lo traten de presionar y controlar. O sucederá que el tome el rol de exigente, y conviva con otros a los cuales les otorgue el boleto de exigidos.

Como toda conducta humana, existen formas y fondos. Existen polos objetivos y polos subjetivos. En la búsqueda de la excelencia, el polo objetivo es la obra en sí, y lo subjetivo es la actitud que se pone en juego, al realizar las actividades que buscan ese fin excelente.

La actitud hacia la excelencia, es el cuidado y el interés en hacer las cosas del mejor modo posible. Esta actitud debe trascender en cualquier tarea en particular. Desde el modo de preparar una comida sencilla, la realización de una labor altamente compleja; ya sea artística, científica, laboral o deportiva. Estas actitudes se van instalando desde la infancia, y el niño puede ser educado con cariño, al desempeño de hacer sus tareas iniciales, con gusto y de la mejor forma que le sea posible.

Por todo lo revisado, debe estar claro que la exigencia por si sola, no es el camino idóneo para alcanzar la excelencia. La excelencia bien entendida, comienza en la casa, con el ejemplo de los padres excelentes, será mas sencillo que el hijo los imite, y por identificación llegue a realizaciones óptimas en su vida. La relación padres-hijos, deben experimentar una relación de bienestar, aprendizaje y crecimiento.

Padres que hacen un maltrato exigente; llevan sin querer, a que el hijo evolucione a el placer por poder no hacer nada; y a sufrimiento por tener que hacer determinado trabajo bien. Se pierde la alegría por resultados excelentes.

Si la actitud hacia un trabajo excelente, no tiene le sustento del disfrute, del aprendizaje y el crecimiento (lo que se describió en la espiral hacia la madurez) la fugacidad del buen resultado, es inevitable. La excelencia por lo tanto es el resultado de una excelencia interior. Como en todo, el interior se refleja en nuestra vida, y en nuestras relaciones, con el mundo exterior.

Para una excelencia interior, es indispensable haber logrado una madurez emocional, relaciones internas armónicas respetuosas y fértiles. No funcionan en interacciones exigente-exigido, sino logran un funcionamiento asistente-asistido. Sin tener divisiones entre el disfrute y la tarea, ya que esto es lo que nos lleva a rendimientos sostenidos y retroalimentados.

El lector habrá comprendido que los padres inmaduros, los padres laxos y los padres muy exigentes, serán formadores de hijos con estructuras mentales alteradas; y el grado de alteración dependerá de múltiples factores, como se explicó en el capítulo 1.

VACUNA 5
LA CULPA

"Por que las culpas nos destruyen de este modo".
Lamento de Dante Alighieri (1265-1321)
La divina comedia, tercer círculo del infierno

En este capítulo, reflexiono y elaboro sobre uno de los problemas que considero más difíciles de analizar y solucionar en los pacientes: La culpa.

Durante mis años de experiencia clínica, innumerables ocasiones he observado la conducta humana, dentro y fuera del consultorio. Me he preguntado; ¿En qué consiste, qué alguien, pudiendo; no se permite una mejor calidad de vida?, ¿Por qué alguien desde niño, es proclive a accidentes repetitivos?, ¿Por qué un adulto inteligente, vive estresado y permite que le exijan de más, hasta llegar al infarto?, ¿Cómo existen personas con una gran fragilidad y tendencia a la depresión?

He observado mujeres jóvenes que tienen todo: capacidad intelectual, belleza, salud, educación, simpatía, buena familia, sin problemas graves de personalidad, con buen nivel económico social; que desean tener un compañero, saben qué tipo de compañero buscan, y no aparece en el horizonte, el anhelado compañero.

He conocido padres de familia, maduros que aceptan la enfermedad y la muerte, pero con una angustia exagerada ante las enfermedades de sus hijos. Mujeres que toleran maltrato psicológico y físico de parejas violentas.

Otras que soportan la conducta adictiva de su marido, y no se atreven a terminar estas relaciones destructivas, por temor a "lastimarlo". Hombres que aceptan la exigencia, la manipulación y el maltrato de sus esposas, y que en el fondo creen que se merecen lo que les pasa, y explican su tolerancia "porque las aman".

Mujeres que tienen necesidad de trabajar, y se culpan por no estar lo suficiente en su casa. Hombres y mujeres que se sienten mal por engordar o por alcoholizarse, pero a la par no dejan de comer postres o de beber alcohol.

Como puede comprender el lector, la lista de conductas alteradas e indeseables sería interminable. Y si bien es cierto que toda conducta, es multi-determinada los ejemplos reseñados, tienen en común, una raíz muy fuerte, que opera desde el inconsciente; la culpa.

También he trabajado en psicoterapia, y en psicoanálisis durante años, con pacientes que entienden y resuelven un alto porcentaje de sus neurosis, y de núcleos psicóticos de la personalidad; y sin embargo quedan remanentes que no se atreven a solucionar. Comprenden a través de su terapia que el dolor es inevitable y el sufrimiento optativo, y pudiendo elegir toman la posición de continuar sufriendo. ¿Por qué?

Reviso con mis pacientes la influencia tan negativa que significa la inmadurez de los padres, la ausencia de planeación familiar, las interferencias del desarrollo. En fin, trabajo una y otra, y otra vez; en la comprensión y repetición en nuevos escenarios de los traumas tempranos. Les muestro como "infancia es destino", y junto con mis pacientes, logramos en este maravilloso trabajo, bipersonal, único; una serie de cambios para una vida mejor.

Sin embargo, el sentimiento de culpa, muchas veces no se logra resolver, y persiste lastimando al paciente en forma directa o en forma desplazada, manifestándose de múltiples maneras; castigando al ser humano en áreas donde él, ni remotamente imagina que una culpa infantil, absurda, irreal, le lleve en el aquí y ahora a complicar sus afectos, su salud física, sus relaciones laborales, económicas y/o sociales.

En las páginas de este capítulo, pretendo enfatizar los efectos que el sentimiento de culpa tienen en la conducta cotidiana; en gente normal, en gente psicoanalizada, y por supuesto en el neurótico, en el psicótico y en las caracteropatías; por que el sentimiento de culpa está siempre oculto detrás de todas las psiconeurosis.

Toda conducta generadora de sufrimiento personal o familiar; y toda enfermedad mental (leve, moderada o grave), son en cierto modo, intentos de prevenir, eludir, anular, o negar una amenaza dirigida al valor personal del propio sujeto, por una culpabilidad enfermiza.

Mi interés al incluir este capítulo, es el mismo que he tenido al escribir todo el libro. Que los conceptos explicados, sean útiles en términos preventivos, de futuros desajustes emocionales.

¿Qué es la Culpa?

La culpa a la que van enfocadas éstas líneas, es la misma que interesa en psicoanálisis. No a la que se vincula con un hecho penado por la ley; sino con el sentimiento de culpa; es decir con la emoción que sigue a infringir un interdicto moral.

Al sufrimiento consciente o inconsciente que alguien vive, a partir de considerar que ha hecho algo mal. La culpa es un auto-reproche moral.

La culpa es un sentimiento mucho muy común. Cada persona busca consciente o inconscientemente , la forma de manejarlo, para evitar sentir que le asfixia.

Lo que hace muy complejo éste sentimiento, es que es principalmente subjetivo; ya que no se basa en hechos, sino en percepciones. Como entendemos nuestro mundo familiar y social, que sistema de valores conocemos, y como nos concebimos cada uno en ese ambiente. Es decir la culpa que sentimos, y en el contexto en que nos encontramos.

Específicamente me referiré a la sensación neurótica de culpa, a la experiencia de sentir una culpa, que sólo es explicable, en términos de que el individuo infrinja valores conscientes.

¿Cómo se genera la culpa?

Para poder comprender, cómo es que un niño, a una edad muy temprana, estructura en su rudimentario aparato mental, el sentimiento de culpa; tenemos que aceptar cuatro elementos básicos.

1. Un sentimiento infantil de omnipotencia.
2. La existencia de un impulso agresivo innato.
3. La lucha de tres entidades dentro del aparato mental (ello, yo, superyó)
4. Las necesidades psicológicas básicas de seguridad y afecto.

Aunque estos elementos, ya han sido descritos con anterioridad, al revisar el aparato mental (Capítulo 1); vuelvo a retomarlos, para enseguida mostrarles su interacción y así quede clara la génesis de la culpa.

En relación al primer factor; el sentimiento de omnipotencia; les recuerdo que el pequeño antes de salir del útero materno; se encontraba en un ambiente climatizado, sin ruidos, sin dolor, y sin ningún esfuerzo era alimentado por la vía del cordón umbilical. Al nacer, su madre, le atendió, y cubrió todas sus necesidades. Lo puso en un lugar lo mas cómodo posible, quitó los ruidos que pudo. Quizá musicalizó su entorno o le cantó y arrulló con su voz, trató que no le perturbara demasiada luz, lo cuidó, lo bañó, y lo aseó cuantas veces fue necesario, y sobre todo lo alimentó.

El incipiente aparato mental, le da al bebé el sentimiento de omnipotencia. Cree que el solo deseo del pecho materno, o del biberón, hace que su alimento llegue; mas adelante, la omnipotencia la traslada a su llanto. El llanto es tan importante que mágicamente hace que la madre venga a él.

A pesar de que va entrando en forma gradual a la realidad, al tener que hablar y pedir, y tendrá que llevar el alimento a la boca, con sus manos, etc. etc., quedan en su interior remanentes muy importantes de ese sentimiento original de omnipotencia. Todo bebé se siente en el primer año de vida, un niño Dios. Todo bebé se siente el ombligo del mundo; el centro del universo. Todo sucede por él y para él. El desarrollo y las frustraciones de la socialización, lo van confrontando, pero repito, en su identidad muy temprana, fue omnipotente.

Respecto al segundo punto, la existencia de sentimientos agresivos, destructivos, innatos; les recuerdo la olla de presión, la cual existe en nuestra estructura central; en la identidad. Desde ahí, queramos o no, se producirán impulsos agresivos (tánatos) y también impulso sexuales, (eros).

Es muy importante describir lo que pasa entre el niño y el medio ambiente. Lo que acontece entre el ser en formación y su familia (básicamente con la madre, el padre y otros cuidadores)

El niño desde muy temprano siente coraje. Mucho antes de sentir cariño por la madre, siente coraje. De ahí la frase Freudiana: "El odio es mas antiguo, que el amor".

Toda situación frustrante provoca agresión. Si el alimento no llega a tiempo, hay frustración y coraje. Mas adelante sucederá lo mismo, si se le frena el juego nocturno para que vaya a dormir, o cuando se le exigen tareas que él preferiría no hacer; como son con su persona, asearse, bañarse, vestirse, o ir al jardín de niños, y pequeñas tareas, etc.

Ya transcurrido el paraíso de la vida intra-uterina, y el primer año de vida, la madre empieza a exigir (en forma gradual) y con ello se produce frustración y coraje.

El pequeño no entiende por qué le exigen; no tiene madurez para pensar que está siendo entrenado y capacitado para la vida adulta, y muchísimos padres tampoco tienen la calma para explicar al niño y motivarlo en sus tareas tempranas; y desesperados (por muchas otras razones) le gritan, lo amenazan, y no pocas veces lo golpean, para que obedezca.

Tercer elemento básico. También en el capítulo uno se describió la estructura topográfica. Una entidad totalmente inconsciente e innata que es el Ello, de donde parten, por biología, los impulsos. Una parte central que se ha formado y que es el Yo, y una tercera entidad que es la que frena a los impulsos, y que conocemos como Superyó. Para que esta parte se forme son indispensables los padres y cuidadores del pequeño. El Yo está entre los impulsos del Ello y los frenos del Superyó.

El cuarto elemento son las necesidades psicológicas básicas de seguridad y afecto. Ya se puntualizó que de la misma forma que requerimos oxígeno para la vida física; necesitamos sentirnos seguros, y que nos quieran como necesidad emocional. Durante el desarrollo, estas necesidades son cubiertas por los padres y cuidadores del niño.

¿Cómo interactúan estos cuatro elementos para que el ser humano sienta culpa?

Partamos del primer elemento. El sentimiento de omnipotencia. Si la madre o la nana es ansiosa, desesperada le grita, y le trata en forma brusca; el bebé que está convencido que él es el generador de todo; rápida y automáticamente se adjudica que esto sucede porque él es responsable.

Si llega un hermanito (a) durante los primeros años, se siente desplazado, y además piensa que algo "malo" de él, provocó la llegada de un nuevo ser. Si los padres gritan y pelean, también en su omnipotencia, concluye que él, es el que provocó el pleito. Es la interacción entre el bebé omnipotente, y el conflicto externo, lo que origina, culpa.

El segundo elemento, sus sentimientos agresivos, los que siente ante cualquier frustración, provocan que el niño les dé salida y los proyecte, o ubique hacia sus padres, que son los frustradores.

Mezclándose así, la agresión del bebé, con la agresión de la figura superyóica (padres) o sea el tercer elemento. El niño se siente malo destructivo y empieza a sentir culpa, este sentimiento aumenta, con la agresión registrada del Superyó (padres) hacia él.

Existen en el bebé sentimientos hostiles, imaginando que puede morder y destruir a la madre. Con esto va colaborando en la estructura de un Superyó agresivo. Los padres pueden ser agresivos en su trato al menor, o no ser tan agresivos, pero el bebé al proyectar su coraje, los vive mas agresivos de cómo realmente son.

Conclusión: Si el Superyó frena agresivamente al Yo, éste se sentirá culpable. Podemos formular que a mayor agresión registrada por el infante, mas sádico será su superyó, y mayor será su sentimiento de culpa.

Por las necesidades básicas de seguridad y afecto (cuarto elemento), sucede que todo conflicto en su exterior; pleitos, discusiones, gritos de los padres, hacen que el niño se viva culpable. El es el malo-culpable- y sus padres son buenos. De esta forma los vive buenos, y así está cubierto de suficiente cariño y seguridad.

Esta conflictiva y mecanismos emocionales se internalizan, y quedan representaciones mentales que se perpetúan por haberse ubicado en la identidad, en el centro del aparato mental.

Posteriormente esto influye en la vida, entre el niño ya mas crecido y sus padres, entre el niño y sus maestros, entre el adulto y sus jefes, entre el adulto y sus relaciones con otros seres , su pareja, sus hijos, y con instituciones sociales.

El sentimiento de culpa ya estructurado crea la necesidad de castigo, y la necesidad de castigo crea, mantiene e intensifica al sentimiento de culpa. Como tantos círculos viciosos, ya iniciado el movimiento, la primera mitad del círculo, desplaza a la segunda mitad, retroalimentándose. Así la culpa genera la necesidad de castigo; y una forma de castigarse es culparse más, lo que aumenta más castigo. (19)

En la edad adulta esto no se recuerda, se revive en actos en los diferentes escenarios de la vida. Todos los mecanismos psicológicos de defensa que utiliza el Yo contra la ansiedad, también pueden ser utilizados para atenuar la culpa. Podemos negarla, racionalizarla, intelectualizarla, pero ahí seguirá. La única defensa contra la culpa es la reparación. La reparación es exclusiva o específica para disminuir el sentimiento de culpa.

Diferencia entre Culpa y Ansiedad.

La culpa y la ansiedad son sentimientos que frecuentemente van juntos, se mezclan, se trenzan, y se confunden, por lo que considero importante diferenciar la culpa de la ansiedad.

La ansiedad, es una sensación de peligro inminente, totalmente indeterminado, algo, no cristalizado todavía. Esta sensación suele acompañarse de fantasías trágicas, y da a todas las imágenes, proporciones de drama. Según la intensidad de la ansiedad, se puede encontrar una actitud expectante de peligro. Un verdadero estado de alerta que invade al sujeto.

Con mayor ansiedad, se puede registrar un estado de confusión, con un sentimiento de impotencia y de desorganización y aniquilamiento ante el peligro psíquico.

Cuando la intensidad aumenta, lleva a cambios corporales como son: trastornos respiratorios, (disnea), reacciones cardiacas (taquicardia), sequedad en la boca, sudoración, etc. etc. Aquí hablamos de angustia. Sea ansiedad (menor intensidad) o sea angustia (mayor cantidad y con cambios corporales) constituyen uno de los elementos fundamentales de la enfermedad mental.

La ansiedad es experimentada en relación a un evento temido, algo futuro. La culpa se experimenta en relación a un acto cometido, o imaginado como cometido. La capacidad para experimentar culpa, es el resultado de haber internalizado a los padres y a figuras de autoridad complementarias (nanas y formadores); mientras que la capacidad para experimentar ansiedad, no tiene relación con el superyó.

Sabemos que los animales y los bebés, se pueden sentir ansiosos, pero sólo los humanos mas evolucionados, pueden sentirse culpables.

El psicópata; que no introyectó un freno del superyó; sin padres o con padres muy laxos, e inconsistentes, no siente culpa. Puede mostrarse ansioso, pero no culpable, Por lo que podemos afirmar que es enfermizo sentir una culpa exagerada, y más enfermo es, no sentir culpa alguna.

La culpa neurótica y la ansiedad pueden llegar a ser indistinguibles, van trenzados y en momentos se percibe mas un sentimiento y luego mas el otro. El sentimiento de culpa es asociado con un castigo fatal, y ésta idea genera la crisis de ansiedad.

En otras palabras, la persona primero se siente o se imagina culpable, por algo que hizo, que dijo o que dejó de hacer. Enseguida teme que vendrá un castigo, y aquí se agrega la ansiedad. El proceso de pensamiento sería "provoqué que 'x' situación mala sucediera, ¿Qué va a pasar? ¿Qué me va a pasar?".

El individuo psicópata pudo haber sido descubierto por una conducta inadecuada, dentro de la familia. No sentir culpa, pero mostrarse ansioso por que sus padres, le retirarán privilegios económicos, de viajes, u otros.

Reparación de la Culpa.

El sentimiento de culpa es positivo, cuando frena conductas inadecuadas; y cuando lleva al sujeto que se siente culpable a lograr una reparación, por lo que hizo o siente haber hecho. Si no se evoluciona a frenar y/o reparar la culpa, se buscarán diversas variables de castigo.

Si alguien roba o defrauda, legalmente tendrá que reparar el daño. Si privó a alguien de la vida, la justicia le impondrá un castigo de años de reclusión como reparación social, por el daño que hizo.

En la culpa absurda, la reparación consiste en hacer algo bien del daño que se imaginó haber hecho. Sin embargo es altamente frecuente, que nunca se termina de "expiar" la culpa absurda.

En los nueve años que trabajé en el penal del estado de N.L., conocí múltiples casos de conductas criminales y castigos. Les relataré brevemente dos.

Coinciden ambos en ser personas de bajo nivel de educación, con mecanismos mentales poco sofisticados, pero que muestran una culpa muy transparente, y una búsqueda de reparación o castigo.

Uno de ellos fue un joven que robó una camioneta, algunos días se paseó, y pocos días después del robo le apareció una idea obsesiva e irracional de manejar alrededor de unas cuadras de la ciudad. No podía despegarse de ahí, no entendía por que lo hacía. En una de las calles estaba la entrada al edificio de la policía estatal.

Pasó tantas veces, que llamó la atención de dos agentes que se encontraban platicando en la entrada. Lo detuvieron, y al investigarlo, se enteraron de que manejaba un vehículo reportado como robado. Así llegó al penal. No se entregó arrepentido; facilitó que lo agarraran.

Otro caso fue el de un adulto joven, que mató en una riña a un sujeto en el sureste del país. Se escondió, huyó y se retiró del lugar del crimen. Escogió para vivir la Ciudad de Monterrey, y luego de algunos empleos temporales, buscó trabajar de mozo, en las oficinas de la policía judicial del estado. Ahí lavaba los carros de los agentes, les aseaba el calzado, hacía mandados, les traía lo que pedían de comer, etc. etc.

Era apreciado por lo servicial. Su razonamiento fue estar pendiente y enterado, por si acaso lo buscaba la ley. Que mejor lugar para enterarse. Un día, un agente revisó los casos buscados de otros lugares del país, y reconoció en éste mozo, al asesino que había huido de su pueblo por homicidio. Tampoco se entregó arrepentido, se ubicó donde lo podían descubrir.

En ambos casos, el sentimiento de culpa, les llevó sin darse cuenta conscientemente, al lugar donde tendrían que pagar su deuda.

Culpa Reprimida.

Como ya vimos, la culpa tiene una parte consciente, pero también otra que está en el inconsciente. Esta culpa reprimida, sólo la visualizamos a través de las acciones, o de la sensación exagerada –híper-reacción- que incrementan, un sentimiento de responsabilidad por todo.

En lo profundo de la mente, se guardan ideas erróneas, que no podemos entender y solucionar, sin la ayuda de un profesional. Ejemplo: Una mujer golpeada, puede no saber, por que permite el maltrato de su pareja, y a la par puede sentir que "por algo", o que "en el fondo lo merece".

Si esta mujer, apoyada por su familia, o alguien cercano, logra separarse de su agresor, y no va a tratamiento, continuará con su núcleo de culpa reprimida (no resuelta) y viajará a esta culpa en otros escenarios.

En su área laboral, aceptará cargas de trabajo que no le corresponden. Permitirá el maltrato ahora que le dé un hijo, otro familiar, un vecino, etc. etc.

La gente con culpa reprimida, atrae a nuevos victimarios, y sin percatarse, va y se relaciona con ellos (as).

Para ejemplificar el efecto de sentimientos absurdos reprimidos, relato el caso de un paciente:

Ramón es un profesionista que atendí hace ya algunos años. En ese entonces, tenía 55 años, y no había logrado resolver un estado depresivo con varios años de evolución.

Sentía una gran culpa por la muerte de su padre hacía 5 años, con quien trabajaba y , se sentía muy unido.

Brevemente su historia era esta:

Ramón tenía una hermana menor, que vivía en una ciudad cercana al D.F. y quien por un parto reciente, no podía visitar a su familia, en Monterrey para las fiestas de fin de año.

Ella le pidió a Ramón, que él, su familia y sus padres se trasladaran para estar con ella.

El hizo todos los trámites; volaron a la ciudad de México y de ahí por carretera, llegaron con su hermana.

Pasaron ahí la navidad y año nuevo, en un ambiente de felicidad.

Regresaron al D.F. para viajar nuevamente por vía aérea. Al llegar a México el padre de Ramón que tenía 79 años y 10 meses, y que padecía hipertensión arterial, se sintió muy mal; lo llevaron al hospital y allí falleció.

La explicación del médico fue: la altitud de la ciudad de México, influyó negativamente y provocó que aumentara aún más su presión arterial, su corazón agotado, no toleró.

Ramón se culpó de inmediato de la muerte de su padre.

Se recriminaba una y otra vez, de haber llevado a su familia a ver a su hermana. Si mejor hubiera, traído a su hermana y a su familia con ellos..... o si simplemente cada familia hubiera festejado por su lado.......

Esto sucedió cuando Ramón tenía 50 años. A los 52, continuaba su duelo. Lo atendió un internista utilizando antidepresivos.

Amigos y familiares repasaban con él, que su padre ya estaba enfermo, y que allá o aquí podía haber muerto. Le pedían que ya no se culpara. El mismo comprendía, que su padre había llegado a una edad, que sobrepasaba las expectativas de vida. Muchos amigos de su padre, menores que él, ya habían fallecido.

Sabía que nadie podía regresar el reloj del tiempo. Comprendía que el "hubiera" no existe ,pero a pesar de todo, su depresión continuaba y empeoraba.

El médico familiar le explicaba que tomara en cuenta, lo desordenado que había sido su padre en la comida y años atrás con la bebida. Que su sobrepeso y el cigarro eran la causa de su muerte, no él.

Su mente lo entendía, pero su sentimiento no mejoraba. Así transcurrieron tres años más.

Ramón seguía igual o peor. Su internista le envío con un psiquiatra, que se limitó al uso de antidepresivos, y con un "complemento" de psicoterapia con una psicóloga, sin idea de las causas profundas de la depresión.

Al llegar a mi consultorio se veía envejecido, parecía diez años mayor, era evidente que se estaba consumiendo y quería morirse.

Después de unas citas de evaluación, le explique que tenía una culpa incrementada que no correspondía a la causa que veía.

Le propuse, que juntos revisáramos su vida infanto-juvenil, para rastrear otros sentimientos de culpa, olvidados, enterrados y cubiertos por el tiempo.

Gradualmente Ramón fue reconstruyendo su infancia, recordó y revivió el núcleo de su problema.

Cuando tenía 4 y 5 años de edad, su padre pasó por una crisis. Se alcoholizaba, y maltrataba a su madre, y a él. Su hermana era una bebé. Ramón le tenía pánico, y al mismo tiempo mucho coraje; que era imposible de expresar. Varias veces, cuando su padre golpeaba a su madre, aquel niño abrazado de la madre y llorando, deseó que su padre mejor se muriera.

Afortunadamente para Ramón, su padre no falleció entonces (esto le hubiera dejado un núcleo psicótico y una posible evolución a un hospital psiquiátrico). Salió de su crisis, pasó temporadas sin tomar, o lo hizo de forma moderada.

Cuando Ramón llegó a la adolescencia la infancia traumática estaba aparentemente "superada". Aquellos terroríficos años se olvidaron.

Ramón y su padre fueron buenos amigos, y en ocasiones compañeros de juerga. Ramón se hizo profesionista, y trabajó siempre en la empresa (fábrica) de su padre; que les permitía un muy buen nivel de vida.

A través de la terapia Ramón comprendió (y solucionó) que aquél deseo intenso que tuvo 45 y 46 años atrás, de que su padre muriera, tuvo "efecto" ahora cuando el padre falleció. La muerte tocó una tecla, en la computadora de su cerebro, y se hizo el efecto dominó.

Fue hasta que logró conectar, el pasado reprimido y olvidado, con el presente; que pudo salir de la depresión en la que se había instalado.

Su deseo infantil se había cumplido ahora a sus 50 años. Su culpa no permitía salir de ese duelo patológico y prolongado, y que le amargó y castigó durante 5 años.

Este caso clínico que elegí, es muy demostrativo, y la conexión de deseos de muerte, con la muerte y culpa, es muy obvia. Existen muchísimos casos donde la culpa absurda fue reprimida, y no es tan claro su efecto, en el presente; por que el "castigo" que se busca inconscientemente para expiar el sentimiento de culpa; aparece en síntomas físicos (temores a enfermedades); en preocupaciones exageradas; en sabotajes ante el disfrute (vacaciones); en una falta de asertividad, aceptando sometimientos absurdos…etc.

Culpa y Vocación Profesional.

Toda elección profesional involucra afectos, ideales, aspectos prácticos conscientes, identificación con uno de los padres, o con un familiar cercano. Pero en un alto porcentaje, la decisión de determinada profesión, parte de un sentimiento de culpa.

Este es el caso de Samuel:

Samuel fue el tercer hijo de una familia de tres. Primero nacieron dos niñas y luego él. Durante su infancia su madre padeció de problemas de varices en sus piernas. Su madre una mujer muy bajita de estatura, sufría y vivía con las piernas en alto y se quejaba continuamente de dolor. Tenía que utilizar unas medias gruesas, en un clima muy caluroso, que oprimieran sus tortuosas venas varicosas. Nunca pudo ir a las festividades de la escuela de Samuel (como las otras madres) por su enfermedad vascular.

Samuel también sufría, al ver a su madre llorar de dolor. Sus recuerdos mas tempranos, eran dando masaje con sus pequeñitas manos, a las piernas de su mamá.

Un día Samuel, antes de ir a la escuela, le preguntó a su progenitora por qué ella tenía así sus piernas, y otras mamás no. Samuel tendría en ese entonces ocho ó nueve años. La explicación que recibió fue la siguiente: "Es que tú fuiste al nacer un niño muy grande; pesaste al nacer 5 kilos", más de dos kilos que tus hermanas. Ese gran tamaño empujó las venas en mi vientre, y por eso se dilataron las venas en mis piernas. Luego de niño fuiste muy chiflado y tenía que cargarte, y hacer un gran esfuerzo.; lo cual empeoraba el estado de mis piernas. Tenía que arrullarte caminando, vestirte, bañarte", etc.

El pequeño Samuel supo desde sus estudios primarios que sería médico. Lo fue y se dedicó a ser cirujano vascular.

Así "repara" el daño que hizo a su madre, arreglando a otras mujeres con el mismo problema.

Hasta que estuvo en análisis, después de 10 años de ser médico; comprendió lo nocivo de las palabras de su madre y del origen de sus sentimientos de culpa.

Se había adjudicado ser él, la causa de un problema de origen genético y no veía que su madre no había cuidado su dieta durante el embarazo, y que mas bien lo había hecho a él ser pre-diabético con ese gran peso al nacer.

Además de ser ella quien lo "chiflaba".

Samuel continúa de cirujano vascular en eso se entrenó. La comprensión de su culpa le permite vivir con mas armonía y satisfacción consigo mismo, en sus relaciones familiares, laborales y sociales.

Muchos profesionistas no se percatan, del fondo emocional de su vocación. Así, individuos que viven en su infancia, conflictos y sentimientos de injusticia, y que por lo temprano de su edad, se sintieron responsables o culpables; evolucionaron a hacerse Licenciados en derecho, y pelean ahora a través de sus clientes, problemas inconscientes no resueltos. El Dr. José Cueli en su libro "Vocación y afectos" describe ampliamente la relación entre los sentimientos inconscientes y la decisión vocacional. (18)

Personas donde no existen estos sentimientos tempranos de culpa, eligen una profesión o actividad mas libre. Su desarrollo laboral es definido por un gusto, una afición, una identificación positiva con alguien de su familia. Revisan objetivamente las necesidades del mercado, y se capacitan alegremente para su proyecto. Además, éstas personas son mas claras, e identifican la actividad profesional sólo como un medio, como una forma de obtener un ingreso para vivir bien. No confunden la profesión con un fin, es decir, como algo que su culpa inconsciente, los orilla a desarrollar, así lo padezcan toda su vida.

Las Relaciones Familiares y la Culpa.

Como sabemos, sí existe la salud mental. Sí existen familias emocionalmente sanas, que forman hijos sanos, con un porcentaje mínimo de conflictos; y que su tendencia es a vivir bien, disfrutar lo que tienen, y sus expectativas son siempre realistas y por lo tanto alcanzables.

Otras familias repiten esquemas enfermizos y perpetúan la enfermedad mental. Lo hacen sin proponérselo, y sin percatarse. Simplemente trasmiten lo que recibieron. Se puede decir, que de la misma forma que se pasan de padres a hijos características físicas, como son el color de la piel, de los ojos, o la estatura, igual pasan de una generación a otra, ciertas fortalezas o debilidades emocionales.

La culpa es un ingrediente emocional, que puede abierta o veladamente, trasmitirse. La forma abierta o directa, es muy obvia. Madres que maldicen el día que parieron al hijo. Padres que encargan a los hijos tareas que no les corresponden por su temprana edad, y que luego los culpan por no haberlo "hecho bien".

Un ejemplo de culpa directa es el siguiente:

José es un joven profesionista exitoso. Es muy buen hombre. Ha logrado hacer crecer su negocio; vive bien, casado, con tres hijos.

Su esposa es muy exigente, y él tiene que colaborar con la crianza, así llegue agotado de algún viaje y/o jornada laboral. La madre de José, tuvo más predilección y protección hacia las hijas. Ella de niña fue maltratada por sus hermanos hombres, y se desquitó con el hijo, exigió a José siempre tareas escolares extras. Aquel niño terminaba lo que le había solicitado la maestra, y luego tenía que hacer una dosis mucho mayor, que le imponía la madre. José no podía salir a jugar a la calle con los niños de la cuadra, como lo hacían sus vecinos, al terminar la tarea. El tenía más. Lo vencía el cansancio, y se dormía algunas veces a las seis de la tarde.

Estructuró un sentimiento de culpa por el solo hecho de ser el niño. Sin darse cuenta, continúa con una necesidad inconsciente de agradar a la mamá.

En el momento actual, José se percata que continúa obsesivamente trabajando de más, y su negocio continúa en crecimiento. Se ha rodeado de ejecutivos muy bien preparados y eficientes; sin embargo él continúa con tareas extras.

Su calidad de vida no es la óptima, es muy entusiasta, disfruta mucho a su familia, pero padece sobrepeso, y ha tenido rachas de abuso de alcohol.

Reencuentra en su esposa a la madre exigente, pero la principal exigencia la determina su madre introyectada, y la culpa, por el solo hecho de haber sido varón.

Actualmente en su terapia estamos trabajando este núcleo que está en su identidad.

Veamos ahora la forma velada, oculta, que registra un ser en desarrollo.

Gerardo es un profesionista exitoso, pero con grandes dosis de ansiedad ante sus éxitos. Complica sus relaciones laborales con sus jefes; compite con ellos, no los respeta, y repetidamente ha tenido que cambiar de trabajo. Su vida social es muy pobre. Prácticamente no tiene amigos, y los que ha tratado de cultivar, de alguna manera sabotea sus relaciones y los aleja.

Fue el mayor de cuatro hermanos y arrastra un núcleo de culpa muy difícil de visualizar, por ser trasmitido como una herencia de su padre. No lo culparon de niño, no lo asustaron ni culparon con la religión. Sus posibles interferencias del desarrollo fueron mínimas.

Sin embargo Gerardo describió durante su terapia psicoanalítica la figura de su padre y los rasgos con los que se identificó. Su padre fue un médico sumamente exitoso.

Su origen era muy humilde, se había despegado y había consolidado una posición económica y profesional poco común.

Todas las vacaciones que recordó aquel paciente durante sus años de desarrollo, sucedió lo mismo. Se preparaban para trasladarse, toda la familia, en su lujosa y amplia camioneta. Programaban ir a la playa a visitar familiares, o alguna ciudad de los Estados Unidos. Salían de la casa, con maletas, bebidas y bocadillos preparados para disfrutar durante la travesía.

Antes de tomar la carretera, el doctor hacía una escala en alguno de los hospitales donde "dejaría las últimas indicaciones" a alguno de sus pacientes. Ya no salía del hospital, y le ordenaba a su familia se regresara a la casa. Su profesión y su alta responsabilidad, le impedían despegarse. Tenía que atender él, personalmente, las variables terapéuticas de sus enfermos. Ya fuera por los que tenía internados, o algún nuevo paciente que encontraba "accidentalmente" en la sala de urgencias.

No podía apoyarse en alguno de sus ayudantes.

Este mismo profesionista, no tenía amigos, ni vida social. Todo su tiempo y energía se consumía en el trabajo; llevaba a sus hijos como salida dominical a comer a algún restaurante de tercera categoría, donde el servicio era bastante mediocre, la higiene deficiente y las moscas abundantes.

Gerardo, le preguntaba ¿Por qué no vamos a comer a tal restaurante?

Mis compañeros dicen que ahí está muy bien, preparan excelentes platillos, es un lugar lujoso con música clásica en vivo. Su padre le contestaba "No, eso sería demasiado bueno".

Evidentemente este "pobre hombre" arrastraba culpas no resueltas, que le impedían disfrutar y dar a su familia un estatus acorde a su éxito profesional. Continuó repitiendo las miserias de su infancia.

Curiosamente Gerardo también "heredo" varios rasgos de su padre, además de su identificación con él. También ha logrado una posición económica muy desahogada. El sí se permite vacacionar y asistir a restaurantes de primera categoría; sin embargo aunque lo desea, no disfruta plenamente su vida, se "castiga" con sobrepeso, enfermedades, alcohol, cirugías innecesarias y soledad, por culpas que iniciaron mucho antes de su nacimiento.

En familias muy numerosas, donde fue imposible que la madre estructurara lo suficiente, los cimientos de la personalidad, de cada uno de sus hijos; estos cargan sentimientos de abandono (a pesar de que hayan vivido en medio de abundancias económicas) y junto con el abandono se genera una culpa absurda. Posteriormente es imposible, vivir plenamente felices. La culpa absurda cobra una cuota permanente.

Algunas mujeres embarazadas, no desean, por motivos diversos tener a su bebé. Abortan y queda en su interior un sentimiento de culpa. Posteriormente se castigan, de mil formas diversas, que van desde el sobrepeso, alguna adicción, enfermedades diversas, infelicidad, hasta depresión crónica.

Otros embarazos no deseados, no son interrumpidos, pero el solo impulso a abortar, deja culpa que de alguna forma impacta posteriormente al bebé. Detrás de muchos casos, de cuadros depresivos, se encuentra una historia de una madre depresiva. Por culpas absurdas tempranas, por una historia de abortos (espontáneos ó provocados), por sufrir abusos físicos o psicológicos, etc. Es decir el sentimiento de culpa de una madre, repercute negativamente en el equilibrio emocional de los hijos.

Otras mujeres viven con mucha culpa ser infértiles. Si finalmente con años de tratamientos, logran embarazarse o adoptan un hijo, el sentimiento reprimido de aquella culpa, de alguna forma impacta al hijo.

Existen muchas madres que manipulan a sus hijos, y estos no se percatan que son situaciones que ellos no buscaron, ni les compete una responsabilidad, o una culpa.

Las madres por lo general se muestran inocentes y bien intencionadas. Nunca se dirigen a los hijos (as) como manipuladoras, con anhelos de control, o con sentimientos de rivalidad o destrucción. Los hijos no están capacitados para entender una personalidad egoísta o infantil en sus padres. Como ya se ha expuesto, ésta interacción inicia desde el desarrollo temprano, y es más fácil para el infante culparse, a vivir malos a los padres.

La madre predominantemente es la figura de amor y de afecto. En el padre recae la representación de la autoridad. Cuando una madre se queja del gran sacrificio que es la maternidad, el hijo (a) queda con un sentimiento de culpa original, que no es sencillo solucionar.

Podemos afirmar que existen familias emocionalmente sanas, que no recurren a la culpa, para la formación de los hijos. Estas familias explican a los hijos normas de conducta claras y precisas; y ellos se responsabilizan de que se cumplan, dichas normas familiares. Si los hijos no cumplen las reglas familiares, se les responsabiliza, y se les retiran privilegios.

Las familias emocionalmente enfermas culpan al hijo que no cumple y son inconsistentes con las consecuencias. Sin darse cuenta, lo castigan vía el sufrimiento.

En familias con padres tóxicos, los hijos en sus primeros diez años, se viven responsables y/o culpables por el dis-funcionamiento familiar. Pleitos intra-familiares provocan que el niño se culpe por ellos.

Julián es un paciente con una historia infantil poco común. Fue el primogénito de cinco. Sus padres y él vivían en la misma casa con la abuela paterna. La abuela, figura fuerte y dominante, lo tomó como si fuese de ella. Fue su nieto predilecto. Además tenía una relación de pleito y competencia constante con la nuera, (madre de Julián). Julián se desarrolló entre esas dos figuras maternas. Su padre no intervenía. En su tratamiento recordó cómo se sentía "mal", "culpable" por querer a su mamá, y estar en contra de la abuela y sufría también por querer a la abuela, y por lo tanto estar contra la mamá. En sus palabras, aquello era como "vivir entre dos banderas"; o como ser "un doble espía".

Finalmente la fuerza de la abuela predominó, y expulsó de la casa a la madre, quedándose ella a cargo de la crianza del pequeño Julián. Esta conflictiva familiar, estructuró en aquel niño un sentimiento de culpa, absurdo e intenso. Ser predilecto de la abuela, fue malo; querer a su madre también, ubicándose él la responsabilidad de que por él, peleaban. Por él, tuvo que salir de la casa la madre y vivir en otro sitio con sus hermanos.

La culpa tan temprana se incrustó en la parte central de su aparato mental (identidad) y lo ha acompañado y matizado muchos momentos de la vida de Julián. A pesar del trabajo terapéutico y la comprensión de muchos de sus síntomas, persisten momentos depresivos acompañados de ansiedades y temores.

Ante la imposibilidad de describir, todas las variables existentes, enumero las siguientes (más frecuentes) situaciones familiares que dejan marcadas culpas absurdas, áreas de confusión y posteriores búsquedas de castigos.

- Alcoholismo: En uno, en otro padre, o en ambos.
- Otra adicciones: Pastillas para todo (dolor, dormir, depresión, etc.).
- Padres incapacitados: Física ó emocionalmente.
- Violencia intra-familiar: Física ó psicológica. Pleitos frecuentes.
- Quejas crónicas: No tenemos, sufrimos, no podemos, etc.
- Parejas disfuncionales: Infidelidades.
- Madres con historias de abortos (espontáneos o provocados).
- Madres con historias de infertilidad, que años después se embarazan o adoptan.
- Divorcio
- Abusos sexuales: De padres, padrastros, abuelos u otros familiares.
- Mala selección de cuidadores del menor: En la casa o en las guarderías, que utilizan maltratos físico o psíquico como forma de control.
- Información exagerada a los hijos: Del alto costo de mantenerlo y educarlos.

- Padres que utilizan al hijo (a) de confidente: Le comparten sufrimientos con la pareja, con su trabajo, y lo peor, le piden ayuda para que intervenga a su favor.

Muchos padres no frenan la conducta inadecuada de los hijos. Se apoyan en la religión, y recurren a un ser supremo, que será quien castigará al niño por que faltó a la ley de Dios. Esto aumenta los sentimientos de culpa.

Cuando en una familia, nace uno de los hijos con requerimientos especiales, por ejemplo, un síndrome Down, los padres se sienten culpables. Algunos buscan la causa, en los antecedentes familiares de la pareja y viceversa. Tratan en forma especial al hijo discapacitado, y sin percatarse dañan a los otros hijos. Piden a los hijos normales, que se sometan a los caprichos del hijo desvalido, argumentando que esta "enfermito" y ellos sanos.

Los hijos sanos, deben permitir que el hermano(a) enfermo use, sus pertenencias, rompa sus juguetes, etc. etc. Los hijos sanos reprimen su coraje y rápidamente instalan un sentimiento de culpa por estar ellos sanos.

Lo anterior también sucede, aunque en una dosis menor, entre un hijo mayor (digamos el primogénito) y su hermano (a) menor. Los padres le piden al mayor (de dos, tres o cuatro años) que entienda, y tolere a su hermanito por ser menor. Además que el mayor cuide y proteja al menor.

Espero que el lector se imagine, estar en esas condiciones de ser un hijo sano vs. enfermo; o un hijo mayor vs. menor; y comprenda la raíz de su coraje y culpa que quedaron en el interior; y que repercutirán de alguna forma posteriormente.

Por último, la variable más frecuente para describir en este apartado, es la que sucede en familias, donde la madre destina, a una de las hijas (por lo general la mayor), para que ayude con la crianza de sus hermanos (as).

La Culpa y las Enfermedades Físicas.

El sentimiento de culpa también es el origen de problemas de salud. La culpa excesiva, es como una gran deuda, que el individuo tiene que pagar. En ocasiones la culpa es llevada al terreno espiritual; y la persona encuentra mecanismos (transitorios) de solución. Hace oración, se arrepiente, se confiesa y sigue una penitencia y obtiene el perdón. Logra un período de calma, hasta que llega otra oleada de culpa.

Cuando la culpa es muy intensa, y la religión no la resuelve, ni la disminuye, o la persona no es creyente, no sigue ninguna religión; la búsqueda de solución-castigo-o pago de esa culpa absurda, puede orientarse contra la salud.

La persona agobiada por culpa que no puede controlar; empieza a castigarse comiendo en exceso, hacerse obesa, o a través de otro trastorno de la alimentación como son la bulimia o la anorexia.

También trastornos como el alcoholismo, la adicción a las drogas, y la depresión, son búsquedas de aligerar este nocivo sentimiento. Fuma en exceso, se altera el ritmo cardíaco, taquicardias, arritmias, e hipertensión arterial.

El paciente con culpa y ansiedad, insiste en que tiene algo físico y se somete a múltiples estudios tratando de solucionar un posible cáncer; que teme y que en su inconsciente cree merecer. No es raro que entre tantos estudios, logre que le produzcan iatrogénicamente, un problema en su salud. O bien, se va al otro extremo: No se checa, descuida la salud, niega problemas en su inicio.

El lector seguramente conocerá personas cercanas a él, que salen de una enfermedad y poco tiempo después se caen y se fracturan un hueso; salen de esto, y aparece otro sufrimiento, nuevos chequeos, otros diagnósticos y tratamientos. Son personas que viven agobiadas por pensamientos negativos, y que parecería que atraen una y otra enfermedad. Desafortunadamente en medicina física, no es común que el especialista relacione la proclividad a las enfermedades, con sentimientos de culpa no resueltos.

Existen varios estudios serios, que demuestran una clara relación entre la culpabilidad, y la aparición de cáncer de mama. Otros estudios han encontrado que de los pacientes con cáncer, los que enfrentan la vida con optimismo tienen un 30% más de posibilidades de salir adelante y superar su enfermedad y quienes se agobian y derrotan con pensamientos negativos, son rápidamente consumidos y derrotados por el cáncer. No dudo que la intervención del sentimiento de culpa, influye negativamente en toda enfermedad.

Culpa y Religión.

El recién nacido, para no sentirse en una soledad sumamente angustiante y difícil, como si estuviera solo en medio de un océano; se fusiona a su madre. Siente así que no está indefenso.

En los primeros cinco años de vida, en la interacción con su madre, y el resto de su familia, el niño ya se sintió muchas veces culpable. Toda tensión exterior se la adjudica, y siente que él provoca todo; tanto lo agradable, como lo desagradable. El es omnipotente, él es responsable de lo que pasa, él es el culpable. A estas culpas absurdas, se agregarán otras; las que trasmiten todas las religiones del mundo.

El adulto también sufre, y se le dificulta asumir que está solo. También para él, aceptar la soledad y la muerte, son tareas difíciles. Para disminuir su angustia existencial y su finitud, se apoya en explicaciones científicas y filosóficas, o en explicaciones religiosas.

Todas las religiones ofrecen, mecanismos contra la angustia ante la muerte. Otra vida después de la muerte. Estos mecanismos son una serie de normas que deben seguirse, si se pretende un bienestar, después de la muerte. (35)

Si el ser humano espera: el cielo, el paraíso, estar junto a Dios; estar con Jehová, un estado de Nirvana, una iluminación, una mejor reencarnación; un paraíso rodeado de mujeres vírgenes para él, etc. etc. debe apegarse a los requisitos que su religión le marque.

Tendrá que seguir el noble sedero óctuple del Budismo; los diez mandamientos del Catolicismo; la meditación Zen; el libro sagrado de los Musulmanes, el Corán; la Biblia para los cristianos, o el Talmud que es el texto fundamental de la religión Judía y que reúne centenares de reflexiones Rabínicas sobre la Torá.

El problema principal de casi todas las religiones, excepto el Judaísmo, es que no distinguen la diferencia entre pensamiento, deseo y acción. Postulan que se puede pecar con el sólo hecho de pensar o desear, y si mueres estando en pecado, no sólo no irás al paraíso, sino a un castigo eterno.

Ya se explicó en el capítulo 1, cómo los padres del niño que son externos a él, los introyecta (los incorpora en su mente) y forman la estructura que conocemos como Superyó (ver Figura 4 del capítulo 1).

El Superyó le impide al Yo (que es la parte consciente que tenemos nosotros mismos) la gratificación de impulsos que considera prohibidos. Al estar éstas prohibiciones ya internalizadas en el Superyó; el hombre está prácticamente aprisionado, por que ninguna de sus acciones podrán sustraerse de la severa mirada del Superyó.

El niño crece y vía la religión, se proyectan a un ser superior (Dios, Alá, Yahvé, Jehová, etc.). Ahora este ser todo lo sabe, todo lo ve; vigila al hombre por sus malos actos realizados, y por sus deseos considerados malos.

Dios es la proyección del superyó. Es decir es la imagen combinada de las prohibiciones paternas, con sus expectativas de vida. Dicho en otras palabras: La ley de los padres proyectada en el afuera, tanto en sus aspectos persecutorios, como en sus aspiraciones y normas de tipo ideal, conforman la imagen de Dios.

Harold Kushner, en su magnífico libro: "Cuando a la gente buena le pasan cosas malas", relata que cuando era un joven rabino, fue llamado para ayudar a una pareja, que habían perdido súbitamente a su única joven hija. El esperaba encontrar a unos padres, en estado de shock emocional; con lamentos, dolor, y angustia. Le impactó lo que esta pareja le dijeron: "Es que no ayunamos en el último Yon kipur" (que es el día del perdón, la fiesta judía de arrepentimiento, ayuno y oración). Responsabilizándose así de la tragedia. (27)

Kushner explica, que una de las maneras que tiene la gente, de encontrar un sentido al sufrimiento del mundo; es figurándose que merecemos lo que recibimos; que las desgracias provienen de castigos a los pecados.

¿Porqué es tan difícil solucionar la culpa? El grado de dificultad para solucionar este sentimiento, que en la vida adulta hace que la persona viva adicta a sufrir; depende del momento de la infancia en que se incorporó.

En la medida que es en la más temprana infancia, queda en su identidad (ver figura 7 del capítulo 1) si es más evolucionado el aparato mental, quedará en la cubierta de valores; o más afuera en la capa de educación.

También influirán las circunstancias de el qué y el cómo, sucedieron las variables externas al niño; así como de la cantidad de reforzamientos, que vía repeticiones escuchó y vivió.

VACUNA 6.
CONDUCTA DELICTIVA

"La pobreza es la madre del crimen".
Marco Aurelio (121-180)

A quienes vivimos dentro de cierta normalidad, nos impacta la conducta agresiva, violenta y destructiva de individuos, que sin sentimientos de culpa, ni remordimientos; asaltan, secuestran, torturan, queman, mutilan y matan a otros seres humanos.

Nos sacude emocionalmente también, los niveles de corrupción a los que han llegado políticos, funcionarios de todos los niveles, policías, jueces y ejecutivos tanto de la esfera pública como de la privada. La ambición desmedida, colabora en esta espiral de daño social, que parece interminable.

Todas estas conductas violentas e impulsivas, dependen de complejas operaciones de nuestro cerebro. Del mismo modo que otros aspectos de nuestra vida, que nos caracterizan como seres humanos.

Como se explicó en el capítulo uno, el origen de la conducta humana es multi-determinada. La conducta puede alterarse por factores emocionales, por factores orgánicos; (es decir por alteraciones en la anatomía y/o fisiología del cerebro) y también por factores mixtos, donde tanto la integridad del cerebro, como las emociones se salen de lo que conocemos como normalidad.

Para que el ser humano, evolucione y llegue a ser un individuo emocionalmente sano, con una conducta equilibrada; son indispensables requerimientos mínimos en el desarrollo temprano, que ya se describieron en los primeros capítulos.

Ahí se enfatizó que la infancia es el destino del adulto. Que lo externo al niño, se hace interno. Que en el centro de la estructura del aparato mental, se encuentran tanto la identidad como los instintos y que ahí radica todo lo más obscuro e impulsivo de su naturaleza.

Aspectos Emocionales de la Conducta Alterada.

Las alteraciones del aparato mental, que llevan al individuo a delinquir son:

1. Un Superyó muy laxo; padres débiles que no exigieron responsabilidad, ni hicieron reproches, ante conductas infantiles, inadecuadas.

2. Un Superyó sádico y punitivo, padres impulsivos, muy exigentes, que siendo niño abusaron de su condición infantil, y de adulto se identificó con estos padres y ahora actúa y hace lo que le hicieron.

3. Una formación muy débil de valores, que posteriormente no puede controlar la impulsividad.

4. Un exceso de estímulos violentos tempranos, televisión, video-juegos o violencia intrafamiliar.

5. Ausencia de información educativa de calidad, que encause la conducta, y que lo capacite para que se detenga, espere, piense, reflexione y decida.

6. Ausencia de formación ética y religiosa. Como sabemos, todos los grandes tratados religiosos como la Biblia, el Corán, la Torá, el Talmud, etc. no son más que propuestas pedagógicas para intentar frenar, controlar o modular, los impulsos y las emociones.

7. Alteraciones del medio ambiente como son:

- Desintegración familiar
- Daño social severo: ambientes violentos. Consumo de alcohol y drogas. Ausencia de alternativas laborales, y deportivas.

La carencia de mecanismos internos (personales) y de mecanismos externos, como son los familiares y sociales; facilitan que el individuo actúe libremente su impulsividad.

Todo lo que aprende el niño en su infancia, todo lo que vive con su familia; lo incorpora, forma parte de él, y posteriormente lo repite.

- Si el niño vivió que el padre agredía a la madre, aprende, "como normal", golpear a la pareja.
- Si el niño fue maltratado con gritos, golpes y demás abusos; aprende a gritar, golpear, y abusar, y así actuará de adulto.
- Si el niño observó, como los padres no respetaban bienes ajenos y se apropiaban de ellos; aprende a robar.
- Si el niño fue manejado con mentiras, aprende a mentir.
- Si el niño recibió ofertas de premios, o de castigos, que no le cumplieron, aprende a ser inconsistente con sus propósitos y tareas.
- Si el niño fue presionado por sus padres para que se defendiera a golpes, aprende a hacerse justicia con sus manos.
- Si el niño fue educado con consejos como: "Nunca aceptes que hiciste algo malo, así te encuentren haciéndolo; niégalo" o "Nunca pidas que te den, con que te pongan donde hay". Entonces aprende un sistema de valores distorsionado y laxo; y su irresponsabilidad lo acompañará en su esencia.

Si un individuo con algunos (o todos) de estos antecedentes histórico-familiares, evoluciona con algunas habilidades sociales, incursiona en la política y llega a presidir un municipio, el gobierno de un estado, un ministerio, o la presidencia de la República; su corrupción no amerita mayor explicación. Está entrenado para prometer y no cumplir; para mentir sin inmutarse. No sabe trabajar honestamente, sabe robar, sin culpa ni remordimiento.

Si por una infancia muy difícil, o por factores genéticos, el ser humano evolucionó a un padecimiento psicótico, su conducta será desviada. Si su enfermedad es muy obvia, irá a un hospital psiquiátrico, pero si es encubierta y no fácilmente observable, puede desempeñarse en un trabajo, donde su patología puede ser altamente destructiva; ya que negará la realidad y su percepción estará alterada, sus decisiones serán peligrosas y destructivas.

En la actualidad la violencia ha rebasado a nuestra sociedad. Entender la descomposición social, que se vive en países como el nuestro, es un fenómeno complejo y multi-determinado.

Su estudio y tratamiento, demanda muchas acciones y además bien coordinadas, entre profesionistas de distintas disciplinas y de la sociedad en general.

Acostumbramos decir: "Se comportan como animales", cuando tratamos de explicar la conducta que se apoya en instintos básicos o salvajes, y donde aparece la violencia. Pero los seres humanos, somos mucho más violentos que la mayoría de los animales. La violencia y la delincuencia, son un problema generalizado que los gobiernos tratan de resolver. (33)

Algunos Sociólogos se centran en fallas educativas, otros en circunstancias socio-políticas y económicas.

Como ya lo he repetido en líneas anteriores, las raíces de la conducta son múltiples; y en la generación de la violencia también existen muchos factores implicados.

No podemos hablar de este tema, tomando en cuenta un solo factor o una sola causa (el narcotráfico, por ejemplo).

No podemos hablar únicamente de la cultura o la sociedad, o fallas en la educación, fallas en el cerebro, en los genes, en accidentes y daño cerebral. Tenemos que pensar en la violencia como un resultado; y tenemos que pensar en todas y cada una de las causas.

Respecto al efecto del alcohol y otras drogas en la conducta violenta, se revisará en los capítulos siete y ocho.

La cita de Marco Aurelio continúa vigente, si entendemos la pobreza no sólo en la economía, sino también en los valores, los afectos, la educación, la ética, la responsabilidad y la estructura familiar.

Aspectos Neurológicos de la Conducta Alterada.

Para entender la parte Biológica que participa en la conducta normal, o en la delictiva y violenta, empecemos por describir, que nosotros los Homo sapiens, disponemos en el cerebro de tres partes principales.

Difieren radicalmente entre sí, tanto por su química, como por su estructura; y corresponden cada una, a una lógica y funcionamiento distinto. Estas partes están por supuesto interconectadas, pero cada una de ellas actúa mas o menos independientemente de las otras dos. Cuando no reina la armonía entre ellas, se originan complicaciones.

La primera parte, conocida como Bulbo raquídeo, es la continuación de la médula espinal, en la base del cerebro. Es la más primitiva. Es común al cerebro de los peces y reptiles. Tiene un funcionamiento rígido, automático y ritualizado; sin posibilidad de aprendizaje. Aquí están los centros que controlan y regulan el corazón, la respiración y demás funciones básicas, como los mecanismos elementales de la reproducción de la especie. Cuando esta parte se lesiona, aparece la muerte instantánea (accidentes, ahorcamiento, descabello en los animales….)

La segunda parte es común con los mamíferos inferiores. Se le conoce como cerebro medio, o mesencéfalo. Está en la posición central del cerebro humano. Esta parte permite las emociones, es el paso obligado de los procesos de memorización y aprendizaje.

Gracias a ésta parte, se siente el miedo, la cólera, el dolor, el placer, la alegría. Es aquí donde los recuerdos adquieren un tinte afectivo; y además permite que se pueda memorizar; que los recuerdos estén disponibles (activados) y que se puedan evocar. Aquí se ubica el hipotálamo.

El hipotálamo es la región donde se hallan numerosos centros reguladores de importantes funciones como son: el hambre, la sed, la actividad sexual, el sueño, la vigilia, la termorregulación, etc.

La tercera parte, se le conoce como tercer cerebro, cerebro neo mamífero o neo córtex. Está formado por las circunvoluciones cerebrales, en la superficie del cerebro humano. Representa dos terceras partes del peso total, de la masa encefálica.

Aquí radica el dominio del lenguaje. Con ésta parte, podemos mostrar toda clase de guiones y de conceptos que nos permiten representar el mundo, y actuar sobre él. Es el neo crotex, el que es capaz de elaborar un mundo imaginario y conceptual complejo; sofisticados puntos de vista, ideas, creencias, que se pueden compartir con los demás, mediante el lenguaje y la empatía.

Cada área del neo córtex está especializada para determinadas funciones. Según la localización tenemos un centro para el lenguaje articulado, otro de la escritura; para el movimiento de los miembros superiores, inferiores, centro auditivo, visual, etc. etc.

En la parte pre-frontal del neo crotex cerebral, situada encima de los ojos, detrás de la frente; están los mecanismos que intervienen en la regulación del comportamiento. Esta parte se activa a la hora de tomar decisiones complejas. Es la zona del cerebro que inhibe la agresividad.

Si está área no funciona con normalidad o existen impedimentos estructurales que afecten esta parte; entonces se genera una predisposición hacia la violencia y a la conducta delictiva.

La historia de Phineas Gage, inició el estudio para precisar, el lugar donde se localizan las emociones de ira y violencia en el cerebro. En 1848 Gage tenía 25 años; y era un simpático y agradable capataz, que coordinaba a un grupo de trabajadores que tendían los rieles del ferrocarril, en los Estados Unidos. Un día se produjo un accidente de una explosión, la cual lanzó una barra de metal, de un metro de largo y 2cm. de diámetro, que atravesó la cabeza del capataz. La barra entró por la mandíbula derecha, y salió por la parte superior del cráneo; destrozando una gran zona de la parte anterior (frontal) del cerebro. Sin embargo su memoria, su lenguaje y sus sentidos no se alteraron.

Retirada la barra, curada las heridas y la infección, tres semanas más tarde, totalmente recuperado, se reincorporó al trabajo. Pero su personalidad cambió. Se tornó en una persona muy distinta de como era, se hizo muy violento y desagradable, cambios de humor, y sin respeto a las normas sociales.

Murió trece años más tarde, no se practicó una autopsia, ni se aclaró que áreas habían sido dañadas en el accidente. Sin embargo su caso continuó estudiándose después de su muerte.

En 1937, la comunidad científica propuso que existía un lugar en el cerebro, donde se localizan las emociones. Posteriormente McLean le llamó Sistema Límbico, a un circuito integrado por el hipocampo, el hipotálamo, el tálamo anterior y otras áreas neuroanatómicas.

Actualmente está demostrado que esta área del cerebro, regula emociones como la ira, la violencia, la conducta alimentaria, la sexual y la memoria. El área destrozada del cerebro de Phineas Gage, formaba parte de éste sistema regulador.

Otro caso mas reciente digno de ser consignado, es el de Charles Whitman; también de 25 años . Ex marine y veterano de la guerra de Vietnam. Whitman se desarrolló en una familia de clase media-alta. Fue el mayor de tres hermanos; sobresaliente en sus estudios, y muy apreciado por sus compañeros, amigos y vecinos. La familia fue disfuncional; su padre autoritario y perfeccionista, maltrataba a su familia tanto emocional como físicamente.

En 1966 su madre no toleró más, dejó a su padre y se mudó de Florida a Texas. Whitman vivía frustrado por la problemática familiar, por el abuso de anfetaminas, por dolores "tremendos" de cabeza, y el deterioro mental que se le fue instalando. Llevaba un diario, en el que escribió, que era "víctima de pensamientos inusuales"; y que no lograba "controlar su creciente agresividad". Ahí consignó que algo no funcionaba bien dentro de él.

Recibía psicoterapia de un psicólogo del centro de salud, de la universidad de Texas.

El 1º. De agosto de 1966, asesinó a su madre y a su esposa, subió a la torre de la universidad de Texas , en Austin, y desde ahí, en un tiroteo hacia el campus, asesinó a catorce personas más, e hirió a treinta y dos. La forma de frenarlo fue matándolo.

La autopsia reveló la presencia de un tumor cerebral muy agresivo (Glioblastoma multiforme); el que por su ubicación tuvo un papel determinante en su agresividad. El reporte de la autopsia consignó que las áreas que lesionó el tumor "pudo haber contribuido a su incapacidad de controlar sus emociones y su acciones".

En algún momento de nuestras vidas todos nos hemos sentido con mucho coraje; ¿qué nos ha detenido para no agredir o matar? Qué nos funciona en el interior para decirnos "espérate, no actúes ahora, no te muestres violento, debes calmarte; no te conviene enfurecerte, ésta no es la manera de resolver las cosas".

En la parte puramente emocional, es el Superyó introyectado, que formaron primero los padres, luego la educación y la religión. Es la conciencia moral "no matarás".

En la parte biológica es la corteza cerebral en esa área pre-frontal, y la integridad de el llamado sistema límbico. En un déficit mental, cuando existe un volumen menor cerebral, por la genética, por alimentación temprana deficiente; cuando hay carencia temprana de estímulos, en niños que en los primeros años vivieron aislados y sin contacto, o con muy escaso contacto con otros humanos; aquí es mucho más probable que posteriormente se den actitudes agresivas y violentas. (33)

Autopsias de psicóticos han mostrado que tenían un reducción de córtex pre-frontal reducido hasta un once por ciento. La violencia puede estar asociada también a otras anormalidades cerebrales, por ejemplo: un daño en las circunvoluciones del lóbulo temporal, o en el hipocampo (parte del sistema límbico) que es el área del cerebro donde se almacenan los recuerdos, y un disfunción puede facilitar el olvido, de que las reacciones violentas pueden acarrear castigos, y así predisponer a repetirlas.

Si se maltrata repetidamente a un bebé, o un niño pequeño; se lastiman fibras nerviosas que unen la parte frontal del cerebro, con las estructuras cerebrales mas profundas. Esto puede dejar un daño irremediable. Si se mira la cara del niño o la cabeza, no se aprecia nada, no hay ningún síntoma, no se pone enfermo; pero puede haberse dañado de por vida, la capacidad de procesar estímulos emocionales y de tomar decisiones sociales correctas.

Por eso el maltrato infantil, no debe repugnarnos sólo por cuestiones morales o humanitarias, sino porque un cerebro dañado es peligroso o puede ser peligroso y en un altísimo porcentaje, los verdaderos culpables de la agresividad de las personas, son los padres o adultos maltratadores.

Si se enriquece y estimula el entorno del niño, se enriquece su cerebro, lo que conduce a mejorar su inteligencia. Actualmente sabemos que un coeficiente intelectual bajo, es un importante factor del comportamiento criminal.

Si nos enfrentamos a un adulto de treinta años, que es un delincuente violento, con un funcionamiento cerebral deficiente, no hay mucho que podamos hacer ya, para cambiar a esta persona. La mejor inversión que puede hacer la sociedad para reducir la violencia en la próxima generación, es mejorar la atención a los niños pequeños, y mejorará la salud infantil, si se educa a padres, cuidadores, si mejora la nutrición familiar, y se enriquece su entorno educativo.

¿Por qué matan los asesinos?

Neurólogos de la Universidad de Georgetown, en investigaciones neuropsicológicas recientes, sobre el comportamiento violento, han concluido que las personas extremadamente violentas han sufrido la interacción de tres factores principales:

1. La experiencia de haber sido maltratados sexual o físicamente en la infancia.
2. Daño cerebral.
3. Enfermedad mental.

La mayoría de los enfermos mentales no son violentos. La mayoría de los individuos con defectos neurológicos no son violentos y la mayoría de los que han sido maltratados en la infancia no son violentos. Pero cuando estos tres factores se dan a la vez en un individuo, existe una tremenda vulnerabilidad hacia la violencia, y resulta muy difícil que esa persona pueda inhibir sus impulsos violentos. (33)

Padres drogadictos y/o alcohólicos donde hay mucha ignorancia e inmadurez, son mas proclives a maltratar a sus hijos y el maltrato, tanto puede dañar al cerebro, como también ser un elemento con el cual el niño se identifique. Hay una franca correlación entre el maltrato infantil, un coeficiente intelectual bajo y los comportamientos violentos.

Si el niño se desarrolló en un ambiente hostil, malo, negativo; al crecer, sólo tendrá dos opciones: ser víctima o ser agresor. Además de los golpes y fuertes zarandeos en el niño, existen otros maltratos sutiles, como descuidar al recién nacido, no proporcionarle consuelo cuando llora asustado, arrullándolo o meciéndolo, y esto también afecta su desarrollo por que lesiona el córtex pre-frontal.

Otro factor que daña a las neuronas, son los efectos del tabaco en los fetos. La madre al fumar, carga sus glóbulos rojos con nicotina , con bióxido y monóxido de carbono, soltando oxígeno y por lo tanto estas sustancias tóxicas, son lo que le llega al cerebro del feto. Las neuronas no son nutridas. La nicotina se une a las células del sistema nervioso y es capaz de detener el crecimiento de las neuronas e incluso destruirlas.

Como consecuencia de esto, disminuye la capacidad del cerebro para crear nuevos circuitos nerviosos, y así perjudicar la futura memoria y aprendizaje del niño. Al disminuir la cantidad de oxígeno que el embrión recibe de la madre, el cerebro sufre daños que son irreversibles.

Sumarizando.

La agresividad o la violencia, no es un comportamiento generado únicamente por razones fisiológicas, (alteraciones neurológicas o enfermedades mentales); se debe principalmente a razones sociales.

En general, la agresividad es un problema que afecta en primer lugar a los hombres. A las mujeres en su socialización, se les estimula y educa a no manifestarse; aprenden a esconder sus opiniones y sus sentimientos, por lo que son más proclives a la depresión. En la violencia o maltrato psicológico sucede lo mismo.

Maltrato Psicológico.

El maltrato físico es fácilmente detectable; al dejar marcas en las lesiones que produce. El maltrato psicológico no es visible. El maltrato psicológico se conoce como violencia psicológica y es un tema que ha ocupado mi atención, por la observación de lo abundante y frecuente que sucede en familias, parejas y pacientes que solicitan mi intervención terapéutica

En los últimos años se ha hablado muchísimo de la violencia. Se trata de sacarla a la luz y de combatirla, sin embargo resulta sorprendente el desconocimiento de éstas conductas, y el hecho de que existe muy poco escrito, por especialistas de la conducta, sobre la violencia que se ejerce en la pareja. (2)

Espero que estas ideas resulten de su interés y permitan a través del conocimiento, que ustedes puedan detectar, prevenir y evitar, en sus círculos socio-familiares el maltrato psicológico. Inicio dejando claros algunos términos que permitirán comprender mejor éste tema.

1°. **Violencia**: del latín violentia -acción de violentarse contra el natural modo de proceder.

2°. **Conflicto**: del latín conflictus, confluyere. Significa chocar, antagonismo, dificultad.

3°. **Ira:** es el impulso a cometer actos de violencia contra personas o cosas. Se define también como apetito de venganza y como repetición de actos de crueldad.

4°. **Acoso:** es perseguir sin dar tregua. Importunar, fatigar, con molestias y trabajos.

5°. **Acoso Moral:** es la posibilidad de destruir a alguien sin golpes; con técnicas de desestabilización como: insinuaciones, miradas, mentiras, humillaciones y alusiones mal intencionadas. Se le conoce también como violencia perversa. (24)

6°. **Agresión:** del latín aggressio, agredi = acometer. Significa acometer sin justificación. Es un acto contario al derecho del otro. Agresivo: es la persona o animal, propenso a ofender o provocar a los demás.

La agresión es un impulso normal, tan normal como el impulso sexual. Constituye uno de los caracteres fundamentales de todo ser vivo. En el ser humano, la agresión es positiva, cuando a dosis adecuada se expresa al servicio del individuo, por ejemplo en el trabajo y en el deporte, y se considera negativa o patológica cuando el impulso está contra la misma persona, en las adicciones, en las depresiones y en el suicidio, o cuando adopta formas perversas como en el sadismo, el acoso, y el maltrato físico y psicológico.

La multiplicidad de formas de agresión, o de manifestaciones de la agresividad es impresionante. Hay para todos los estilos y los diferentes gustos, desde las formas más exhibicionistas, a las más discretas.

La clasificación que se hizo en 1961, de la Escuela Americana de Psiquiatría es la siguiente (ver Figura 25). (21)

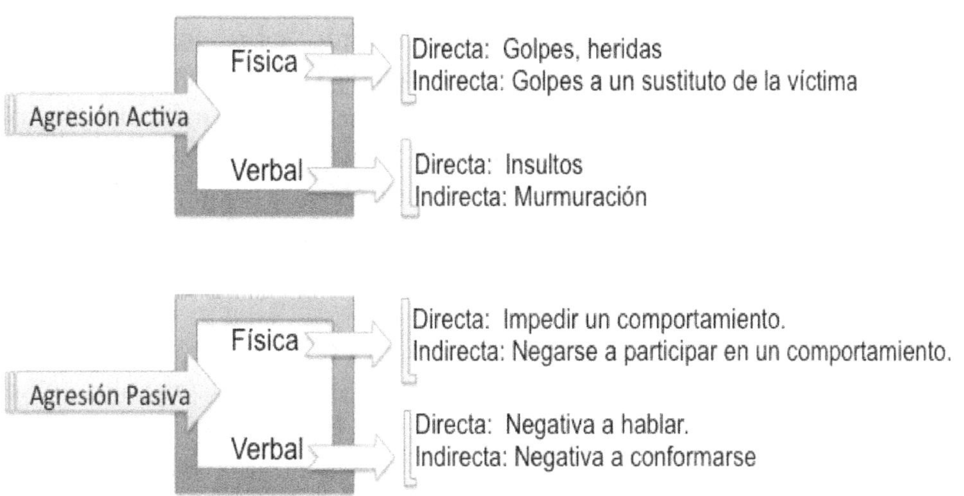

Figura 25.

A partir de los años setentas con la explosión del Feminismo, se pensó que la sociedad evolucionaría a una mayor igualdad entre hombres y mujeres, y que por lo tanto habría menos violencia. La realidad ha sido otra. Lo que si se logró fue, que se empezó a estudiar el impacto de la violencia conyugal en las mujeres. (25)

La violencia no ha desparecido, sólo que ahora se manifiesta de una forma más sutil. Se le condena en todas partes, pero sólo en su parte visible. Tras una fachada de pacifismo, incluso de religiosidad, permitimos que se perpetúen violencias graves afectando así a los más vulnerables: mujeres, niños y ancianos.

Nos cuesta mucho emocionalmente identificar a la violencia. Nos cuesta creer que suceda en familias comunes o "normales" y preferimos pensar que los hombres violentos son los alcoholizados, drogados o de clase económico-sociales bajas.

También nos cuesta creerlo, cuando la violencia la ejerce el miembro de una familia de clase alta con "sólidos valores morales", que asisten en forma puntual y regular a la iglesia, y que supuestamente se mantiene dentro de los cánones de su religión. En esos casos, preferimos poner en tela de juicio el testimonio de la víctima.

Lo mismo sucede cuando la violencia viene de alguien que se supone debe proteger o curar, como sería el caso de un abogado, un juez, un magistrado o un médico. Preferimos seguir creyendo que dos seres se encuentran, se enamoran, se aman y viven felices. En el fondo nos da miedo afrontar la violencia que puede existir en nuestro interior.

Rara vez se debate este problema de salud mental sumamente destructivo, y de las consecuencias tan graves que tiene para la salud de sus víctimas.

Los distintos países no han alcanzado un acuerdo sobre una definición que incluya la violencia psicológica, pues resulta muy difícil interpretar las respuestas por su enorme subjetividad. Una víctima puede estar destrozada, destruida psicológicamente, por lo que está viviendo y no ser capaz de formularlo.

Actualmente sabemos que toda violencia contra las mujeres es ante todo psicológica. En toda relación, incluyendo las relaciones amorosas, hay ambivalencias y agresividad que se viven como conflictos o enfrentamientos. Esto cae dentro de lo normal, pero en la violencia psicológica se impide que el otro se exprese, no hay diálogo, se le niega en su integridad. (25)

Con demasiada frecuencia sólo vemos la parte visible de la agresión, o sea la física. Pero todo empieza mucho antes de los empujones y los golpes. Al principio se presentan comportamientos abusivos, intimidaciones, pequeñas violencias que van preparando el terreno. Por eso decimos que la violencia psicológica es la antesala de la violencia física.

Es imposible establecer una distinción entre violencia física y violencia psicológica, puesto que cuando el hombre le pega a su mujer, su intención no es ponerle un ojo morado, sino demostrarle que él es quien manda, y que lo único que debe hacer ella es comportarse bien. Lo que está en juego con la violencia siempre es el dominio. (24)

En el maltrato conyugal, la violencia psicológica es la mas peligrosa, causa tanto daño como la violencia física y acarrea consecuencias graves. Existen casos en los que el agresor sin dar un solo golpe, consigue destruir al otro, como sucede en el acoso moral.

Resulta difícil distinguir la verdadera violencia. En ocasiones se denomina abuso, que se practica casi siempre con poco ruido. En un conflicto puede haber gritos, platos rotos, e incluso empujones pero existe una relación igualitaria, es decir una simetría entre los dos miembros de la pareja, lo cual no sucede cuando lo que está en juego es dominar y aplastar al otro.

La violencia psicológica es una dominación del más fuerte sobre el más débil, y claro está que la mujer es culturalmente la más débil.

La violencia psicológica puede ejercerla un hombre contra la mujer o una mujer en contra de un hombre, o cualquier persona contra su compañero o compañera, o en una pareja homosexual, pero por razones debidas a la estructura misma de la sociedad, la ejercida contra las mujeres es la más generalizada. En el noventa y ocho por ciento de los casos contabilizados, el autor es un hombre, por eso hablamos de lo que es más habitual: la violencia de un hombre contra una mujer, aunque sabemos que pueden existir situaciones inversas. En pocas palabras la violencia no es un patrimonio, exclusivo de los hombres. Las mujeres también saben recurrir a ella, y cuando lo hacen, se valen más frecuentemente de la violencia psicológica y constituye también en ellas un instrumento de dominio.

En general la sociedad prepara a los hombres para desempeñar un rol dominante y si no lo consiguen en forma natural, tienden a hacerlo por la fuerza. Además de éste factor social, existe como contraparte una debilidad psicológica, y este perfil psicológico individual, está influido por lo que sucede en la infancia temprana, y la educación.

Por ejemplo, si una niña en su entorno familiar observa un maltrato del padre a la madre, y si además ese padre y/o hermanos maltratan a la niña; ésta aprende un rol de víctima como forma de vida "normal". Infinidad de mujeres buscan salir de ese infierno familiar y encuentran la puerta de salida en el matrimonio. Sin darse cuenta, es decir inconscientemente, buscan repetir el esquema infantil y aceptan o eligen a un futuro agresor, que llene y reproduzca la figura agresora (ya sea el padre, la madre o el hermano). Conscientemente quieren y piensan que su vida cambiará y sin desearlo, logran que la historia se repita o incluso empeore. (9)

Otra situación muy frecuente es la que sucede (aunque no exista una historia previa de agresiones) cuando la mujer se enamora de un novio agresivo. Se aferra a él a pesar de que su familia lo señala como futuro problema, y le dicen que no le conviene por su carácter dominante y agresivo.

Ella enamorada no escucha, cree que él cambiará por amor, la elección la está haciendo con una alta dosis de inmadurez, y luego, tolera y calla el maltrato que le habían pronosticado; por la vergüenza que le causa, el que se lo dijeron muchas veces y que no resultó lo que ella pensó que sucedería.

En todos los casos que me ha tocado tratar, las víctimas no aprendieron a establecer los límites necesarios para ser y sentirse respetadas, y en sus historias siempre existe uno de los padres o hermano mayor muy estricto o dominante; son personalidades tímidas, pacíficas, en algunas áreas introvertidas y sobre todo vulnerables; no se percatan que la sumisión invita al abuso, como el polen a las abejas. Estas mujeres con cuadros depresivos, a la hora de encontrar explicaciones que les ayuden a entender su penosa situación, la mayoría se culpan a sí mismas. El estigma de inferioridad, de vergüenza y de impotencia, que marca a éstas mujeres, les impide revelar su sufrimiento a familiares y mucho menos denunciar a su torturadores. A su vez el agresor advierte esta fragilidad y por allí avanza. Son pocas las que tienen el coraje y la fuerza emocional para buscar ayuda, para luchar contra el agresor; y para lograr liberarse de él. Entiendo coraje no como agresión, ni como la ausencia de temor, sino considerar que algo es más importante que ese temor: La dignidad personal y la formación adecuada de los hijos.

En el perfil del agresor siempre existe una inmadurez emocional. Son inseguros y provocadores, que no logran madurar la capacidad de sentir compasión ante el sufrimiento ajeno. Frecuentemente fueron; o hijos no deseados, o maltratados y/o violados sexualmente en su infancia.

En los agresores es también bastante común encontrarnos con psicópatas, los que pueden ser miembros de una familia "bien", sin antecedentes de carencias graves. El psicópata es impulsivo, tiene un bajo control del impulso agresivo; es manipulador, si es necesario puede ser encantador y hacer escenas teatrales como llorar o mostrar sufrimiento, pero en su interior no sienten ni ansiedad, ni angustia, ni remordimiento por lo que dice o hace. El psicópata es un individuo egocéntrico, peligroso que por lo general está dispuesto a todo, sabe bien lo que hace (a diferencia del enfermo psicótico), y no distingue la crueldad ni el dolor que produce; no tiene remordimiento por que no tiene culpa, mas bien se siente víctima y justifica así su conducta. Siente que él no tiene algo mal, y visualiza todo el problema en el otro, además hay en él una carencia completa de empatía. Estos casos no tienen rehabilitación. (15)

Se entiende a la violencia psicológica, cuando una persona adopta una serie de actitudes y palabras destinadas a denigrar o negar la manera de ser de otra persona. Estas palabras o gestos tienen por objetivo herir y desestabilizar al otro.

En condiciones normales, todos podemos en momentos de ira, pronunciar palabras hirientes, despectivas, o hacer gestos fuera de lugar, pero generalmente estos momentos van seguidos de arrepentimiento y disculpas.

En cambio en la violencia psicológica no se trata de momentos aislados, sino de una forma reiterada de relacionarse. Es considerar a la pareja como un objeto, y estos modos de proceder están destinados a someterle, a controlarle y a mantener el poder.

La violencia psicológica, es un maltrato muy sutil, miradas despectivas, palabras humillantes, y tono amenazador. Sin asestar ni un solo golpe, se crea una tensión, se le aterra para demostrar el poder que se tiene. El agresor disfruta dominar a la víctima, con una simple mirada, o un cambio de tono de voz. (24)

Como señalé anteriormente, la dificultad para detectar la violencia psicológica radica en que el límite es impreciso. Es algo subjetivo, un mismo acto puede adoptar significados distintos según el contexto donde se inscribe, y un mismo comportamiento puede ser percibido como abusivo por unos y no por otros.

Los especialistas no disponemos de una definición consensuada de la violencia psicológica ya que éste tipo de violencia no se ha reconocido hasta hace poco tiempo.

Es fácil evaluar los aspectos físicos de la violencia: ahí está la lesión. Pone o no en riesgo la vida de la víctima, dura más de quince días en curar, o se resuelve en menos tiempo la lesión. Es en un lugar visible como la cara, o no. Pero resulta mucho más difícil medir lo que siente una víctima de violencia psicológica.

¿Qué dice la ley respecto al maltrato y la violencia psicológica?

La normativa 190, de la Secretaría de salubridad y asistencia, en los criterios que estableció en 1999, para la atención médica de la violencia familiar dice:

Maltrato psicológico: es la acción u omisión, que provoca en quien lo recibe, alteraciones psicológicas o trastornos psiquiátricos.

Lo mismo establece el artículo 2º, fracción XII inciso "E" de la ley de prevención y atención integral de la violencia familiar en el estado de Nuevo León.

El artículo 6 de la ley general de acceso de las mujeres a una vida libre de la violencia establece: "La violencia psicológica es cualquier acto u omisión que dañe la estabilidad psicológica, y que puede consistir en: negligencia, abandono, descuido reiterado, celotipia, insultos humillantes, devaluación, marginación, desamor, indiferencia, infidelidad, comparaciones destructivas, rechazo, restricciones a la autodeterminación y amenaza; las cuales lleven a la víctima a la depresión, al aislamiento, a la devaluación de su autoestima e incluso al suicidio".

Dificultades para que la ley se aplique:

En general la mujer desconoce la agresión psicológica como una forma de maltrato y de comunicación patológica que le resultará dañina a su salud.

Se acostumbra a las injusticias de la pareja y llega a percibir sus atropellos como normales "así debe ser" o justifica el maltrato de su esposo afirmando "él es sí, es su manera de ser", " tiene mal carácter".

Ni el ministerio público, ni el juez están enterados y/o sensibilizados sobre la violencia psicológica, a pesar que está en la ley. Y les es más fácil pensar que la mujer exagera.

Si una mujer se atreve, a poner ante el ministerio público una demanda de agresión psicológica, éste tiene setenta y dos horas para turnar o no, el caso al juez.

En ese corto espacio de tiempo, el ministerio público envía a la mujer con un psicólogo de la Procuraduría de justicia, para que valore y dictamine (en una entrevista) si hay o no motivos suficientes para fundamentar la demanda.

Como la agresión psicológica no se ve, se considera que la mujer exagera y se minimiza su queja. Además el perito está lleno de trabajo, y para poder precisar la violencia psicológica, se requieren varias entrevistas y amplio conocimiento. Por lo tanto, la gran mayoría de las pocas demandas que se presentan de violencia psicológica no prosperan, y a la víctima le va peor con el agresor, por haberse atrevido a intentar descubrir su conducta violenta.

No existe actualmente indicadores medibles de la violencia psicológica, por ejemplo: cuanto insomnio, cefaleas, alopecia, pérdida o aumento de peso, cuanta tristeza o depresión. Además el juez necesita visualizar un puente entre los actos agresivos y sus efectos; para poder aplicar la ley existente.

Por último ¿ Cómo comprobar un daño psicológico, si no contamos con la valoración previa de cuando la víctima no había sido maltratada?

Como asesor de el Instituto Estatal de las mujeres del Estado de Nuevo León, presenté en enero del 2007, el proyecto: "El maltrato Psicológico a la mujer". Formamos un comité de expertos, al que asistimos cada semana durante un año, médicos, psicólogos, psicoterapeutas, una juez y una magistrada, y nos constituimos en un grupo de estudios, para poder precisar los conceptos de la violencia psicológica y facilitar al Poder Judicial la aplicación de la ley.

Estos conceptos pasaron al personal jurídico y también al público en general, y se continuó con los objetivos establecidos que fueron:

- Iniciar, promover y apoyar a grupos de autoayuda de mujeres maltratadas.
- Establecer y mantener comunicación permanente con asociaciones de América Latina, México D.F. Y España, que funcionan en la atención a las víctimas de violencia psicológica.
- Vincular el comité de expertos en violencia psicológica, con la coordinación de Salud Mental de la Secretaría de Salud del Estado de Nuevo León.
- Lograr que se acepte la agresión verbal, como una forma de violencia, y que se reconozca el sufrimiento que generan las conductas humillantes. Es decir romper la resistencia de aceptar la violencia psicológica.
- Educar para la salud, ya que es evidente que existe un problema cultural de negación del problema, y desconocimiento del mismo.
- Elaborar manuales que contengan investigación y peritajes para lograr que los jueces visualicen con claridad, y establezcan puentes entre los actos de violencia psicológica y sus efectos en las víctimas.
- Elaborar formularios de peritaje.
- Establecer la normatividad para que todos los peritajes emitidos por médicos, psicólogos, psiquiatras y psicoanalistas, determinen con toda claridad la violencia psicológica.

Centrando nuevamente la atención en la violencia psicológica, Freud observó que la civilización había dado un paso decisivo en su evolución, el día que el hombre sustituyó la lanza por el insulto.

Los insultos de los hombres a las mujeres son muy estereotipados, la mayoría de las veces son de carácter sexual. Rara vez se hace en público. La mayoría de los ataques verbales son en privado, por que los agresores intentan mantener una buena imagen de sí mismos. Cuando se hacen en público, adoptan una forma irónica para ganar la aprobación de los testigos. Si acaso la mujer protesta, le dice que carece de sentido del humor, que es muy susceptible, o que todo lo toma a mal; haciendo que ella llegue a dudar de la realidad de la agresión.

Los primeros insultos son sutiles y difíciles de detectar; van aumentando gradualmente hasta que la mujer los considera "normales".

Los especialistas en la atención a víctimas, coinciden en describir que la violencia psicológica se articula en torno a varios ejes de comportamiento, actitudes que en su inicio son difíciles de detectar. (25)

Y son los siguientes:

1. **El control:** es una especie de posesión; y consiste en vigilar a la pareja de un modo malévolo con el fin de dominarle y mandarle. Se quiere controlar todo para imponer el modo de hacer las cosas. Se intenta controlar los gastos, las relaciones sociales y familiares; las horas de las comidas. En algunos casos consiste en impedir que la mujer curse estudios o progrese profesionalmente.

En un caso de pareja que atendí; el marido tenía el control a través de intervenir los teléfonos y conocer todo el contenido de lo que la esposa hablaba con su familia, sus amistades y terapeuta. Utilizó además un aditamento de control satelital en su automóvil, para saber en donde estaba. Otra variable de su enfermiza conducta fue utilizar los servicio de sacerdotes, los que gracias a abultadas limosnas, obsequios de automóvil del año, viajes a Europa y costosos regalos, aconsejaban a la víctima que rezara más, y que fuese tolerante y prudente con el marido y con abnegación, cargara la cruz que Dios le había enviado.

2. **El aislamiento:** para poder perpetuar la violencia, el agresor va aislando progresivamente a la mujer de su familia, de su amistades, idealmente que no trabaje, y que no tenga vida social. Al aislarla, el hombre procura que su vida se centre únicamente en él; y busca que no sea denunciado para que no escape de su control.

Con frecuencia las mujeres afirman sentirse prisioneras y puede suceder que sea ella misma la que se aísle, para lograr mas tranquilidad y disminuir la presión que ejerce su marido. El hombre acosador, mediante insinuaciones o mentiras, logra poner a la mujer en contra de sus familiares y allegados. En pocas palabras, el asilamiento es, al mismo tiempo causa y consecuencia del maltrato.

3. **Los celos patológicos:** el control puede expresarse en un comportamiento celoso, sospechas constantes, atribuirle intenciones sin fundamento, y exigencias de una presencia continua y exclusiva.

4. **El acoso:** repitiendo el mensaje hasta la saciedad, se puede conseguir saturar las capacidades críticas y el juicio de alguien, y se puede lograr que acepte cualquier cosa. En las discusiones interminables, para conseguir confesiones mediante la extorsión, se logra que la persona acosada, por el agotamiento termine cediendo, y diciendo lo que él quiere que diga. Otra estrategia consiste en vigilar a la persona, seguirla en la calle y/o esperarla a la salida del trabajo.

5. **La denigración:** se trata de atacar la autoestima de la persona, demostrarle que no vale nada, que no tiene ningún valor. Aquí la violencia se expresa en forma de actitudes desdeñosas y palabras hirientes, frases despectivas, y observaciones desagradables. Denigrar lo que hace, expresar dudas sobre su salud mental, acusarla de depresiva o loca, anticipando así lo que desea inducir en ella. También denigrando sus capacidades intelectuales: "¿ Y tú que sabes de eso?". Criticando su físico; induciendo a la pérdida de confianza en sí misma. Atacar la capacidad de la mujer de educar bien a los hijos, resulta muy eficaz en la violencia psicológica porque la induce a creer que , si los hijos tienen un carácter difícil, o no van bien en el colegio, es por culpa suya.

Un hombre con conflictiva de homosexualidad oculta, retiraba a su esposa y evitaba su cercanía diciéndole: "Quítate, hueles mal". La denigraba burlándose de su pronunciación cuando ella hablaba inglés y devaluaba su trabajo: "Lo que tú haces, cualquiera lo hace". Le decía que estaba loca, y a la vez se oponía que fuera a psicoterapia y se molestaba porque tomaba medicación antidepresiva que era indispensable, y por la conducta impulsiva del hijo, a quien el colegio le indicó fuera a tratamiento. El se oponía diciéndole al hijo que los psiquiatras eran la representación del diablo, y que su mamá se estaba gastando su herencia en doctores.

6. **Las humillaciones:** humillar, rebajar, ridiculizar, es propio de la violencia psicológica. No se respeta a la pareja por que es principalmente un depositario de la rabia que el agresor lleva dentro. Las humillaciones propician un sentimiento de vergüenza y duda, y al hacerlo sistemáticamente, puede producirse un desmoronamiento interior, y cuadros depresivos severos.

7. **Actos de intimidación:** manifestar el mal humor con portazos, romper objetos, gritos y malas palabras, constituyen actos de intimidación, es una violencia indirecta donde el mensaje es "mira mi fuerza, mira lo que puedo hacerte". El objetivo de estos comportamientos es suscitar miedo en la pareja. El hombre violento juega a atemorizar a su compañera, mediante agresiones indirectas, como maltrato al hijo, a la mascota o a otras personas.

8. **La indiferencia ante las demandas afectivas:** mostrarse insensible, rechazante y desatento ante la compañera, es hacer alarde de rechazo y desprecio. Es ignorar sus necesidades, sus sentimientos y crear a propósito una situación de carencia y frustración para mantenerla sumida en la inseguridad. Es no querer hablar de intimidades, es no salir en pareja, no acompañarla, o estar varios días seguidos molesto sin saber por qué.

9. **Las amenazas:** la violencia psicológica se presenta también con amenazas, para mantener el poder sobre la compañera. Amenazar con quitarle al hijo si se separan, quitarle el dinero, sugerir represalias a los allegados, amenazar con golpearle o con suicidarse. El chantaje con el suicidio es una violencia muy grave, ya que propicia que la pareja cargue con la responsabilidad de la violencia.

Las mujeres no experimentan forzosamente todas las formas de violencia que acabo de describir, pero es importante saber que todas están vinculadas, y que el agresor puede pasar de una a otra, justificándose por el comportamiento tan inapropiado de su compañera. La violencia psicológica es negada siempre por el agresor, cuando se ha confrontado en mi consultorio, el agresor asegura que la mujer miente. Otras veces oculta su violencia detrás de una aparente benevolencia "Te digo esto, porque te quiero".

Un paciente, perteneciente a una familia acomodada de clase alta-alta, acosaba a su esposa con los costos del teléfono, los gastos de la despensa, y se molestaba muchísimo porque compraba agua embotellada para beber, pudiendo tomar del grifo. Su actitud era, en una palabra, miserable. Sin embargo trataba de ocultar su violencia, haciendo regalos a familiares de ella, y procuraba que las familias de ambos se enteraran de alguna joya que le obsequiaba; ya que les preguntaba si estaría bien ese regalo. Procuraba que trajera automóvil del año, y cuando ella no aceptó el cambio de auto y le dijo que mejor no gastara, que prefería le tratara bien, él se encolerizo ya que de esta forma no se vería "su bondad".

Los testigos, familiares, también niegan la violencia y creen que la mujer exagera, por que no ven ni viven con el agresor, quien además procura ser amable y afectuoso con ellos.

Todo esto siembra grandes dudas en la víctima, sobre sus sentimientos, y sobre la realidad, viviendo en una constante confusión y depresión que requiere psicoterapia, apoyo y frecuentemente psicofármacos.

Finalizo estas ideas con la siguiente reflexión:

Los institutos estatales de las mujeres y los especialistas de la conducta interesados en la ayuda a víctimas del maltrato psicológico, debemos continuar trabajando con jueces y magistrados como ya se señaló anteriormente, y a la par unir esfuerzos con grupos interesados, para la culturización y toma de conciencia general de la violencia psicológica.

Pero resulta fundamental que las mujeres aprendan a detectar los primeros signos de violencia y los denuncien, los comuniquen a sus familiares, no necesariamente para iniciar un proceso judicial, sino para encontrar en ellas mismas, la fuerza que les permita salir de una situación abusiva.

Comprender por que se tolera un comportamiento intolerante, también implica comprender como se puede salir de él. Gracias a una comprensión precisa de los mecanismos de violencia que sufren las mujeres, se desembarazarán de el dominio que les paraliza.

Los jueces y magistrados, podrán aplicar correctamente la ley, y toda nuestra sociedad podrá implantar medidas preventivas adecuadas, para lograr un mejor nivel de salud mental en ésta generación y en las venideras

Los Psicópatas.

Los psicópatas son los seres humanos más peligrosos, son los depredadores de la especie. Son manipuladores, y generalmente son considerados astutos e ingeniosos; ya que fácilmente pueden engañar a otros. Siguen un camino hacia la destrucción, con o sin conciencia de ello.

Los psicópatas carecen de empatía, (son incapaces de ponerse en el lugar de los demás); y no tienen remordimientos. Pueden imaginar que piensa otra persona, pero no comprenden como se siente. Se relacionan socialmente, pero ven y tratan a las personas como objetos; que pueden utilizar para solucionar sus necesidades. (16)

Además de la falta de empatía otros rasgos característicos de este trastorno de la personalidad son: un encanto superficial, y un egoísmo desmedido.

Estos individuos no evolucionan siempre a conductas violentas. La gran mayoría se desarrollan, estudian, trabajan, asisten a templos, y manifiestan su psicopatía mediante la manipulación y el engaño de quienes están a su lado. Fácilmente fingen que tienen emociones, y que comprenden a los demás, para diseñar las estrategias que les lleven a lograr sus objetivos; sean sexuales, económicos o de poder. (22)

El psicópata puede estar integrado en la sociedad. Controla su agresividad y puede no evolucionar a matar; pero sí puede causar mucho daño. Difícilmente es detectado como psicópata, ya que es capaz de ocultarse. En este rubro entran personas que cometen delitos ocultos como son, muchos políticos, maltratadores, pederastas, sacerdotes violadores, personas "muy piadosas" con una doble moral; profesionistas, directivos de empresas, etc. etc.

El psicópata no integrado, tiene un grado muy elevado de agresividad; una gran necesidad de dominio, para sustituir su vacío emocional. Finalmente acaba en la cárcel, después de haber cometido distintos crímenes. En este grupo entran asesinos en serie, y personas que causan graves daños, por haber logrado escalar a puestos importantes en el mundo de la política, de las finanzas, del ejército, de la policía, y por supuesto de las mafias.

Estén o no integrados, los psicópatas causan muchísimo daño a las personas con las que conviven. Un enfermo mental grave (psicótico) sufre él y afecta a su familia y amigos. El psicópata no sufre, ya que no siente ninguna angustia personal; él no tiene un problema, lo tienen quienes conviven con él. Su conducta afectará a muchísimas personas, su impacto social no se puede delimitar. (23)

¿Cómo se llega a ser un psicópata?

Asombra saber, que estas personas pueden haber nacido con una familia normal, en un ambiente social estable, sin problemas raciales, ni económicos. Pueden evolucionar a malas conductas, sin motivos aparentes, sin que existan condicionantes externos. Por supuesto que es mas fácil que se presente este perfil psicológico si hay un padre o un familiar psicópata, con el cual se identifique.

El psicópata tiene desde niño, características personales muy concretas, como son la falta de ansiedad, o la falta de miedo; la tendencia a ser impulsivo, y el gusto por lo fácil. No pueden ser formados, del mismo modo que los niños normales.

Los factores de riesgo, que pueden llevar a una evolución agresiva, conflictiva y psicopática en la personalidad son:

1. Parto problemático, prolongado, con falta de oxígeno al cerebro del bebé.
2. Maltrato infantil. Esto genera más cortisona en la sangre y esta sustancia lesiona las neuronas. Si el maltrato es en los cinco primeros años, posteriormente al ser mayor, tendrá mas dificultad para controlar sus impulsos.
3. Padres débiles, ausentes, ambivalentes, que no forman un superyó razonable, que ayude en el control de impulsos, facilitan la estructura mental del psicópata.
4. El déficit de atención, y la hiperactividad son indicadores de riesgo. Niños muy inquietos y ansiosos; que les cuesta mucho concentrarse, que se están moviendo continuamente, que roban objetos de los demás, que mienten, que tocan constantemente las cosas en su salón de clases, y/o que fracasan en su rendimientos escolar.
5. Es muy importante como se maneja en la escuela a niños que disfrutan agredir y burlarse de otros niños más débiles (bullying) y niños también inmaduros, que padecen el bullying.
6. Los padres psicópatas que estimulan al hijo para que sea igual a él, y el hijo por temor y por identificación se hace como él.
7. La sociedad competitiva facilita la psicopatía. Si en la familia y en la escuela, se enseñan valores humanos, a ser solidario, a ser persona, se podrá prevenir la psicopatía.

¿Qué se puede hacer con un psicópata?

La psicopatía tiene dos componentes: Uno relacionado con sus emociones, con su falta de conciencia, con su insensibilidad emocional. Es decir con su personalidad ya gravada en su desarrollo temprano.

El otro componente es el de su conducta. Con el primer componente de su personalidad básica, no se puede hacer casi nada. En el tratamiento de neurosis de angustia, neurosis depresivas, fobias, obsesiones, etc. si se puede modificar las grabaciones básicas por otras formas mejores, mas adaptativas , y que desaparezcan los sufrimientos. Pero con el psicópata no se le puede instalar una conciencia moral, remordimiento por sus actos, o hacerlo sentir emociones humanas básicas.

Se puede hacer algo con el segundo componente, el conductual. Podemos ayudarlo a que controle su impulsividad, y podemos utilizar su pensamiento egoísta y vanidoso. A través de la terapia puede llegar a comprender, que le va mejor si no comete delitos. Que sale mas favorecido si no es impulsivo y/o violento. Que su vida irá mejor si modifica su conducta. Pero no podemos conseguir que tenga interés por los demás, ni que llegue a tener compasión.

Lo único que podemos hacer con el psicópata es hacerle ver su conducta egoísta e insensible; podemos señalar la existencia del problema a su familia, y a su entorno. Al psicópata no le importa considerar a los demás como seres humanos. Para él son sólo medios para lograr sus objetivos.

Reflexión final sobre la conducta delictiva.

En 1990 el crimen en los Estados Unidos iba a la alza en forma impresionante. Muertes por arma de fuego, asaltos, robos de autos, atracos, violaciones. Según los expertos todo iba a peor. Llamaron "Superdepredadores a los adolescentes agresivos, con una pistola en la mano y crueldad en el corazón".

En 1995 el criminólogo James Alan Fox, redactó un informe al Departamento de Estado. En ese documento describió dos escenarios: un optimista y otro pesimista. En el polo optimista la tasa de homicidios, perpetrados por adolescentes se incrementaría un 15%, en la década siguiente. En el escenario pesimista, el incremento sería de más del doble, es decir arriba del 30%. El entonces presidente Bill Clinton compartía ese nefasto panorama.

En contra de todos los pronósticos la criminalidad empezó a descender cada año, y en todo el país Norteamericano no subió; bajo más del 50% en los siguientes cinco años; por lo que en el año 2000 se registró la cifra más baja en los últimos treinta y cinco años (menos robos de autos, menos agresiones, menos homicidios).

En la ciudad de Nueva York, en 1990 hubo 2,245 asesinatos. En el año 2003, hubo 59 y esta ciudad que ocupaba el tercer lugar en criminalidad, pasó a ocupar el lugar cincuenta y seis.

¿Qué explicación encontraron los expertos? Después de asimilar su asombro, y estudiar las raíces del cambio concluyeron que este fenómeno tan contrario a sus predicciones, se debió a: primero a las economías emergentes de los años noventas, segundo, la proliferación de leyes para el control de armas y tercero el manejo policíaco del alcalde Guliani de tolerancia cero.

Nadie cuestionó ésta explicación. Ni otros expertos, ni periodistas, ni la opinión pública. Steven Levit Y Stephen Dubner, en su libro "Freakonomics"; describen el lado oculto de lo que en realidad pasó. (30)

Como ya expliqué, no todos los niños nacen iguales, ni los gemelos idénticos, y cuando se presentan interferencias en el desarrollo y el entorno familiar es adverso, el niño va sumando puntos negativos y se hace más propenso a la delincuencia.

Familias desintegradas, violencia intrafamiliar, pobreza, marginación, madres solteras, madres adolescentes, madres adictas, madres violadas, carencia de valores éticos y morales, son ejemplo de modelos adversos para lograr una estructura emocional estable y madura. Y los hijos que surjan tendrán más altas posibilidades de evolucionar a delincuentes.

La despenalización del aborto en Estados Unidos en 1970-1973, permitió que muchos niños delincuentes potenciales, no nacieran. El efecto aunque lejano, fue drástico, y veinte años más tarde; cuando estos niños que no nacieron, habrían alcanzado la edad de convertirse en delincuentes y adictos; el índice de criminalidad bajó en picada.

No fue el control de armas, no fue el crecimiento económico, no fueron las nuevas estrategias policiales de "tolerancia cero'. Lo que disminuyó el crimen fue el hecho de que la fuente de criminales potenciales se redujo drásticamente, y este hecho no fue contemplado ni citado por los expertos; por la sencilla razón de que la despenalización del aborto no fue como medida preventiva, contra el crimen.

Reflexión Final.

La violencia aparece, cuando la razón falla. La raíz emocional de la violencia y el maltrato es el miedo. Por temor a que le lastimen, el ser humano se violenta como defensa. Las personas que no tienen problema con aceptar sus partes débiles o frágiles, y no tienen que taparlas, ni tienen temor, no son violentas.

VACUNA 7.
CONDUCTAS ADICTIVAS

"Las drogas son una pérdida de tiempo.
Ellas destruyen tu memoria, respeto y autoestima".
Kurt Cobain

En 1978, durante mi estancia en México D.F., fui invitado por mi amigo y compañero de generación, el Dr. Pablo Cuevas Corona; quien entonces dirigía los Centros de Integración Juvenil, A.C. para que me hiciera cargo del departamento de prevención. Los Centros de Integración Juvenil era una institución de servicio social, no lucrativa, dirigida a la prevención y tratamiento de la farmacodependencia, y a los problemas ocasionados por ésta. Eran 37 centros; 10 en el área metropolitana del D. F., y 27 distribuidos en el interior de la República. Se habían fundado en 1970.

Acepté con gusto la invitación. En este tiempo ya era yo un convencido de la trascendencia de la prevención, y ésta área ocupaba el 65% de prioridad de todos los programas de los Centros. La labor de mi área, era de información y capacitación de personas, en el tema de la farmacodependencia; considerando que si la gente conocía el problema, podrían enfrentarlo y/o prevenirlo.

Los conceptos estudiados entonces, continúan vigentes hoy en día. Comparto con ustedes mi aprendizaje en los Centros de Integración Juvenil y lo que he ido agregando con mi experiencia laboral.

Panorama general de las drogas

Las drogas están en nuestro alrededor. Algunas como el tabaco, el alcohol, y el café son aceptadas y generalmente se les ve como substancias benéficas. Estas substancias se usan diariamente y algunas personas abusan de ellas; sin pensar en el efecto, que tal abuso puede tener en ellos mismos, y en sus hijos adolescentes y niños; los que como bien sabemos aprenden lo que viven.

Utilizamos una amplia variedad de substancias estimulantes como son la cafeína y la nicotina; y otras que tienen el efecto opuesto, como son los tranquilizantes, píldoras para dormir, y alcohol. Muchas drogas se pueden comprar en la farmacia, para aliviar casi todo tipo de malestar, real o imaginario.

Cuando se utilizan correctamente, la mayoría de las substancias (drogas) pueden ser beneficiosas. Desafortunadamente, cada día es mayor el número de personas que hacen mal uso de ellas, al tomarlas por razones equivocadas, o haciendo combinaciones que pueden crear interacciones peligrosas.

Existen drogas que tienen aceptación social, como son el alcohol y el café. Otras drogas tienen una aceptación marginal como la marihuana y el hachís; que aunque ilegales van siendo usadas por un creciente número de personas. Existen lugares donde se permite utilizar la marihuana con fines médicos.

Los efectos a largo plazo de las drogas, continúan investigándose, pero sabemos ya, que de ninguna forma son inofensivas. Como sucede con todas las drogas (y con todo lo que entra en el organismo, incluyendo el agua) la dosis hace al veneno. Dosis mínimas pueden ser inocuas, pero cuando la gente las usa, y luego las necesita existe le peligro del abuso, y de los efectos adversos que acompañan al mismo, ya sean físicos o emocionales. El camino más inteligente a seguir, es le evitar el uso de drogas ilícitas, y de cuidar de no caer en el abuso de las lícitas.

Las personas que utilizan drogas, se tornan reservadas y se aíslan de su ambiente normal, se ven en la necesidad de mentir para cubrir sus acciones, y algunas veces tienen que recurrir al robo u otras conductas inadecuadas, para obtener dinero y así comprar drogas ilegalmente.

Existen otras drogas que además de ilegales son altamente peligrosas, como la heroína y LSD, que cuando se usan por si solas, o en conjunto con otras substancias, pueden tener serios efectos sobre las personas que hacen uso de ellas.

Todas las drogas legales, recetadas ó compradas sin receta en la farmacia; están al alcance de todos, adultos, adolescentes, niños, con relativa facilidad. La amplia disponibilidad de substancias adictivas es en sí un problema.

Usted lector ó lectora, y yo, no podemos acabar con el mercado negro de las drogas, pero si podemos ayudar a prevenir el que el mundo de estas substancias, envuelva a personas allegadas a nosotros. Los podemos lograr si entendemos el problema y conocemos su solución. Si es posible atacarlo de raíz, con una adecuada prevención.

La Organización Mundial de la Salud, estableció el término técnico de farmacodependencia, para englobar en él, a toda adicción a substancias. Fuesen fuertes o suaves, legales ó prohibidas, pueden ser compuestos naturales ó substancias sintéticas, ingeridas, inhaladas o inyectadas; que llegan al ser humano en presentación de tabletas, de líquidos, de polvos o de gases. La misma O.M.S. recomienda para evitar confusiones, ya no utilizarán términos como toxicomanías, drogadicción, malos hábitos, o vicios. (5)

La farmacodependencia constituye un fenómeno sumamente complejo, donde intervienen muchos factores: individuales, familiares y sociales. Está determinada por tres unidades que son:

a) La substancia tóxica (o droga), y sus efectos.

b) El individuo que se hace dependiente, con todas sus características físicas y emocionales.

c) El medio ambiente, es decir, la familia y el grupo social donde se produce la farmacodependencia.

Este problema de salud pública, no respeta raza, ni sexo, ni edades, ni clase social. Afecta a pobres y a ricos, a jóvenes y a adultos. Pero es en general en los jóvenes donde se inicia, y donde adquiere su carácter más dramático.

¿Por qué se utilizan tóxicos?

Los motivos para consumir tóxicos son múltiples y muy variados. En primer lugar está que el joven se haya identificado de niño con sus padres; usuarios del alcohol en sus reuniones; o en el uso cotidiano de pastillas para el no dolor, para dormir, para despertar, para no sentir hambre y bajar de peso, para solucionar la angustia, para la depresión, etc. (lo externo se hace interno).

También puede ser una forma como el joven se siente, y es aceptado por un grupo. Ser una forma de experimentar nuevas sensaciones, de rebelarse, de estimularse para poder preparar exámenes; o simplemente por curiosidad y combatir el ocio.

Respecto a la rebeldía del adolescente, como causa de utilizar tóxicos; en los años 70s del siglo pasado, se hizo un estudio muy serio en el Instituto de Investigación de Adicciones en Gran Bretaña. Se dio seguimiento a un grupo poblacional en el que los padres de familia eran consumidores fuertes de alcohol. En una alto porcentaje de estas familias, los hijos adolescentes se iniciaron en el consumo de marihuana. Se pidió a los padres que suspendieran el uso de alcohol, que utilizaran la marihuana; y que sus hijos se enteraran. El 90% de los adolescentes dejaron la marihuana y usaron y abusaron del alcohol. La conclusión de esta investigación fue muy clara y contundente. Los hijos estaban identificados con la conducta adictiva de los padres; pero en franca rebeldía, prefirieron utilizar un tóxico diferente a ellos.

Otro factor importante en el uso de tóxicos, tanto en jóvenes, como en adultos, es el mal manejo del impulso agresivo. Si el lector revisó el primer capítulo, recordará la metáfora de una olla de presión (ver Figura 13 del capítulo 1). Si la agresión del individuo, no pudo ser derivada en contra del agresor, ni se pudo desplazar, ni sublimar, la agresión se vuelca contra él mismo. Las conductas adictivas (todas) tienen en su multi-determinación, un buen porcentaje de agresión contra sí mismo.

Además de la identificación con el adulto, la aceptación de un grupo, la rebeldía adolescente, y un manejo autodestructivo de la agresión; otros factores emocionales que influyen en el origen de la farmacodependencia están:

- Emociones displacenteras como son: la ansiedad, la soledad, y la depresión, es decir para sentirse mejor y más felices.

- La gran impulsividad en la mente adolescente, donde no se prevén las consecuencias de los actos.
- Problemas sexuales. Dudas que generan ansiedad.
- Inmadurez. Para satisfacer una curiosidad de frustración o de aburrimiento.
- Sentimientos de culpa.
- Para olvidar situaciones traumáticas muy molestas que se vivieron (abusos).

En los factores sociales, están:

- La desintegración familiar. Padres ausentes o distantes.
- La marginación.
- El desempleo y sub-empleo.
- La falta de ocupación (los "ninis", que ni estudian, ni trabajan).
- El hacinamiento, la carencia de una vivienda adecuada.
- El hambre.
- La falta de alternativas en la vida.
- La pérdida o ausencia de valores morales.
- El bombardeo de estímulos televisivos, con anuncios sobre substancias tóxicas.
- Exceso de satisfactores materiales (no sólo las carencias son predisponentes al uso de tóxicos). (5)

Precisión de términos.

Las definiciones que estableció la Organización Mundial de la Salud, y que aceptan en todos los países que pertenecen a esta organización son las siguientes: (6)

Droga o fármaco: es toda substancia que , introducida en el organismo vivo, puede modificar una o mas de sus funciones. En otras palabras, es una substancia ajena al organismo, que al entrar en él, altera sus funciones normales.

Farmacodependencia: es el estado psíquico y a veces físico, causado por la interacción entre un organismo vivo y un fármaco; caracterizado por modificaciones en el comportamiento, y el impulso irreprimible de continuar tomando el fármaco en forma continua o periódica; con el fin de sentir sus efectos, y para evitar el malestar que se presenta por la privación.

En palabras menos técnicas podemos precisar, que el efecto de algunas substancias, alteran la conducta normal del individuo.

Las drogas o fármacos se toman por dos motivos: el primero, para experimentar sus efectos sobre la mente, el segundo, para evitar las molestias (a veces muy graves), producidas por el hecho de dejar de tomarlo.

El síndrome de abstinencia, es el conjunto de trastornos, que suceden dentro del individuo, (en su fisiología o funcionamiento), y que se producen al suspender bruscamente el tóxico, cuando ya se ha establecido la dependencia física o adicción. Este síndrome de abstinencia, es diferente para cada substancia, pero en general es un estado tan displacentero, que "obliga" a continuar con el uso del tóxico. Si bien hay individuos que sufren por estar intoxicándose, y que genuinamente desean dejar de hacerlo; no pueden, por sentirse demasiado mal al no llegarles la substancia a la que son adictos.

Para llegar a la farmacodependencia, se pasa por dos etapas previas: (21)

1. Se establece una **habituación**: aquí el individuo se habitúa al uso de una droga sin haber desarrollado una dependencia física. En esta primera fase el sujeto, siente una necesidad, y hay una dependencia puramente emocional (dependencia psíquica). Desde aquí se inicia el peligro porque ya se dio el primer paso a la adicción. Aquí no se producen trastornos fisiológicos, si se suspende bruscamente la droga, pero el individuo siente una gran necesidad de tomarla, ese deseo o necesidad que no se puede reprimir, facilita el consumo compulsivo.
2. A continuación se establece un fenómeno que conocemos como **tolerancia**. Tolerancia, es la adaptación del organismo a los efectos de la droga. Esto le lleva a la necesidad de aumentar la dosis para seguir obteniendo resultados de igual magnitud. Es decir que si una persona utiliza una droga y ya se produjo una tolerancia a ella, tiene que tomar cada vez mayor cantidad para poder conseguir sentir el mismo efecto.
3. Después de recorrer estas dos etapas de habituación y tolerancia, se pasa al tercer nivel que es la **dependencia**. En la dependencia física se llegó a la adicción. La dependencia se manifiesta por los trastornos fisiológicos (que pueden ser más o menos intensos según la substancia de que se trate), que se presentan cuando se suspende bruscamente la droga. Lo que sucede es que se llegó a un estado de adaptación biológica. El organismo de ha acostumbrado a la droga, y la necesita para vivir.

Ejemplos muy comunes:

Una persona pasa por una etapa de estrés y empieza a sufrir insomnio, otra persona cercana, le recomienda una tableta calmante, para que pueda dormir; y le regala algunas (por lo general se utiliza variables de una sal conocida como benzodiacepina, y que todas son derivadas del Valium).

La persona se clama, y duerme muy bien. Rápidamente se habitúa a su uso y siente que si no la toma no dormirá. Pide a su médico una receta para continuar utilizando ese calmante.

Su médico no se opone, por considerar que es una dosis muy baja la que está solicitando su paciente (digamos 0.25 mg).

Además está de acuerdo que por su estrés la necesita. La persona empieza a sentir que si no la toma no duerme. Posteriormente (dependiendo de muchos factores) resulta que a pesar de que la toma no duerme ó casi no duerme. Pero se toma dos tabletas (0.50mgs) y si duerme.

Aquí sucedió ya la tolerancia. Su organismo se adaptó a los 0.25 mg. Y le "pidió" aumentara la dosis para obtener el mismo resultado.

Posteriormente necesita 0.75, y solicita a su médico, o a otro médico, o le pide a quien le recomendó la tableta, le consiga la de 1mg. El argumento por lo general es para tomar sólo la mitad (0.50) y así le salga más económica. El hecho es que sin percatarse evolucionó a una adicción. Aquí ya esta abusando, es decir consumiendo el calmante en forma excesiva. Si hay ansiedad en el día, también lo utiliza, y sin vigilancia especializada puede ingerir cantidades excesivas, (8 ó 10 veces de lo que inició) con un alto riesgo para su salud, y su vida.

Otro ejemplo muy común es lo que pasa con el uso del alcohol.

Cuando el ser humano ingiere unos tragos por primera vez, (generalmente en la adolescencia), con una bebida se siente más desinhibido y seguro. Pero también con una escasa cantidad se marea, y si continúa tomando muy probablemente se sienta tan mal que tenga que vomitar. Al día siguiente le dolerá la cabeza y tendrá un malestar general.

En fiestas subsiguientes, ya no se marea, tolera lo que la primera vez no pudo, y además ingiere más alcohol, para lograr la euforia y desinhibición buscadas. La evolución de habituarse ya se instaló. Al día siguiente ya no se sentirá tan mal. Ya se habituó y se estableció la relación: fiesta, (reunión de amigos), es igual a beber, empieza a tolerar más: ahora toma más y mezcla bebidas de moderación como es la cerveza, con tragos con más alta concentración de alcohol como el tequila, el ron, el vodka. Sin darse cuenta llega la dependencia, ahora lo necesita, con o sin fiesta.

¿Cuánto tiempo lleva cada etapa? Desafortunadamente no se puede precisar, ni medir. Depende de muchos factores. La sensibilidad o fortaleza del individuo al alcohol; su estado emocional, su nivel de alimentación, el día que toma, etc.

Drogas más comunes.

Los fármacos de abuso se clasifican de acuerdo al efecto que ejercen sobre la actividad mental, o el estado psíquico de una persona. Este efecto puede ser de dos tipos: acelerar o retardar la actividad mental. (6)

Las drogas que aceleran la actividad mental, y que por lo tanto, producen estados de excitación reciben el nombre de estimulantes, los fármacos que retardan dicha actividad se llaman depresores. (ver Figura No. 26).

Clasificación de Drogas

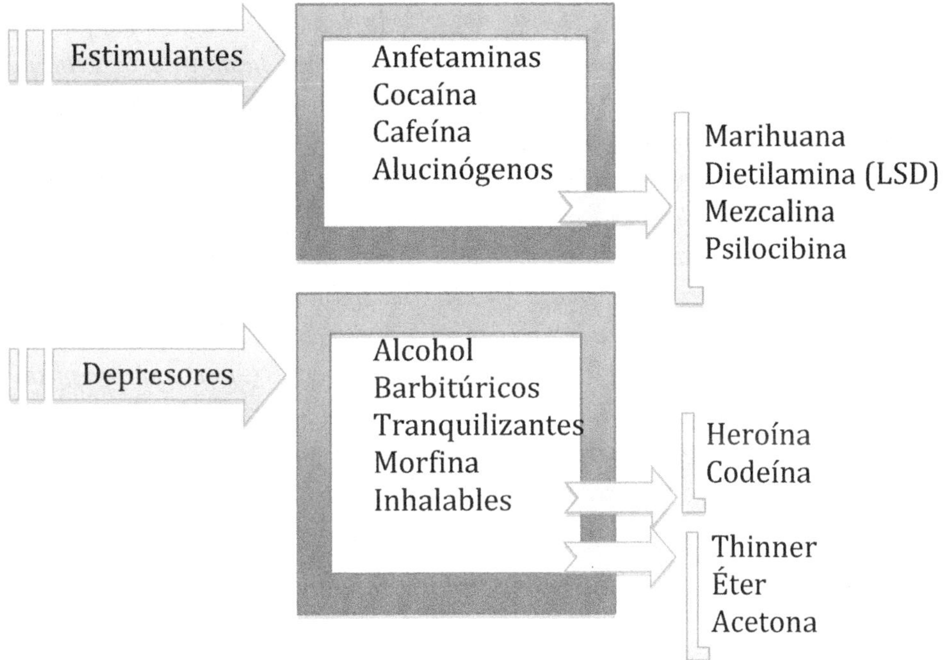

Figura 26.

Dentro de los estimulantes que pueden producir farmacodependencia, existen cuatro tipos de drogas.

- El primer o de ellos es el de las anfetaminas.
- El segundo es la cocaína.
- El tercero es la cafeína
- El cuarto es un grupo especial pues la excitación mental que produce se manifiesta en forma de alucinaciones, donde los sentidos se distorsionan y se perciben objetos y/o sonidos que no existen en la realidad. Este grupo comprende a los alucinógenos.

De ellos el más comúnmente utilizado es la marihuana, que en grandes dosis produce alucinaciones, aunque en pequeñas cantidades no lo hace.

Benjamín fue un paciente de 28 años que atendí en México D.F. El era un adicto a la marihuana, y me insistía que para que yo pudiera entenderlo, ambos deberíamos fumar marihuana durante la sesión.

En una ocasión, al salir del consultorio, entró una religiosa (vestida con el hábito de su congregación), Benjamín volteó a verme antes de irse haciendo una expresión de admiración sobre la paciente, (que le daba la espalda) ¡Qué onda!.

A la sesión siguiente llegó con la Biblia en sus manos y me dice " ya que tu atiendes monjas, lee la primera parte del Génesis y dándome el libro abierto, me señala con un dedo: "Y Dios dijo, que nazca y crezca la hierba verde". Me dijo: "Aquí está papá, para que veas que no sólo es normal, es recomendada por el señor". Como siempre en la lectura de esos textos, cada lector encuentra lo que busca; y lo puede abrir en donde sea. Siempre hay "una señal". Benjamín la encontró en la primera página.

Benjamín siguió con su adicción y meses después, se fue una noche en automóvil a Acapulco, acompañado de tres amigos. El manejaba, "y los cuatro iban fumando marihuana". En una recta, a distancia, él y su amigo que iba a su lado, ven a una vaca parada en medio de la carretera, el amigo le dice: "cuidado Benja allá está una vaca" a lo que él contestó, " sí, ya la vi", sin disminuir la velocidad, rápidamente se acercaron y el amigo le grita: "la vaca!". Benjamín alcanzó a decir: "ahorita la brinco". Quiso llevar hacia su cuerpo, el volante, con la idea, de que el automóvil subiera como en una rampa, y sin tocar a la vaca, continuar su viaje. El choque de frente, hizo que las patas del animal chocaran con el cristal delantero, el automóvil se volcó, y sus tres amigos fallecieron.

Cuando lo fui a visitar al hospital estaba deprimido por la culpa, y la pérdida de sus amigos. Aceptó el efecto alucinógeno de la marihuana, que le alteró la percepción y le convenció de que el auto se elevaría como una avioneta. Ese fue el fondo al que Benjamín tuvo que llegar para un manejo adecuado de su adicción.

Finalmente asistió a un grupo de Drogadictos Anónimos, y pudimos avanzar en su psicoterapia hacia la salud.

Dentro de los alucinógenos se encuentran otras drogas menos comunes en su uso, pero que representan un serio problema. Es el caso de la dietilamina del ácido lisérgico o LSD, la mezcalina, y la psilocibina.

De todos los estimulantes, sólo las anfetaminas han tenido (en el pasado) un uso médico. Se utilizaban en el manejo de la obesidad. Actualmente es altamente utilizada por choferes transportistas; que para no dormirse, y lograr grandes travesías se apoyan en variables de anfetaminas.

Los depresores comprenden en primer lugar el alcohol, el cual también es una droga, y es la que más se consume en el mundo, y la que más problemas ocasiona para la sociedad.

Otros depresores son los barbitúricos y los tranquilizantes, que en muchas ocasiones se utilizan como medicamentos. Dentro de este grupo también se encuentra la morfina y sus derivados: La heroína y la codeína. La morfina continúa utilizándose médicamente para calmar los dolores más intensos.

Otros grupo especial de depresores está formado por los inhalables. Estas drogas no se toman ni se inyectan como casi todas las demás, sino que se inhalan por la nariz y la boca.

Dentro de este grupo se encuentra el cemento plástico, el thinner, el éter, la acetona y otros.

Su abuso constituye uno de los más graves problemas de farmacodependencia en México, principalmente entre los niños y adolescentes de nivel socioeconómico bajo.

La nicotina contenida en los cigarrillos ocupa un lugar intermedio entre los dos grandes grupos de estimulantes y depresores, ya que en algunos fumadores les relaja y a otros los estimula. El cigarro puede además disminuir el hambre.

Efecto de las drogas en el cerebro.

Tanto estimulantes como depresores van y actúan en el cerebro. En la parte externa conocida como corteza cerebral, estimulando o deprimiendo su funcionamiento (según de las drogas que se trate); y en el hipotálamo que es el área que regula las emociones.

La interacción entre un tóxico y el cerebro del usuario, está ampliamente descrito en el capítulo octavo. Aunque está enfocado al uso y abuso del alcohol, la explicación es similar para el resto de las substancias tanto depresoras como estimulantes.

Estando ya acostumbrado el cerebro, a recibir estimulantes o depresores, es decir ya instalada una adicción, el cerebro le pide al individuo que le de más. De la misma forma que el organismo requiere ingerir líquidos-agua- para su funcionamiento, y si falta agua, hay deshidratación y sufrimiento; igual sucede con la falta de una substancia tóxica que se necesita.

Imaginemos una escena donde un caminante se queda sin agua, está cruzando el desierto; con el sol y el sudor está deshidratado, le urge beber agua. Localiza un charco; ¿Qué hace?, rápidamente se avienta a él a beber el líquido; no importa si está sucio, si contiene orines de algún animal, o tiene bacterias. Lo que es importante es saciar su sed. Igual sucede con la necesidad de una droga.

Niveles en el uso de tóxicos.

En la interacción que ocurre entre un tóxico (o droga), y un individuo, es importante precisar que se distinguen cuatro niveles: (5)

1er. Nivel es el usuario experimentador.

2°. Nivel es el usuario ocasional o social

3°. Nivel es el fármaco-dependiente funcional

4°. Nivel es el fármaco-dependiente disfuncional

El primer nivel corresponde a la primera vez que entran en contacto un individuo y un tóxico. La persona está experimentando. Existen personas que en una primera vez, al experimentar se sienten tan mal, que hasta ahí llegan; no vuelven a utilizar esa droga. Desafortunadamente son una escasa minoría a los que esto les sucede.

Lo que predomina, es que el individuo pasa a un segundo nivel, el de usuario ocasional, o social.

Se presenta una reunión de amigos, y se vuelve a utilizar la droga. Si la reunión es semanal, quincenal o mensual, sólo ahí se utiliza; y el resto del tiempo no.

En la evolución social de un adolescente o un adulto joven, las reuniones se hacen más frecuentes, de una a tres por semana, y poco a poco se van utilizando más el uso de substancias tóxicas, (sean ilegales, o legales como el alcohol) y de pronto , sin percatarse el individuo va necesitando de la droga, porque ya se habituó psicológicamente a su uso; fue tolerando dosis cada vez mayores, y ya su organismo se lo pide.

Así se llega al tercer nivel. Se pasa de usuario, a farmacodependiente funcional. Se llama así, por que con todo y que es adicto, el individuo, estudia, cumple, trabaja, no presenta problemas ni familiares, ni de salud. Su vida social va muy bien, y ni su vida íntima, ni su economía están afectadas.

Con el paso del tiempo, que es variable según el individuo y la droga; se llega al cuarto nivel, que es de farmacodependiente disfuncional. Su funcionamiento se ha alterado en algunas de las áreas de su vida; y sin embargo la persona dependiente no puede suspender su uso.

Por ignorar estos cuatro niveles descritos, es común que no se identifique la problemática adictiva, durante los tres primeros. Sólo queda claro que hay problema hasta que se llega a la disfunción del cuarto nivel.

La metáfora del caminante deshidratado en el desierto, que no puede esperar a tomar un líquido potable, equivale al cuarto nivel, al farmacodependiente disfuncional. Si la necesidad no es tan urgente, podría esperar a llegar a un lugar limpio y obtener agua pura. Esto sucede en el segundo nivel de usuario ocasional.

Homero es un paciente que atendí en los años 70's.Soltero de 33 años. Se encontraba en un 4º. nivel en su adicción. A pesar de su edad, prácticamente vivía para fumar marihuana. Me llegó referido por uno de mis maestros del Instituto de psicoanálisis; lo que en un principio me impulsó para tratar de sacarlo a toda costa de su adicción

Mi trabajo con Homero fue muy frustrante, no podía lograr ni siquiera que pasara a un 3º. Nivel, de adicto funcional. Es decir que además de su adicción, estudiara o trabajara. Mas lejos estaba su evolución a un uso ocasional o a la abstinencia. La situación económica de su familia, le permitía no preocuparse por ganar dinero. Su padre (hombre exitoso en las finanzas) ya había fallecido. El deseo y la preocupación de su madre y su hermana, que eran mujeres psicoanalizadas, así como un genuino compromiso por ayudarlo, fueron factores que me empujaban para que, yo, no me diera por vencido, a pesar del mal pronóstico que tenía Homero.

Lo internaba en el hospital, semanas después salía limpio, y de inmediato volvía a intoxicarse con una alta dosis diaria de marihuana.

Los recursos terapéuticos se agotaban yo le decía: Si no sabes como salir de esto, yo te digo como: Si no puedes, yo te ayudo; pero si no quieres, no puedo hacer mucho por ti.

La realidad Homero no quería salir de su mundo alucinado de la droga. Lo volvía a intentar; utilizaba medicación antipsicótica, salía limpio y volvía rápidamente a lo mismo.

El último internamiento en que lo atendí, fue en un lujoso hospital Psiquiátrico en el Pedregal (colonia de alto nivel socioeconómico de la ciudad de México). El padre de otro adulto joven adicto, un militar retirado adaptó una residencia para que su hijo fuese tratado. Homero y el hijo del militar, conseguían quien les llevara al hospital la marihuana. Ahora ni el hospital servía para tenerlo lejos de la fuente de abastecimiento. Yo cruzaba México D.F. con un tráfico atroz, embotellamientos, etc. para ir a atenderlo en psicoterapia, tres veces a la semana.

Un día que fui al hospital, lo encontré muy intoxicado. Mi frustración me saturó de coraje, y le dije una serie de insultos; entre otras cosas le dije que era un pobre loco, que no tenía remedio, que yo estaba harto, que su familia necesitaban buscarle otro terapeuta. Ahí lo deje sentado en un cómodo sillón, y cuando iba a abrir la puerta para irme, me dijo en un tono de voz como hablan los capitalinos del barrio de Tepito: " Qué pasó mi Doc.? ¿Cómo que se altera?; Quién es aquí el técnico en la conducta?"

Como respuesta sólo levanté mi brazo, sin siquiera voltear a verlo.

Llegué a mi automóvil; respiré profundo, me calmé y pensé: "Homero tiene razón, yo soy el técnico, pero ya no puedo".

Trabajé un poco mas con él, y meses después, se cumplió el tiempo que yo me había marcado para retirarme de el Distrito Federal. Homero fue uno de los pacientes que no pude terminar (ni ayudar) sugerí a su familia el nombre de dos terapeutas para que decidieran, quien continuaría tratándolo.

Incluí la viñeta clínica de el fracaso terapéutico con Homero, por dos razones, que sabía teóricamente, pero que las viví y no olvido:

1. El éxito en psicoterapia, se inicia, aceptando pacientes que se comprometan con el tratamiento; y que profundamente deseen solucionar lo que padecen. No es suficiente el apoyo de la familia, y el compromiso de uno como terapeuta. Es indispensable el porcentaje del paciente.
2. En las adicciones, el paciente en un 4°. Nivel (disfuncional) que vive para drogarse, tiene un mal pronóstico.

Raíces profundas de las conductas adictivas.

El desarrollo mas temprano de todo ser humano, es dentro de su madre. Esos nueve meses de vida intrauterina equivalen a un estado de nirvana; al paraíso. No hay dolor, no hay ruido, no hay esfuerzo; no hay ni mucho calor, ni frío. No hay hambre, y sin ningún movimiento especial es alimentado (vía el cordón umbilical).

Al nacer en forma brusca se rompe ese estado de paz y tranquilidad. Se sale a un mundo que lo abruma en todos sus órganos de los sentidos. Mucho ruido, muchísima luz, se corta el oxígeno en forma brusca, y tiene que empezar a respirar por cuenta propia. Aparece el grito primario, y con la vida fuera de la madre, el primer llanto.

Si el recién nacido pudiera, regresaría inmediatamente a la matriz que lo estuvo protegiendo; como lo hace cualquier pequeño mamífero (conejo) que al salir de la madriguera, siente peligro y automáticamente se regresa a su diminuta pero segura cueva.

Esto no es posible. Lo que si es posible es que la madre, cuide del recién nacido, y lo ubique en una área lo más parecida a la matriz. Su cuna sea cómoda, su cuarto climatizado, para evitarle temperaturas extremas; con poca luz, con música tenue y tranquila que opaque ruidos externos desagradables, lo alimente con su pecho o con un biberón con leche tibia, lo bañe, le cante y lo llene de estímulos muy agradables. La madre o quien cuide al bebe, piensa por él, y resuelve todas y cada una de sus necesidades.

Un buen cuidado maternal, permite que el recién nacido evolucione, y se desarrolle en forma gradual, y progresiva hacia su proceso madurativo. De la simbiosis biológica que se tenía dentro de la madre, se pasa a una simbiosis psicológica. El bebé siente y vive que él y su madre son una unidad. Como se explicó en el capítulo 2, en forma gradual y progresiva éste vínculo evoluciona de la simbiosis a la separación-individuación.

Una madre emocionalmente madura, enterada, dedicada, para que el bebé se desarrolle en armonía, formará unos cimientos sólidos en la estructura del aparato mental de su hijo; no sólo atenderá el desarrollo físico. Pero por abnegada que sea una madre, es frecuente que no pueda cubrir todas y cada una de las necesidades del bebé.

Enlisto una serie de posibles interferencias del desarrollo madre-hijo:

- Madre inmadura, insegura, ansiosa, temerosa, primeriza , inexperta.
- Madre adolescente.
- Madre deprimida (o con otra problemática emocional).
- Madre que tiene necesidad de ir a trabajar.
- Madre que rápidamente se vuelve a embarazar (antes de haber llegado al nivel separación-individuación psicológica, alrededor de los 3 años).
- Madre que tiene que cumplir su rol de pareja.
- Madre que se enferma, tiene que ir al hospital, y tiene que separarse de su bebé, (incluso morirse).
- Madre con una problemática de pareja, de la cual recibe maltrato físico o psicológico.
- Madre que a su vez atiende a sus padres y/o hermanos menores (de ella).
- Madre abrumada por tener ya una familia numerosa.

- Madre que no puede atender al bebé y lo da en adopción.
- Madre violenta (física o psicológica).
- Madre con alguna adicción.
- Madre que provoca miedo al hijo, con su conducta o con amenazas.

Son múltiples y diversos los motivos por los cuales una madre puede no cubrir las necesidades del hijo. Cuando esto sucede, queda en el aparato mental del bebé una especie de hueco, o hambre de cariño. Mientras más temprano sucede, más daño queda. Perdidas tempranas, y/o rupturas (por el motivo que sea) del bebé con una figura tan significativa como la madre o su equivalente, dejan ese hueco.

Bowlby desde 1958, desarrolló toda una teoría del apego, para enfatizar éste vínculo temprano. El atribuyó al bebé, la capacidad innata de buscar y mantener la proximidad de su cuidador y asegurar así su supervivencia. Es decir cuando el bebé experimenta angustia, "expresa una variedad de conductas complejas encaminadas a lograr que el cuidador se mantenga cerca". Este sistema de apego se "activa cuando el bebé se siente inseguro, y se desactiva cuando la proximidad de la madre o su cuidador es adecuada para sentirse seguro".

Para mí, ésta teoría del apego, carga al bebé con un porcentaje mayor para asegurar su supervivencia, de la que puede desarrollar, debido a su inmadurez neurológica y psíquica.

La tarea de brindar seguridad al hijo es de los padres, en todo proceso de desarrollo, y principalmente en el desarrollo temprano. Si la madre es sensible, empática y está en sintonía con su bebé, este se sentirá seguro y si el bebé se siente seguro, estará tranquilo, y se desarrollará bien. Si el bebé está con temor e inseguro, llorará, gritará, para que la madre le calme.

Cuando queda un hueco importante de lo que llamo "hambre de cariño", queda la base profunda para ulteriores conductas adictivas. A mayor sentimiento profundo de ese hueco, o hambre de cariño, mayor tendencia a la adicción. Existen adolescentes y adultos jóvenes que experimentan con una substancia tóxica; pero que no traen graves carencias emocionales tempranas, no se ganchan a continuar usándolas. Quien tiene un terreno propicio para las adicciones, busca y encuentra diversas formas posibles de llenar ese hueco con substancias tóxicas o con otras conductas adictivas.

Por supuesto que hay personas sin grandes huecos; pero que las variables de sus desarrollo, los ubicaron en grupos de usuarios de tóxicos, y el uso repetido (por reuniones y fiestas) generan la adicción. (Revisar capítulo ocho sobre alcoholismo).

Alcoholismo

Por ser esta una enfermedad especialmente dañina en los adultos que visitan mi consulta, decidí agregar un capítulo aparte para tratar este tipo de adicción a una sustancia tóxica. En el capítulo 8 ahondo en este tema.

Conductas adictivas sin substancias tóxicas

Existen conductas adictivas sin la presencia de substancias tóxicas. Son conductas que tienen las mismas características de origen profundo y evolución de las adicciones a las drogas. Pasan por los mismos niveles de habituación, tolerancia y dependencia, y de igual forma podemos distinguir equivalentes de usuario experimentador, usuario ocasional, dependiente funcional y dependiente disfuncional.

Conductas adictivas más comunes sin el uso de tóxicos:
Adicción a otra persona; y al sufrimiento.

¿Por qué una persona mantiene una relación con otra, a pesar de que dicha relación tiene un porcentaje mayor de sufrimiento, que de satisfacción?

Existen personas que conviven con adictos graves, y no pueden terminar dicha relación. Hombres y mujeres que mantienen relación con parejas cuya conducta evidentemente es alterada o emocionalmente enferma. Gente que se mantiene en unión de matrimonio, noviazgo, o unión libre, con parejas impulsivas, que les maltratan física o emocionalmente y que no se atreven a terminar.

Cuando pregunto en mi consultorio porqué toleran dicha relación, las respuestas casi siempre son las mismas, motivos algunos prácticos, que se quedan en la superficie:

- Porque no tengo autonomía económica.
- Porque mis hijos son todavía pequeños.
- Porque creo que él o ella va a cambiar, como me lo ha prometido.
- Porque tengo miedo a la soledad.
- Porque en el fondo es bueno, se enoja, me maltrata pero luego se arrepiente, y me pide perdón.
- Porque el matrimonio es un sacramento hasta la muerte.
- Porque Dios aprieta pero no ahorca.
- Porque es la cruz que a mi me tocó cargar.

La realidad son relaciones inmaduras, de raíz simbiótica, que evolucionan a la disfunción y a la destrucción.

La raíz principal es siempre como ya se describió; una hambre de cariño. Por esa necesidad temprana no resuelta, es que se toleran malos tratos físicos y emocionales. (20)

Como también ya se especificó, toda conducta es multi-determinada. El hambre de cariño es la raíz principal, otras raíces secundarias pero muy importantes son dos: Un sentimiento de culpa absurdo, que el ser humano se adjudicó, para explicarse por que sus cuidadores no lo atendieron, o abusaron de su condición infantil. El fue "malo" y sus "cuidadores buenos". El se merece ser maltratado (ver Capítulo 5). La otra raíz es un pésimo manejo de la agresión: No sale contra el agresor, no se desplaza, ni se sublima; se tolera mejor contra sí mismo; o se combina con la quinta opción descrita en el capítulo 2 (olla de presión) que es la perversión del impulso. En esta adicción a otra persona y al sufrimiento, el impulso agresivo llevó a la persona a un masoquismo, a una necesidad de ser maltratada, reencontrando en esta relación nociva actual, a los cuidadores que lo maltrataron.

Cuando estas relaciones terminan, por muerte, abandono o divorcio, y la adicción no se ha tratado (ni resuelto), el adicto hace lo mismo que un niño en un juego de pasamanos. Se suelta el vínculo generador de sufrimiento, y se toma otro; igual o peor.

Así podemos entender que alguien en segundas nupcias, repita y reencuentre nuevos maltratos; o se le facilite gancharse con otros vínculos familiares o sociales donde se repite el abuso, y la parte abusada continúe en él mismo. Como apunta el dicho popular, "es el mismo infierno, sólo con diferente diablo".

Adicción al trabajo.

Considero que la mayoría de las personas, hemos conocido gente que tiene una fuerte adicción al trabajo. Son personas que han confundido su vida con el trabajo, o dicho de otro modo, no trabajan para vivir, sino que viven para trabajar.

El trabajo debe ser un medio para vivir bien, el adicto al trabajo, pone siempre el trabajo como el número uno, en su orden de prioridades; y de esa manera, su persona, su familia y su vida social son descuidadas, por estar tan enfocados al trabajo.

Ejecutivos de todos los niveles, con adicción al trabajo localizan siempre a la empresa que los exprime mas allá que de sol a sol. Aceptan trabajar hasta muy tarde, y se llevan trabajo a su casa para continuar, o para el fin de semana. Conozco personas que han logrado formar un patrimonio, (vía su sueldo y sus bonos anuales por alto rendimiento) mismo que no se acaban, así ya no trabajaran; mas sin embargo, su adicción y la inseguridad profunda que arrastran, les impide disminuir el ritmo de trabajo. (28)

Cuando un adicto al trabajo, es retirado de la empresa por su edad, por un ajuste en el presupuesto, o por la razón que sea, se presenta un cuadro emocional muy similar al síndrome de abstinencia. Les "urge" continuar trabajando, no saben que hacer, no han aprendido a relajarse, ni a disfrutar. Cuantas veces se "despegaron" del trabajo, nunca se despegaron genuinamente; continuaron por el teléfono, o la computadora, con su actividad laboral. Ahora se presenta un cuadro de ansiedad, con trastornos para dormir, que los lleva a la necesidad de buscar terapia.

Adicción al ejercicio físico.

Parecida a la adicción al trabajo, es la adicción al ejercicio físico. Como toda adicción no es exclusiva de hombres o de mujeres. Pensamos que empiezan con rutinas mas o menos mesuradas, pero van gradualmente incrementando, y de pronto les es indispensable para mantenerse activos y en un equilibrio emocional.

Existen maratonistas que se mantienen en continuo entrenamiento, y que asisten a carreras maratón a diversas ciudades del mundo. Otros se mantienen muy aficionados al ciclismo, o a la natación. Por supuesto los que requieren de un mayor estímulo, optan por los triatlones, que son competencias que combinan estas tres disciplinas: ciclismo, natación y carrera. Su vida gradualmente empieza a girar en torno a la competencia siguiente, La familia como parte de una vacación, acompañan al competidor.

Esta sana adicción, en ocasiones también llega a niveles de disfuncionalidad. Habiéndose iniciado en rutinas diarias corriendo de cinco a diez kilómetros, durmiendo temprano y con dieta adecuada; hay personas que incrementan tanto el correr, que desatienden el trabajo y/o familia; y por supuesto su propia salud. Como ya se señaló con anterioridad, "la dosis hace al veneno".

Adicción al juego.

Fiodor Dostoievski, en su extraordinaria novela "El jugador" (1867), describe magistralmente, cómo cuando el individuo entra al casino, se quita su abrigo y su sombrero y los cuelga, en el perchero, junto con su sombrero se ha quedado su cerebro. Ante la ruleta, los dados, o donde apueste, su funcionamiento mental ya no le pertenece; su voluntad está perdida.

Sarah Bernhardt definió la pasión por el juego con la siguiente frase que frecuentemente pronunciaba: "Gane o pierda, cada vez que juego, tengo la impresión de tener veinte amantes". Esta expresión refleja el sentimiento que experimenta el verdadero jugador; es decir el adicto al juego.

Desde el comienzo de los tiempos, tanto personajes célebres, como anónimos, han intentado quebrar al casino, invirtiendo fortunas incalculables. A veces el fruto de toda una vida de trabajo.

En el caso de Bernhardt, durante la Belle Epoque, no fue secreto para nadie; que la actriz apostaba en los casinos de la costa azul, todo lo que ganaba en las giras triunfales por el mundo, perdiendo en poco tiempo sumas fabulosas. En su biografía se consigna que, una noche desesperada por la esquiva suerte, se quiso suicidar. La oportuna intervención de una amiga logró evitar la tragedia.

Françoise Sagán, la escritora francesa contemporánea, autora de la novela de 1954 (entre otras) "Buenos días, tristeza", describió las delicias del azar. Existe un gran número de hombres famosos que han sido atrapados por "el hechizo" de esta adicción. Entre ellos Omar Sharif, Marcelo Mastroiani, Sammy Davis Jr., Gerard Oury, Sir Winston Churchill, Charles Boyer, Aristóteles Onasis, Ives Montand, Jean Empain, por citar algunos. Pero por cada famoso, hay miles y miles de seres anónimos en esta adicción.

Por mucho tiempo; se tuvo la impresión, de que las mujeres eran menos afectadas por esta adicción. Por la sencilla razón de que estaban menos expuestas, al no asistir a los casinos, en la misma proporción que los hombres. Como sucedió también con la adicción al alcohol; cuando las mujeres no entraban a bares y cantinas exclusivas para hombres.

Actualmente con la apretura indiscriminada de casinos, abunda la adicción en las mujeres. Mujeres solteras, casadas, viudas, que nunca en su vida hubieran asistido a un lugar clandestino, fuera de la ley, actualmente entran y salen a cualquier hora solas o acompañadas. No dudo que ahora, el juego sea la conducta adictiva donde predominen las mujeres.

En mi consulta , atiendo el día de hoy, a cinco mujeres con ludopatía. Tres de ellas están conscientes de su adicción y luchan para resolverla, las otras dos, se resisten a aceptar que su forma de jugar, sea un problema; pero no se pueden retirar cuando han ganado, continúan (queriendo más) hasta que se quedan sin nada.

El jugador que llegó al nivel adictivo, en un tercero o cuarto nivel, en un perdedor. Arrastra un hueco, el hambre de cariño, que ya se describió. Imagina que la diosa fortuna es la madre (lucky lady) y que ahora él o ella es el niño predilecto. Cuando gana algo, en su fantasía fue la madre quien lo gratificó, pero la historia reiteradamente se repite, y termina volviendo a ser el bebé rechazado o desatendido.

En muchos países existen grupos de terapia de jugadores anónimos. Dichos grupos, siguen la base del programa de alcohólicos anónimos; son los mismos pasos; adaptados a la adicción al juego. El jugador (a) tiene que partir de la premisa que no puede controlar la adicción; aceptar que su vida se ha tornado ingobernable, y que requiere el apoyo y soporte de la terapia de grupo.

Adicción al sexo

Existen tanto hombre como mujeres, que arrastran vacíos muy tempranos; infancias con carencias emocionales, que se desarrollaron en familias disfuncionales, o en manos de cuidadores por tener padres sumamente ocupados; y que encuentran en las relaciones sexuales, un equivalente a una droga.

Son personas que tienen una familia funcional, que su relación de pareja es buena y satisfactoria, que le quieren y necesitan, pero su "hambre de cariño" les llevó en forma gradual y progresiva a la infidelidad compulsiva.

De la misma manera que se describió en la adicción al juego, hay personajes cuya adicción al sexo no ha sido posible que quede en la obscuridad; saliendo a la luz pública cuando su síndrome de abstinencia, los ha llevado a satisfacer su adicción, con parejas momentáneas, sin importarles su poco atractivo, o el riesgo que corren, o el costo que tendrá vs. El beneficio. Lo que importa es la solución a la ansiedad que les produce su vacío emocional.

Igual que en otras adicciones,(con tóxicos) ponen en riesgo el perder a su familia, su trabajo, su prestigio e imagen, su patrimonio, su salud, sus amistades. Cualquier apartado de la vida se puede afectar, cuando la adicción al sexo se destapa.

Como toda adicción, no respeta raza, ni sexo, ni condición económica, ni cultural. Sucede en ricos y en pobres, en gente común y en personas destacadas. Claro está que los medios de comunicación, resaltan la adicción de los famosos:

- Presidentes y ex-presidentes de países débiles y de países poderosos.
- Personajes de las finanzas (Fondo Monetario Internacional)
- Figuras mundiales de los deportes (golf, baloncesto, football, etc.)
- Actores y actrices con familias estables, pero que se les descubre su adicción.
- Políticos de todos los niveles, que aprovechan su poder para obtener favores sexuales.
- Empresarios y funcionarios de todos los niveles, que al igual que los políticos aprovechan su fuerza en la empresa, para solucionar su ansiedad sexual con parejas transitorias de menor nivel.
- Líderes sindicales, que promueven a sindicalizados, a cambio de favores sexuales.
- Líderes religiosos, que sus adicciones y perversiones, tienden a mantenerse ocultos, y que cuando se destapan, mucha gente no lo aceptan como tal, sino que se explican como ataque a la religión.

Otros religiosos tampoco pueden verlo como una adicción, les es más fácil explicárselo como una "intervención del demonio".

- Personajes del medio científico, y de todas las profesiones, que experimentan, luego lo hacen ocasionalmente y que pueden evolucionar a una adicción.

Esta adicción es la responsable del acoso sexual; y por cada famoso que logra notoriedad, existen miles y miles de adictos al sexo, que pasan por la vida en el anonimato, con su adicción oculta, manteniéndose en un tercer nivel, es decir son dependientes pero funcionales, sin llegar al cuarto nivel de dependencia disfuncional, la más destructiva sucede con la adicción al sexo, lo mismo que con tóxicos; es más fácil que la ansiedad por el sexo se presente cuando se ha ingerido alcohol y los controles conscientes se han debilitado.

Otras adicciones.

En los infantes es común, que llenen sus vacíos con la televisión, y con videojuegos. Los adolescentes presentan francas adicciones a las computadoras, y al envío telefónico de mensajes. Jóvenes y adultos se inician, evolucionan y luego necesitan, la conducta a la cual se han hecho dependientes, sea televisión, pornografía, compras, etc. etc.

¿Se deben despenalizar las drogas ilícitas?

Con el incremento de la violencia en México, y la relación de la conducta delictiva, con las áreas de poder, de los cárteles de la droga; se han levantado voces de personajes de la política y de la cultura; opinando de que las drogas deben legalizarse. Ex-presidentes, y literatos, piensan que si se legalizan, se acabaría la violencia.

Definitivamente en este momento, con todo lo que se ignora de las drogas y sus efectos, hacerlo sería un gran error.

El Dr. George M. Ling, quien fue el director de estupefacientes de la ONU, cuando trabajé en los Centros de Integración Juvenil, opinó reiteradamente que legalizar las drogas, era equivalente a legalizar la ignorancia.

Si se despenaliza la marihuana (por ejemplo) los traficantes continuarían empujando al consumo de otros tóxicos (cocaína, anfetaminas, etc.) y muchos jóvenes experimentarían y se iniciarían en la marihuana, al ser lícita. Y definitivamente esto los llevaría a otros tóxicos y a alterar su percepción. Sucedería exactamente como sucedió con el juego.

En el año de 1981, tomé un año sabático en Londres. Antes de irme, en los Centros de Integración Juvenil, me propusieron que asistiera en Londres al Instituto Británico de Investigación de Adicciones, y me tecnificara. A mi regreso se iniciaría un plan Binacional México-Estados Unidos, para crear en ambos lados de las fronteras, una serie de centros de prevención.

A mi se me apoyaría económicamente, y yo me comprometería a arrancar dicho proyecto. Acepté la propuesta y estuve asistiendo en Londres, tanto al Hospital Maudsley, como al Instituto Británico de Investigación de Adicciones.

Regresé a México con un gran entusiasmo. Se hablaría con el Secretario de Educación, y a nivel nacional se modificaría la formación de maestros. Quizá se quitarían algunas horas a la geografía y/o a la historia, y dichas horas serían para tecnificarlos sobre las drogas y sus usuarios. Como la propuesta de Marx: "Educar al educador". Aunque el proyecto era enfocado a las fronteras, (el norte de México y el sur de los Estados Unidos), la información y la educación tendría que ser a nivel nacional en ambos países.

En este proyecto tendrían que incluirse todas las drogas; lícitas y las ilícitas. Es decir, en las escuelas tendría que trabajarse, con la información, acorde a cada edad, sobre alcohol, café, tabaco, marihuana, tranquilizantes, etc. etc. (no sólo sobre las ilícitas).

Al contar con el apoyo de la ONU, y los gobiernos; se establecería que cada centro educativo oficial y privado, tendría un departamento de prevención de adicciones. Se elaborarían posters, trípticos, periódico murales, etc. etc. trabajos de los estudiantes, información de los maestros, etc.

Ya establecida esta disciplina, en el currículum de maestros y alumnos; se ampliaría el trabajo con líderes religiosos, en empresas y en sindicatos, para extender a todas las áreas posibles del país, las información que se debe conocer. Trabajar exclusivamente en las fronteras, no sería efectivo.

Al llegar a México D.F. en 1982, para dar inicio a este proyecto, simplemente se me informó que al nuevo presidente de la República, no le había interesado este programa nacional permanente de prevención de adicciones. No se haría NADA.

Imagine usted lector (a), si se ha iniciado este plan, digamos en 1983, un año después de mi llegada, que hubiese sido sostenido; con un trabajo sólido de casi 30 años, podría entonces perfectamente despenalizarse el uso de drogas. Pero si no hay un trabajo previo, serio y sostenido; continúa vigente la cita del Dr. Ling "Legalizar las drogas, es legalizar la ignorancia".

Si en un futuro, los gobiernos de todos los países con problemática de drogas, desean desarrollar una prevención efectiva, en el uso de adicciones deberán centrar primero, todo el esfuerzo en la educación e información, desde los años escolares, sobre los efectos de estimulantes y depresores; incluyendo en el mismo nivel "al alcohol, al tabaco y al café", y al grupo de todas las ilegales. (32)

Buscar un ambiente mas saludable de estudio y deporte, para los jóvenes, así como desarrollar fuentes de trabajo, y al final, atacar el problema del tráfico y venta de drogas.

VACUNA 8.
EL ALCOHOLISMO

"Se templado en el beber, considerando que el vino, demasiado, ni guarda secreto, ni cumple palabra".
Miguel de Cervantes
Consejo de Don Quijote a Sancho

Durante siglos, los moralistas se han esforzado por establecer un equilibrio entre los placeres y los peligros que implica la ingestión de bebidas alcohólicas. Sin embargo fue hasta el siglo XX cuando el alcoholismo, o estado crónico de intoxicación alcohólica, despertó el interés de la investigación científica.

A partir de 1933, año en que fue derogada la ley anti-alcohólica de los Estados Unidos, cuando se reconoció que dicha ley no había resuelto antiguos problemas, sino que había venido a complicarlos; la incidencia, etiología y tratamiento de el alcohólico, ha sido objeto de intensas investigaciones, por parte de Psiquíatras, Fisiólogos, Bioquímicos y expertos en asistencia social.

El centro de estudios sobre el alcohol de la Universidad de Yale primero; y luego la Universidad de Rutgers, en Nueva Jersey, abrieron el camino de la investigación bibliográfica sobre la materia en todo el mundo. A pesar de todo lo que se conoce sobre el alcohol y sus efectos, el alcoholismo continua siendo un gran problema de salud pública.

En este siglo XXI, las nuevas generaciones de padres de familia, en muchos países, ven con toda naturalidad el consumo, y a veces el abuso del alcohol en sus hijos, e hijas, aceptando que en toda reunión de jóvenes exista. Quizá sea por preferir a que utilicen drogas ilícitas, o por ignorancia. No importa la causa, dada la trascendencia del tema, he considerado indispensable dedicar todo un capítulo a ésta adicción.

Historia del Alcoholismo.

En la antigua India, los Brahmanes no podían ingerir ninguna bebida embriagante. Se castigaba a quienes se alcoholizaban, imponiéndoles un estigma de oprobio en la frente; y se tenía por leprosas a las mujeres dadas al alcohol, sancionándolas con la pena del repudio

En el Génesis, la historia de Noé, incluye la primera mención del vino en la Biblia "Después del diluvio universal, Noé se emborracha, y sus hijos lo encuentran desnudo".

El beber era una costumbre difundida en la antigüedad clásica. Plinio menciona 116 clases distintos de vinos, de los cuales 50 se clasificaban de generosos. Se atribuye a Aristóteles, la observación de que quienes se embriagaban con cerveza caían de bruces, en tanto que las demás bebidas alcohólicas provocaban otros tipos de caídas. Este mismo filósofo fue autor de una ley que duplicaba la sanción de los delitos cometidos bajo la influencia del alcohol. Solón fue más severo; impuso la pena de muerte a todo magistrado (arconte) que fuese sorprendido en estado de ebriedad.

Entre los Espartanos, se daba muerte a los guerreros incapaces de combatir, a causa de la embriaguez. Otros pueblos Griegos, también aficionados al vino, lo tomaban diluido en agua, ya que beberlo puro, era considerado de gente bárbara. Entre éstos figuraban los Escitas, Lidios, Persas, Celtas, Iberos y Tracios; de quienes se afirma que bebían copiosamente. Los Macedonios principiaban sus comidas con pródigas libaciones, y los Bizantinos pasaban gran parte de sus vidas en las tabernas, entregados a la embriaguez y a la prostitución.

En la antigua Roma, el consumo de vino puro se consideraba una costumbre rústica, lo que no impedía que las celebraciones en honor a Baco propiciaran excesos alcohólicos, que el senado se vio obligado a prohibirlas. Durante el reinado de Augusto, muchos ciudadanos acudían borrachos a las asambleas públicas, y aún los magistrados solían llegar al foro en estado de embriaguez. Plinio refiere la historia de un hombre quien golpeó mortalmente a su mujer, por haberla sorprendido probando el vino de una barrica, pues a las mujeres libres y a las esclavas se les prohibida tomar.

En muchos países, los poderes públicos han dictado mediadas restrictivas contra el consumo de alcohol, reglamentando su expendio o prohibiéndolo. A partir de la segunda mitad del siglo XIX, algunos países adoptaron el sistema de conferir el privilegio de venta de alcohol a los ayuntamientos, excluyendo del monopolio al vino y la cerveza. En 1896 el gobierno ruso en un intento de disminuir los problemas derivados del abuso; impuso el monopolio del alcohol, a todos los dominios del imperio, restringiendo su venta a las tiendas y almacenes del Estado, y a las fondas y posadas legalmente habilitadas para ello.

En Canadá, la Ley Scott de 1870, permitía a los condados y municipalidades vedar, dentro de sus fronteras, la venta de alcohol. En Noruega se llegó al mismo resultado, por sufragio universal en cada circunscripción, donde se decidía la existencia o no, de establecimientos de venta de bebidas.

Irónicamente, la magnitud del problema ha aumentado en proporción directa al incremento de los fondos destinados a la solución.

A mediados del siglo XX, se estimó que el numero de alcohólicos en los Estados Unidos, sobrepasaba la cifra de 7 millones de individuos. Por otra parte, se calcula que el alcoholismo acorta en 15 años el promedio de longevidad del Norteamericano medio, y que es fuente de innumerables problemas económicos, médicos y sociales.

En diferentes países, muchos cuerpos policiacos fueron adoptando ciertos criterios, para determinar lo que debía considerarse legalmente como estado de ebriedad; sin embargo, a mediados del siglo XX, no se había logrado establecer ninguna pauta que definiera con precisión, los lindes que separan al bebedor habitual "controlado", del toxicómano alcohólico.

En esta misma etapa de la historia (1950) según las definiciones de un estudio sobre las condiciones prevalecientes en los Estados Unidos, el alcohólico, se caracterizaba por la destemplanza total en el beber, y por la absoluta subordinación psicológica y fisiológica al alcohol.

Durante mis años de estudio para llegar a ser médico, al evaluar a los pacientes para determinar si había o no un problema de alcohol; en la historia clínica, anotábamos primero: positivo o negativo. Si era positivo (es decir si el paciente aceptaba que ingería alcohol) se consignaba de 1 a 4 cruces. Una cruz al bebedor ocasional, dos para el bebedor social, tres para el bebedor fuerte, y cuatro para quien concluíamos tenía problemas. Pero esta medición era muy subjetiva, ya que si el médico encuestador bebía regularmente social o fuerte, automáticamente era indulgente con el paciente, y sólo le ponía una cruz; a la inversa si se trataba de un médico abstemio por su cultura o su religión, si el paciente aceptaba beber una copa ocasionalmente, podía quedar consignado con cuatro cruces.

El alcoholismo en la actualidad.

La organización mundial de la salud (OMS), tomando en cuenta las diferencias culturales que existen entre los distintos pueblos; logró establecer un orden en el diagnóstico de alcoholismo. Definiendo alcoholismo como: *una enfermedad crónica que se manifiesta como un trastorno de la conducta. Que se caracteriza por el reiterado consumo de bebidas alcohólicas hasta un punto en que se rebasan las necesidades dietéticas, o las costumbres sociales de la colectividad, afectando la salud del bebedor o sus actividades tanto económicas como sociales.*

La OMS precisa mas aún éste criterio diagnóstico. No importa lo que el individuo tome, (ni cantidad, ni calidad) no importa la frecuencia (si lo hace una vez por semana o una vez al año); si el tomar alcohol altera cualquier apartado de su vida, y continúa tomando, es un alcohólico.

Si por tomar se altera su economía (como sucede en el obrero o jornalero, que gasta lo que ganó en la semana y llega sin dinero a su casa). O se altera su trabajo, (ausentismo, accidentes de trabajo); o se alteran sus relaciones sociales (bajo el efecto del alcohol, discute, insulta y pelea); o se alteran sus relaciones familiares (llega a su casa alcoholizado y maltrata a la pareja y/o hijos); o se altera su salud; el individuo indudablemente es un alcohólico.

Bajo este criterio no importa si el individuo tomó cerveza, tequila, ron, whisky o champagne; no importa si se quedó dormido alcoholizado en una calle, o en una alfombra persa; no importa si hizo negocios tomando en una reunión de trabajo; o si se gastó lo que ganó en la semana. Si el tomar altera cualquiera de los cinco apartados de su vida (salud, familia, economía, trabajo, o sociedad) es un alcohólico.

El alcoholismo ocupa el tercer lugar como causa de muerte, siendo sólo superado por el cáncer y las enfermedades del corazón. En países subdesarrollados ocupa el segundo lugar. Pero en cualquiera de los casos, cuando una persona enferma y muere por un cáncer o una cardiopatía; el problema se circunscribe a esa persona y su familia.

Con el alcohólico, el problema no se puede delimitar. Se afecta él, afecta a su familia y cualquier persona en su entorno puede ser dañada, por la impulsividad que se presenta en él. El costo en las áreas laborales, por el ausentismo y por accidentes de trabajo, también, son difíciles de cuantificar.

Durante los nueve años que trabajé en los servicios médicos del penal del Estado de Nuevo León, comprobé que nueve de diez reos, estaban cumpliendo una condena, por actos cometidos en los que intervino el uso del alcohol solamente, o mezclado con otros tóxicos. Por supuesto que entre aprehensión y detención, interrogatorios y reclusión, llegaban al servicio médico del penal, sin el efecto del alcohol. Casos de violencia intrafamiliar,(9) homicidios, accidentes automovilísticos, (leves o fatales) autobuses llenos de pasajeros inocentes manejados por choferes bajo el efecto del alcohol, que intentan ganar el paso al tren, o a otro vehículo. Personas que arrastran desde su pasado infantil, sentimientos de injusticia y que bajo el efecto del alcohol, buscan vengar lo que les hicieron.

En la estructura de aparato mental, normalmente existe un freno, "el Superyó"; como se explicó en el capítulo 1, que controla la conducta impulsiva. Bajo el efecto de depresores como es el alcohol; se atenúa, o desaparece ese freno, o simplemente ya no se le hace caso; y así el individuo actúa su impulsividad. Sucede como si bajo el efecto del alcohol, se lograra adormecer al superyó. (Sucede diferente que con el uso de estimulantes y alucinógenos donde se potencializa la impulsividad y el freno superyóico es rebasado).

En la vida cotidiana, dentro de la "normalidad," muchísimas personas arrastran en su interior algunos conflictos que mantienen bajo control; y son personas respetables, productivas, amables y correctas. Por ejemplo: alguien puede arrastrar un coraje reprimido hacia las figuras de autoridad; por haber sido muy exigido por sus padres, y puede vivir ordenado, y disciplinado ante todas las autoridades. (policías, tránsitos, agentes de migración, etc.)

Otras personas, pueden arrastrar una tendencia a apropiarse de objetos ajenos, y no robar. Otros quizá sueñen con relaciones sexuales extramaritales, o relaciones sexuales agresivas, y sin embargo mantener una vida sexual mesurada. Hay hombres y mujeres con tendencias homosexuales, que nunca expresan. La lista de núcleos emocionalmente patológicos, y reprimidos podría ser larguísima. Pero lo importante es que todas estas conductas "controladas," fácilmente se expresarán, si la persona está bajo el efecto del alcohol, y ha logrado "emborrachar" y atenuar su superyó.

Otros aspectos que podemos observar, del efecto del alcohol a dosis menor, es lo que sucede en la vida social, dentro de lo que conocemos como normalidad. El alcohol, tomado con moderación, es un facilitador de la comunicación; y puede ser un magnífico acompañante en una cena con amigos.

A pesar de este facilitador, casi siempre existen temas que la gente prefiere no tocar; para no polemizar, o para no lastimar a otros. Sucede también que conocemos algo secreto, que no debemos divulgar, o quisiéramos relatar un chiste colorado que no nos atrevemos. Pero con el efecto del alcohol, la persona se desinhibe, no teme al ridículo, crítica, canta, baila, insulta, y cuenta chistes censurables; arrepintiéndose (si acaso se acuerda) al día siguiente.

La Aceptación Social del Alcohol.

El beber alcohol es también muy común con el fin de disminuir ansiedades. Hay muchísimas personas que sus decisiones laborales, les generan alta dosis de estrés, y que salen de su trabajo directamente a tomar. Desafortunadamente también existen quienes no toleran hasta su salida y en el mismo trabajo consumen alcohol. Existe una relación directa entre trabajo estresante (controladores de aviones, pilotos, agentes de bolsa, ejecutivos de empresa, dirigentes de países, etc. etc.) y el consumo de alcohol como relajante y esas mismas personas tensas sin el alcohol; cambian y relajadamente hablan, sonríen, y muy seguros, adoptan las "mejores" decisiones.

La gente actualmente ingiere alcohol por todos los motivos. Porque está feliz, para celebrar el nacimiento de un hijo, por que se le bautizó, por cumplir años, por que se graduó. Por que se está tiste en un funeral. Se ingiere alcohol al celebrar una boda, y las mismas personas toman aún más, para celebrar su divorcio. A unas personas les gusta tomar unas copas antes de comer, (el aperitivo), y acompañan la comida con vino. Con el café incluyen otro tipo de licor. Hay quienes prefieren tomar con la cena y relajarse tomando alcohol para dormir.

En muchas culturas la gente toma alcohol por todo y para todo. En algunas áreas de mi país (México), se acostumbra decir: "para todo mal, mezcal, y para todo bien, también". Los medios masivos de comunicación, bombardean de anuncios publicitarios y estimulan a tomar alcohol. Los eventos deportivos, sean locales, nacionales o internacionales (incluyendo olimpiadas) son transmitidos, y financiados por los fabricantes de bebidas alcohólicas; "apoyando" así a la afición, y a la adicción. Son una minoría los países más desarrollados, los que mantienen un control adecuado para la publicidad de tóxicos; y quienes han logrado disminuir accidentes y muertes, rigidizando sus leyes anti-alcohólicas.

Los adolescentes experimentan tomando alcohol, y descubren que son mas desinhibidos, mas seguros en las reuniones sociales; y como el grupo toma, el tomar se hace una costumbre y una forma de aceptación. En grupos sociales de clase media y alta, actualmente los jóvenes diseñan un festejo, y a la par, acostumbran otra reunión a la que llaman "la pre", y ahí empiezan a tomar, para llegar al festejo a tomar más.

Jóvenes que yo atiendo en mi consulta, si bien no tienen establecida una dependencia alcohólica, se encuentran en ese camino porque no pueden conceptualizar, el divertirse sin tomar. Hombres y mujeres, adolescentes y adultos jóvenes actualmente están tomando, de una forma tan frecuente, tan común, tan intensa y desenfrenada, que sobrepasan ampliamente las costumbres de los jóvenes de fines del siglo XX.

El consumo de alcohol avanza imparable. Es la substancia psicoactiva más y más utilizada. Le sigue el tabaco, la marihuana y los hipno-sedantes.

El aumento de consumo, va acompañado, en muchos grupos, en cambios en el modelo de ingerirlo. Hace 40 y más años, jóvenes y adultos (casi siempre hombres), se reunían por lo general el fin de semana, en una cantina, platicaban, cantaban, veían algún deporte, jugaban dominó, etc. y acompañaban dichas actividades placenteras con tomar. Otros hombres sobre todo adultos, acostumbraban en la vida cotidiana, ir al bar a tomar un aperitivo, o una botana antes de comer.

Actualmente las costumbres se han modificado. En todos los grupos, tanto jóvenes como adultos, en hombres y mujeres, han aumentado las borracheras. Se presenta un consumo equivalente a un atracón. Hombres y mujeres toman cinco o más copas en un par de horas.

Hace poco tiempo, en un "antro" muy popular en mi cuidad, hubo una competencia, propiciada por el mismo centro de reunión, para ver quién podía tolerar beber más copas de tequila. Un joven de escasos 20 años, tomó(entre los gritos de estímulo y aplausos) 40 copas. Yo considero que habrá sido consiente de las primeras 8 copas. Nadie lo detuvo. Horas después falleció de una pancreatitis hemorrágica. ¿Se castigó a los promotores de este evento? No.

El alcohol es la droga que inicia a una edad más temprana; alrededor de los 16 años, cuando el cerebro no ha terminado su proceso madurativo. Su consumo se ha convertido en un hábito en todo momento de fiesta; y en muchas otras actividades. Jóvenes que van de camping, o a esquiar en agua, a practicar un deporte, a la playa, a azar carne, lo común es que el alcohol, sea lo primero que la gente compra.

La evolución social, ha instalado nuevos hábitos. Mucha gente busca estar en forma, en mejores condiciones físicas, (asiste a gimnasios) de lunes a viernes; pero el fin de semana, no aceptan límites. Muchos grupos van estando más normalizados, más legislados, y el individuo se va sintiendo más exigido y más limitado. Ahora se le prohíbe fumar en todo espacio cerrado; se le prohíbe acelerar de mas, en autos potentes. Por la demanda laboral mucha gente no toma entre las semana; pero habiéndose portado bien, se libera el fin de semana en grandes atracones de alcohol.

El alcohol es la droga más barata, y la socialmente más aceptada. Si alguien comenta que ha inhalado cocaína, (mucha o poca) se le mira mal; pero si dice que ha estado bebiendo, no. Esto se debe a la ilegalidad de la cocaína, se debe a que el alcohol no produce rechazo, ni marginación social. No produce una necesidad de precaución.

Esta aceptación social, hace al alcohol imposible de erradicar. De todas las substancias adictivas, es la única que médicamente es aceptada, que si se consume con moderación, no daña; e incluso el vino, es saludable como antioxidante.

Sin embargo no hay que olvidar, que el alcohol es igual que todas las demás drogas. Un consumo esporádico puede no causar problema. La problemática aparece, cuando se pasa de un nivel de usuario ocasional a un tercer nivel de dependencia.

En general nadie le da al alcohol la importancia que tiene. Mi experiencia con adictos, me ha dejado muy claro que el alcohol es la droga de arranque o inicio, para el consumo de otras substancias. Esto es muy claro con los consumidores de cocaína. No es que todo bebedor evolucione a la cocaína; pero si sucede lo contrario. No he conocido consumidor de cocaína, que no haya incursionado primero con el alcohol. El efecto depresor que el alcohol produce en el bebedor, (cansancio, somnolencia, torpeza neurológica) rápidamente desaparece con el estímulo de la cocaína.

¿Cómo se llega a ser alcohólico?

En los primeros estudios teóricos sobre el alcoholismo. Sigmund Freud propuso la teoría de la evasión: "Las alteraciones del ánimo causadas por el alcohol, proporcionan el impulso necesario para que el pensamiento se retrotraiga a los períodos tempranos de la infancia, particularmente a la etapa oral, en la que principia el desarrollo psicosexual". Mas tarde, revisando sus primeros enunciados, Freud sugirió que los impulsos homosexuales reprimidos estimulaban la alcoholomanía, en aquellos individuos que, frustrados de sus experiencias hetero- sexuales, acudían a tabernas y cantinas para buscar consuelo en el alcohol, y la compañía de otros hombres.

Alfred Adler sostenía, que el origen de todos los problemas derivados de la toxicomanía alcohólica, radicaba en los sentimiento de inferioridad de los bebedores, atribuyendo la apetencia morbosa del alcohol, al anhelo individual de eliminar, la impresión penosa de la propia insuficiencia, sin tener que afrontar ninguna responsabilidad.

Algunos seguidores de la escuela de Adler, afirman que las causas del alcoholismo se derivan de un perpetuo estado de inseguridad, asociado a un sentimiento de insuficiencia social, cuyas raíces se remontan a los primeros años de la infancia.

Existen muchos estudios que han tratado de explicar los orígenes del alcoholismo. Según algunos reportes han concluido, que los alcoholómanos suelen ser psicóticos maniaco depresivos, que se dan a la bebida por el deseo o la necesidad de experimentar sentimientos de placer, euforia y alivio.

El Dr. E. M. Jellinek fue uno de los más destacados peritos en la materia; y su descripción de la curva que sigue un bebedor, es mundialmente reconocida en los grupos de recuperación de alcohólicos anónimos.

El Dr. Jellinek agrupó en cinco tipos diferentes a las distintas variedades de alcohofília. Los dos primeros tipos, corresponden a individuos pre-alcohólicos; que pueden derivar a una toxicomanía alcohólica (actualmente nos referimos como una adicción alcohólica).

El tipo **Alfa**, que comprende a quienes recurren al alcohol por razones psicológicas y creen que tomando una o dos copas superan su timidez o turbación.

El tipo **Beta**, abarca aquellos que experimentan una reacción adversa al alcohol (gastritis, neuritis, etc.).

En la variedad **Gamma**, ubicó las diversas características del tipo del bebedor predominante en las grandes sociedades industriales: con dependencia psicológica, ausencia de moderación, y de tolerancia, y que evolucionan a una dependencia fisiológica.

En el tipo **Delta**, describió a individuos violentos que nunca beben con destemplanza, pero que sin darse cuenta evolucionan a un estado de vida al servicio del alcohol.

Al quinto tipo, **Epsilon**, pertenecen aquellos que suelen embriagarse durante días o semanas, volviendo a un estado de abstinencia durante períodos intermedios, para regresar y recaer en otro período activo.

En los grupos de Alcohólicos Anónimos (A.A.), hay miembros que se identifican y se aceptan en alguno de los cinco tipos descritos por Jellinek. Es obvio que todos iniciaron en los dos primeros tipos o niveles.

Lo que expondré a continuación, tratando de aclarar una de las áreas mas confusas del alcoholismo, es decir su origen; está basado no sólo en lo que he leído respecto a este tema; sino lo que he aprendido en el trascurso de mi ejercicio profesional. Mi experiencia con esta enfermedad, se basa en consultas privadas con alcohólicos de diferentes niveles sociales y culturales. Mi trabajo de años de servicio y asistencia hospitalaria. Cinco años como director del Hospital Psiquiátrico del estado de Nuevo León, y mi observación y colaboración durante muchas horas de terapia de grupo de alcohólicos anónimos, de aquí (Monterrey) de otras ciudades de México, y de otros países.

Estoy seguro que usted lector, igual que yo, hemos escuchado y leído, a médicos de diferentes especialidades, a gente interesada en el tema, incluso de alcohólicos; una amplia gama de explicaciones sobre las causas de esta terrible enfermedad, que destruye física y emocionalmente a tantos seres humanos.

Hay quienes aseguran que es un problema de origen hereditario; y a pesar que no se ha determinado una alteración cromosómica como en otras enfermedades; esta teoría tiene muchísimos seguidores, porque tiene la enorme ventaja que el alcohólico no siente culpa; así nació, heredó esa problemática, no la buscó.

Otros la consideran una alergia al alcohol, o la asemejan a enfermedades como la diabetes. Según ellos, el origen es metabólico. El diabético no procesa el ciclo azúcar-insulina, el alcohólico no procesa adecuadamente el alcohol.

La gran mayoría hablan de una enfermedad altamente complicada, que conjuga alteraciones físicas y mentales. No precisan que es primero, si la alteración física o la mental. Para mí, toda enfermedad es física y emocional. Lo físico (el dolor) impacta a la mente; y lo emocional (la angustia) produce una serie de cambios en la fisiología del organismo, que al sostenerse producen daños físicos. En condiciones de vida dentro o fuera de la normalidad, somos un todo indivisible mente-cuerpo.

Para algunos colegas el alcoholismo es una neurosis. Hay quienes la diagnostican como una psicopatía. Para mí, el alcohólico no en un enfermo mental; y considero que el conceptualizar al alcoholismo como enfermedad mental, es una de las causas fundamentales de confusión en el entendimiento de éste problema.

Se dice que el alcohólico quiere destruirse a sí mismo al ingerir alcohol. Lo mismo tendríamos que decir del fumador, que sabiendo se expone a cáncer, enfisema, hipertensión o infarto, no deja de fumar. Igual sucedería con el obeso, en quien su sobrepeso está dañando su salud.

Otra teoría muy popular, dice que el alcohólico ingiere alcohol para escapar de la vida. Esto se podría aceptar parcialmente, si uno viera que el alcohólico ingiere hasta la borrachera; siempre que se le presentan grandes problemas. La verdad es que el alcohólico no necesita de ninguna tragedia en la vida para emborracharse. Lo contrario es lo más común. En medio de la mayor felicidad y prosperidad, el alcohólico ingiere alcohol hasta la intoxicación.

Un gran número de Psiquiatras no considera al alcoholismo como una enfermedad, **sino como el síntoma de una neurosis o de cualquier problema psicológico.** Bajo éste enfoque primero es la alteración emocional y secundariamente la alteración física, que trae el alcohol.

Es importante aclarar, que existen alcohólicos que al mismo tiempo padecen un desorden mental. De la misma forma que hay alcohólicos que padecen al mismo tiempo de corazón o de los riñones y que muchos enfermos mentales calman sus angustias, sus iras y sus inhibiciones con el abuso del alcohol. Si abundan enfermos mentales, que prefieren aceptarse alcohólicos, que asisten a alcohólicos anónimos, pero que no confrontan y mucho menos solucionan sus trastornos de carácter, y "disculpan" sus alteraciones conductuales por padecer de alcoholismo. Sin embargo repito: **No todo alcohólico es un enfermo mental.**

La causa de esta confusión reside en que cuando el alcohólico está bajo el efecto del alcohol, su conducta se desorganiza, y hace y dice cosas como un enfermo mental. Pero en general estos trastornos de la conducta son complicaciones de la ingestión de alcohol; que pueden llegar a cuadros de psicosis tóxica (aclaro que psicosis es una enfermedad mental grave).

Para añadir algo más a la confusión, se describe el concepto que el alcoholismo es el resultado de algún trauma de la infancia y que ahora se manifiesta por medio del abuso del alcohol. Padres dominantes, madres dominantes y/o sobre-protectoras que exageraron la dependencia del hijo y luego de adulto sigue pegado a la teta o al biberón, en la botella de licor.

A pesar de mi formación psicoanalítica, yo me resisto a aceptar que todo alcohólico, quiere lograr mediante la ingestión del alcohol, una satisfacción sexual, por un anclaje en la fase oral de los primeros meses de vida, como lo planteó Freud.

Fundamentalmente para mí, no hay ninguna diferencia entre la personalidad básica del alcohólico y el abstemio. Lo repito para enfatizarlo.

El alcohólico no es necesariamente un enfermo mental; como ser humano no hay diferencia entre el alcohólico y aquel que tiene la tendencia a no serlo.

Cuando por primera vez me enfrenté con la responsabilidad de tratar enfermos alcohólicos, sentí una gran ansiedad por mi ignorancia. Mucho antes de conocer la causa, sabía tratar problemas de intoxicación aguda. Había tratado en el hospital cuadros de Delirium Tremens, sabía de los efectos del alcohol en el hígado y/o el páncreas.

Perdí a mi padre, quien tenía cincuenta años de edad (cuando yo era estudiante de medicina), por la ruptura brusca y masiva de varices esofágicas a causa de cirrosis hepática alcohólica; y viví algunos aspectos de las alteraciones familiares que suceden cuando hay un alcohólico. En la residencia de psiquiatría tuve conocimiento de la terapia de A.A. y su alto porcentaje de éxito en todo el mundo. Conocí antes que muchos médicos de mi generación, la verdadera descripción de la enfermedad, desde sus primeras etapas a las últimas, y la curva que sigue el enfermo, descrita por Jellinek.

Pero si quería tratar alcohólicos, era indispensable conocer la causa del alcoholismo, y separar dos variables que a muchos colegas confunden: la causa del alcoholismo, de el hecho de porque la gente ingiere alcohol.

El hecho de por qué la gente ingiere alcohol ya se ha descrito. Por todo, el niño en su desarrollo observa las costumbres de sus padres y los adultos que lo rodean. Vive como el lugar preferido en las reuniones familiares, es el bar de la casa; los ve tomar y reír. Como ya se describió, lo externo al niño se hace interno, y esto influye en su procesos de identificación. Ese niño aprende que es bueno, relajante y fuente de felicidad, el tomar. Se hace adolescente, y como ya se ha descrito se inicia en el alcohol.

Esto explica porque la gente toma alcohol. Porque sus padres lo hacían, y se identificó con ellos, por ser aceptado en su grupo, por que le invitan y hacerlo le relaja, etc. Pero todo esto sólo nos aclara por que la gente toma y no toda la gente que toma, evolucionan a una enfermedad alcohólica.

Cada enfermedad que conocemos, es enmarcada en un grupo o subgrupo según sus características y lo que la origina. Así por ejemplo existen enfermedades infecciosas y todas ellas tienen en común, el que son producidas por microbios, todas presentan reacciones febriles, malestar general, etc.

Otras enfermedades son alérgicas, otras metabólicas, traumáticas, hereditarias, etc. etc. etc.

Para el propósito de este tema mencionaré el grupo donde se ubica la enfermedad del alcoholismo. Este grupo esta formado por las enfermedades adictivas. Adicción o farmacodependencia quiere decir que la persona que es adicta a una substancia (cocaína, marihuana, nicotina, alcohol, etc.) sea lo que sea, cuando después de un tiempo de tomarla, súbitamente deja de ingerirla, presentará una serie de signos y síntomas que se deben a la supresión y conocemos como síndrome de abstinencia. (ver el Capítulo 7).

Siguiendo una forma de razonar, lógica y sistemática, podemos afirmar lo siguiente: La causa de una tuberculosis es la acción de un bacilo, la causa del SIDA es la acción de un virus, la acción de la morfina la produce la morfina y la causa del alcoholismo es el alcohol, y para que esta adicción tome lugar, no es necesario que la persona presente ningún trastorno emocional o psicológico previo, a la ingestión del alcohol.

Ahora bien, usted se preguntará, si la causa del alcoholismo es el alcohol, ¿Cómo es que, no todos los que ingieren alcohol padecen de alcoholismo? Esta pregunta natural y lógica quedará contestada con todo detalle más adelante.

Cuando uno estudia la causa de cualquier enfermedad infecciosa, debemos conocer qué es lo que tiene ese microbio que es capaz de producir una infección. Lo mismo es aplicable en relación a las enfermedades adictivas. Cualquier substancia química que produce adicción tiene la propiedad de que uno ha de aumentar la dosis ingerida de manera automática, debido a que ésta pierde sus efectos a medida que uno prolonga su uso. Así, en un principio una copa de licor nos satisface, su efecto estimulante nos produce un estado de euforia, o sea un sentido alegre de bienestar. A medida que pasa el tiempo y uno vuelve a tomar, y periódicamente continúa, el alcohol pierde sus efectos y para lograr el efecto eufórico, se ha de aumentar la cantidad ingerida, este aumento automático en la ingestión del alcohol es un factor importantísimo en la adicción.

¿Cómo actúa el alcohol en el organismo?

No creo caer en la exageración si afirmo que el alcohol no deja una parte del cuerpo libre de su acción nociva. Este hecho de carácter médico es muy difícil de aceptar, debido a que se le puede comprar legalmente, y es consumido de una manera general, sin que el usuario se percate de su toxicidad.

Imposible enumerar todos los efectos del alcohol en el cuerpo. Se metaboliza principalmente en el hígado, irrita al estómago y al páncreas, altera los procesos cardiovasculares, etc. etc.; pero me centraré en el órgano predilecto del alcohol: El cerebro, ya que es clave en el mismo proceso del alcoholismo.

El alcohol, sin sufrir ninguna transformación, pasa del estómago a los vasos sanguíneos, y se reparte por todo el cuerpo, siendo el cerebro uno de los primeros que toca. Como el tejido nerviosos cerebral está constituido por substancias químicas ávidas de absorber alcohol, es aquí donde se retiene por más tiempo. Cuando la sangre ya está libre del tóxico, éste aún se puede encontrar en el líquido cefalorraquídeo tres horas después.

El cerebro se divide en varias partes, y el alcohol actúa principalmente en la corteza y en el hipotálamo. Sobre la corteza cerebral funciona como depresor de el sistema nervioso central y en dosis altas actúa como anestésico. El individuo se desinhibe, pierde su autocrítica y puede hacer y decir cosas que sin el alcohol no se atrevería. Puede además, actuar su impulsividad sin control. Por los efectos del alcohol la persona puede perder la orientación del lugar, del tiempo y de las personas; llegando a confundir a una persona por otra. En un estado de embriaguez moderada o severa, el juicio crítico se pierde.

La otra parte de sumo interés para nosotros, es el hipotálamo. Este es el centro de control del sistema nervioso simpático y parasimpático que regula las funciones automáticas de los órganos internos. Aquí esta constituida además la base física de las emociones.

En este momento que está leyendo, quizá cruce las piernas, si esta posición les resulta más cómoda; o bien se levante y busque un cenicero o un café. Con esta breve descripción, quiero señalar, que está haciendo una serie de cosas las cuales están bajo el control de su voluntad.

Pero al mismo tiempo, todas las glándulas del cuerpo funcionan normalmente, el corazón late en su ritmo normal, las glándulas suprarrenales segregan adrenalina, las substancias químicas de la sangre se mantienen en un nivel normal, lo mismo sucede con la presión arterial, etc.

¿Qué parte del cerebro mantiene este equilibrio interno, de una manera automática sin necesidad de la intervención de nuestra voluntad? **El hipotálamo**, junto con una glándula maestra llamada la **pituitaria**, y una red de nervios repartida por todo el cuerpo y que va a todas las glándulas, corazón, etc. regulando las funciones vitales del cuerpo con eficiencia y armonía.

Podemos comparar al hipotálamo y su red nerviosa como una gran orquesta sinfónica, en la que el director es el hipotálamo y la red de nervios los instrumentos; y podemos fácilmente deducir que si el director está en buena salud, el resto producirán una buena sinfonía. Pero si el director –el hipotálamo- está enfermo, lo que resultará es un desarreglo musical desagradable e incomprensible. El hipotálamo es además el blanco de nuestras emociones. Así, cualquier emoción llega al hipotálamo y vía la red nerviosa autónoma (libre de nuestra voluntad) efectúa cambios en nuestro cuerpo.

En la adolescencia el hipotálamo funciona de una manera muy desorganizada y este desequilibrio es normal, a esto se debe que el adolescente tenga una manera muy exagerada de reaccionar en sus emociones, y cambie bruscamente de un estado de malhumor a un buen humor exagerado; se ría de cosas mínimas, o llore por algo sin importancia. A medida que pasan los años se hace más y más estable hasta llegar a la madurez (38-40 años).

Madurez emocional quiere decir reaccionar en proporción a los que nos sucede. Inmadurez emocional es reaccionar fuera de proporción frente a lo que nos sucede.

Consecuencias del Alcohol.

¿De qué manera esta acción directa del alcohol afecta al hipotálamo y cuáles son sus consecuencias?

En general podemos decir que el alcohólico empieza a ingerir bebidas alcohólicas en la edad de la adolescencia. La acción directa del alcohol en el hipotálamo interrumpe el proceso normal de esta parte del cerebro, hacia la madurez. Esto da por resultado que el alcohólico a la edad en que tendría que tener un hipotálamo al máximo de su estabilidad, debido a la acción del alcohol, tiene un órgano inestable, como un adolescente, o más excitable que el de un adolescente.

Esta es la explicación a la manera irracional en que el alcohólico reacciona frente al menor contratiempo. Las formas exageradas en que reacciona emocionalmente. En pocas palabras el alcohólico de 40 años tiene un hipotálamo de un joven de 15 ó 17 años.

La constante híper-reacción desproporcionada, el tomar las cosas importantes de una manera exagerada; el no atender con seriedad situaciones importantes; causas de grandes discusiones y disgustos familiares, son manifestaciones del desequilibrio del hipotálamo, producido como ya lo dije, por la acción del alcohol en esta parte del cerebro.

Para que esta lesión tenga lugar, no es necesario que la persona tenga ningún problema emocional previo a la ingestión del alcohol. Es el alcohol por si mismo el que daña al hipotálamo y esto impulsa al alcohólico a la ingestión de más bebidas alcohólicas.

La necesidad corporal por el alcohol, nace en el hipotálamo, y si la lesión es pequeña, el tejido nervioso vecino compensa su funcionamiento; pero si la lesión es mayor (como el tejido nervioso no se puede reparar como el músculo o el hueso), entonces el alcohólico nunca podrá tomar de una manera ocasional.

El hipotálamo reacciona bajo el estímulo del olfato y de la vista. Si uno ve o huele un plato de comida bien preparada, la boca se llena de saliva; debido a que por la acción del hipotálamo, son estimuladas las glándulas salivales. Esto es muy importante para el alcohólico, ya que estímulos comerciales televisivos o la visita a amigos en un bar, pueden despertar en él la necesidad intensa de ingerir alcohol.

¿Por qué no todos los individuos que toman alcohol, evolucionan o llegan a ser alcohólicos? ¿Por que algunas personas tienen una resistencia natural al alcohol y otras no? Lo mismo sucede con la resistencia o fragilidad natural hacia otras enfermedades infecciosas o adictivas. En una misma sala de hospital distintos enfermos reciben barbitúricos para dormir, o derivados morfínicos para el dolor. Algunos se hacen adictos y otros no. En mi época estudiantil en la facultad de medicina, algunos tomamos en época de exámenes, anfetaminas para no dormir y continuar estudiando grandes volúmenes que había que memorizar; a unos no nos pasó nada, otros evolucionaron a serias adicciones.

Este hecho de la resistencia a determinados productos químicos, es evidente, a pesar de que uno no tenga una explicación científica de ellos. Resistencia al alcohol quiere decir que algunas personas tienen un hipotálamo resistente al tóxico y otras lo tienen susceptible a él; éstas últimas serían aquellas que llegan a ser alcohólicas.

Desafortunadamente en la actualidad, no hay manera de predecir a través de pruebas de laboratorio y observación clínica, quien es susceptible o quien es muy resistente a este producto químico. También es muy desafortunado el hecho, que por la confusión existente en el origen; el diagnóstico de la enfermedad se hace hasta que están presentes las complicaciones; es decir el cuarto nivel descrito con anterioridad, y perdiéndose así un tiempo precioso. No existe duda de que el período silencioso de incubación de esta enfermedad dura mucho menos de cinco años y en muchas ocasiones la adicción está establecida al año de ingerir alcohol

Tratamiento del Alcoholismo.

El tratamiento para el alcoholismo, que mejor funciona en el mundo, es la terapia de grupo de Alcohólicos Anónimos (A.A.); ya que el 75% de los adictos al alcohol, aquí dejan de tomar. Esta terapia es una magnífica combinación de conceptos médicos y religiosos.

El alcohólico promedio que busca ayuda en un consultorio; no acepta tener problema con la bebida- considera que bebe lo "normal" e inclusive argumenta que su hábito de tomar alcohol, es muy inferior al de sus amigos.

Además el concepto de normalidad, depende de el definidor. Alguien puede considerar normal tomar media botella de licor fuerte en un día, o tomar una botella entera. Esta falta de conciencia de enfermedad, entorpece desde el inicio una psicoterapia. Contrariamente, el requisito No. 1 en los grupos de A.A.; es aceptarse alcohólicos y además incompetentes para manejar sus vidas. Esta terapia de grupo sigue doce pasos y se apoya en doce tradiciones y uno de sus soportes principales es, seguir un proyecto de no beber por 24 horas, y reafirmarse cada día. "Sólo por hoy". Ayer ya pasó y mañana todavía no llega. Así de día en día, de pronto el alcohólico ya está festejando (ahora con café y pastel) su primer aniversario de sobriedad.

Esta terapia no cambia la estructura del aparato mental del alcohólico. El enfermo logra sacar el alcohol de su vida, pero a cambio necesita estar pegado al programa de A.A. Si deja de asistir a sus reuniones por considerar que ya no las necesita, las posibilidades de recaída son altísimas. En otras palabras pasa de una dependencia al alcohol, a una dependencia a su grupo de A.A.

Por supuesto es más sana esta nueva dependencia, que le ha permitido recuperar familia, trabajo, y salud; que la dependencia destructiva al alcohol.

En mi trabajo como psicoterapeuta, acostumbro plantear a quienes me piden ayuda por alcoholismo, llevar una terapia mixta. Es decir que asista a un grupo de A.A. y en lo personal comprenda las raíces de su adicción, y aprenda una forma de vida que no sea autodestructiva, modificando el manejo de su coraje, (el que ha llevado contra sí mismo y contra su familia). Solucione sus sentimientos de culpa (y evolucione a no castigarse con su adicción), y se reeduque a una vida más plena en sobriedad.

Cómo entender la sobriedad.

La palabra sobriedad viene del Latín sobrius que significa: "Moderado especialmente en comer y beber". Es lo opuesto de ebrio del latín ebrius "embriagado o borracho" "ebrio, se utiliza también en el sentido figurado para describir "ofuscado por una pasión". Por ejemplo "ebrio de ira, ebrio de amor".

En los grupos de A.A. se utiliza el concepto "borrachera en seco" para describir la conducta de alguien que sin tomar alcohol, se sintió o actuó como si estuviera ebrio es decir: "ofuscado por un sentimiento intenso".

Apegándonos a estas definiciones, la sobriedad alcohólica correspondería al usuario ocasional del alcohol, que además lo hiciera en forma moderada. Es decir, el bebedor fuerte, aunque no sea un enfermo con una dependencia, tampoco sería un sobrio por lo inmoderado de su forma de beber.

En el programa de A.A. el significado de la palabra sobriedad, no sigue la raíz latina. Aquí, sobriedad es equivalente a abstinencia completa, absoluta, de bebidas alcohólicas: la idea de que el alcohólico retorne a la ingestión ocasional de alcohol es inaceptable. El no querer aceptar este concepto, es la causa más común, por la cual algunos alcohólicos después de unos meses, o inclusive años de abstinencia, regresan a beber incontroladamente.

En este mismo capítulo, ya quedó aclarado que cualquier excitación que se haga con alcohol, sobre el hipotálamo despierta la necesidad de ingerir más alcohol. Como es lógico, cuanta más intensa sea esa excitación, con más facilidad y rapidez se despertará el deseo de ingerir alcohol.

Como sabemos, el alcohol aún en pequeñas cantidades, es el excitante más intenso del hipotálamo. Esta es la razón por la cual, es más fácil abstenerse de tomar alcohol de una manera absoluta, que después de una primera copa. Algo parecido sucede con otras conductas compulsivas o adictivas; el fumador de cigarrillos, el dependiente de cocaína, etc. después de una semana de abstenerse, empieza a hacer un consumo ocasional, y con muy buenas intenciones sigue esta rutina por un tiempo, pero fatalmente regresa a un uso inmoderado.

Esta posibilidad de consumo moderado o "sobriedad" cabe solamente en los trastornos de la alimentación, ya que quien padece de obesidad, no puede evolucionar a una abstinencia absoluta de alimento, sino a la sobriedad.

Un sujeto que se mantiene en abstinencia de alcohol con frustración, mal humor, depresión ira, etc. ¿Esta en sobriedad? definitivamente no. Quien se mantiene en abstinencia, pero vive frustrado y deprimido, no está en sobriedad a pesar de su abstinencia, porque no cumple con la variable de "calidad" que se define en la raíz etimológica.

Sobriedad equivale (dentro de A.A.) a una abstinencia acompañada de una vida ordenada y feliz. Una forma de vivir en la cual, el enfermo alcohólico disfruta, no toma, y no lo padece.

Además de dejar de ingerir alcohol, el paciente gradualmente regresa a la vida normal, a la sociedad de la cual forma parte, con sus posibilidades de mejorar, y de hacer frente a los contratiempos que se presenten en la cotidianeidad de todo humano.

Por lo tanto, debemos de entender la sobriedad, como una abstinencia con calidad, y diferenciarla de quien disminuye la ingestión de alcohol, continúa tomando en forma moderada, y persiste en estimular su hipotálamo.

El enemigo, que más frecuentemente he observado en alcohólicos que quieren mantenerse sobrios, es la impaciencia.

Esta impaciencia hace que encuentran poca satisfacción, al ver que su sobriedad no les da aquello que quieren, de un día para otro.

Esta impaciencia no es exclusiva de las terapias de trastornos adictivos. Muchos pacientes en psicoterapia o psicoanálisis se desesperan, porque a pesar de ver la raíz de su conflictiva, su conducta no cambia tan fácilmente, otras veces la impaciencia está en la familia.

No es raro que en mi trabajo cotidiano, reciba el reclamo de un padre de familia, "Doctor ya tiene ocho meses tratando a mi hijo, y no veo suficiente cambio, sigue casi igual, y ya he gastado mucho dinero", explico con calma que mi trabajo es una reeducación de las emociones y que lograr cambios sustanciales lleva tiempo; las ideas y los hábitos cambian despacio, pero lo que quisiera decir en estos casos, es: "¿Quieres que cambie en unos meses, lo que a ti y a tu esposa les llevó años dañar?" Por esta búsqueda de resultados rápidos (que cuando se obtienen así, son cambios superficiales) es que la gente prefiere terapias breves, de apoyo, coaching, constelaciones familiares, etc. etc.

Afortunadamente también trabajo con persona que tienen el sentido común, la cultura y la comprensión, de el alto grado de dificultad que representa cambiar formas, modos, modalidades, que se iniciaron desde el nacimiento y que en una evolución normal culminan en la salida de la adolescencia, alrededor de los veinte años. El enfermo alcohólico debe comprender al llegar a la terapia de A.A. que para reorganizar su vida requiere tiempo, esfuerzo y paciencia.

Conozco un buen número de enfermos alcohólicos que sienten una profunda frustración, al ver que todo el esfuerzo de su abstinencia, no les da lo que ellos quieren por una vía rápida. Igual sucede al obeso que acumuló kilos lenta y gradualmente, y quiere quitárselos ¡pero ya!, por que tendrá una boda o vacacionará en la playa. Para que el alcohólico pueda decir que sabe lo que es una vida de sobriedad, toma cierto tiempo, de la misma manera tuvieron que pasar unos años, antes de que pudiera decir que sabía lo que era una vida alcohólica.

El enfermo debe hacer un esfuerzo mental, e imaginar un escenario de lo que será su vida sin alcohol, y compararla con la vida hecha a base de intoxicaciones constantes. Si no puede ver ventajas en el mantenimiento de la sobriedad, nunca dejará la actividad alcohólica, con todos sus resultados trágicos.

Habiendo puntualizado que, sobriedad es: abstinencia con calidad de vida. ¿A qué se debe las diferentes formas de sobriedad que pueden observarse en los enfermos alcohólicos? La misma causa por la que vemos diferentes formas de evolucionar al tratamiento (sea A.A. psicoterapia o cualquier otro tipo de terapia): a la diversidad de personalidades que existen detrás de cada alcohólico, y a las diferentes causas emocionales que llevaron a cada uno a su adicción.

Si se identifica sólo el no tomar como la curación, esto correspondo a una aceptación pasiva. "no tomar porque ya no puedo tomar", esto es una actitud negativa, que sólo pude llevar a la abstinencia.

Es diferente cuando surge desde la conciencia, la necesidad de cambio. Esta actitud activa, positiva, si puede evolucionar a una auténtica sobriedad. Así, se logra reemplazar el beber, por auténticos valores, por los que el alcohol ofrece sólo un símbolo, una caricatura convencional.

El enfermo debe decidirse él mismo, en plena conciencia, antes de comprometerse a un nuevo camino de la vida sin alcohol. Pues su cura representa en el presente y sobre todo en lo futuro un gran esfuerzo para poder hacer un giro de 180 grados en su existencia y en su conducta. El estado d sobriedad corresponde sin lugar a dudas a una franca mejoría en la personalidad del enfermo alcohólico.

Revisemos un comparativo de dos columnas entre las características de una verdadera sobriedad vs las características de la abstinencia:

Sobriedad.

1. Se hace más flexible.
2. Su ansiedad es moderada y es manejable.
3. Mejoría en todas sus relaciones, por lograr una mayor capacidad de integrarse en grupos, familia, trabajo y sociedad.
4. Mayores posibilidades de verbalizar lo que siente y piensa.
5. Mejor manejo de su agresividad, aparecen formas maduras. Expresa lo que le molesta y en lo que no está de acuerdo. Sublimación.
6.Mayor valoración por sí mismo como persona.
7. Mayor capacidad de amar y de empatía.

Abstinencia

1. La rigidez del abstencionismo
2. Crisis de ansiedad aguda.
3. Persistencia de bloqueo en sus relaciones.
4. Encierro en sí mismo, no verbaliza (en los grupos de A.A. no habla sólo asiste)
5. Agresividad incontrolada, explosiva, formas inmaduras, persistencia de agresividad contra sí mismo.
6. Persistencia de sentimientos paralizantes, de inferioridad y fracaso.
7. Persistencia de egoísmo y ausencia de empatía.

Los rasgos negativos que se pueden observar en el alcohólico que no ha logrado mejorar su personalidad con el programa y al abstinencia; es decir que no ha crecido, son los factores que influyen en la provocación de recaídas (círculo vicioso).

La tensión no resuelta y los resentimientos , lo llevan a mantener formas de personalidad pre-alcohólica, es decir, la que tenía previamente al uso del alcohol; emergiendo nuevamente como si hubiera estado cubierta por un mar de alcohol, por esto algunos enfermos requieren complementar en alguna psicoterapia su programa A.A.

La sobriedad del alcohólico, no trae ninguna calma al hogar, cuando la incompatibilidad emocional de la pareja es anterior al alcoholismo. En muchos casos el alcohol fue la fuga que encontró uno o el otro miembro de la pareja y de esta forma, el alcohol sólo empeoró más aún la conflictiva. Es obvio que al no estar ahora presente el alcohol aparezca la conflictiva previa.

De igual forma, si el alcohólico es básicamente una persona irresponsable, la abstinencia no lo hará mejorar la situación económica de él y su familia. Continuará irresponsable y si es un individuo ineficiente en su área laboral, lo que hace en el trabajo, no mejorará, aunque no esté bajo la influencia del alcohol. Y si es torpe, la abstinencia no lo hará listo, etc. etc. etc.

Cada enfermo alcohólico o con cualquier otra adicción deberá contestar las siguientes preguntas:

1. ¿Qué quiero con mi sobriedad?
2. ¿Qué me ofrece la sobriedad?
3. ¿Qué ventajas tendré con una vida sin intoxicación?
4. ¿Qué diferencia habrá entre la vida que llevé en mi pasado, y la que puedo obtener con sobriedad?

La respuesta a estas preguntas será lo que la sobriedad signifique para cada quien y ese significado es lo que dará la razón o motivación por la cual el alcohólico luche por obtener una abstinencia permanente, con calidad de vida.

En trastornos de la alimentación (obesidad) también se requiere una motivación para lograr y mantener la sobriedad, ya sea salud, usar un bikini, vestir ropa de marca, etc. Con la sobriedad el alcohólico (a), podrá recuperar cosas y relaciones que se perdieron en la fase activa del alcoholismo. Se podrá reconstruir parte de lo destruido y al mismo tiempo se podrán construir cosas nuevas.

Bajo el efecto del alcohol, el sujeto vive haciendo grandes, planes, con sobriedad se percata que lo que cuenta es lo que hace, no lo que piensa hacer, o lo que podría hacer. Con sobriedad se puede dar frente a las obligaciones de una manera definitiva. La sobriedad debe lograrse para la satisfacción de sí mismo, no para satisfacer a nadie, Debe ser algo necesario que esté por encima de todo.

El alcohólico debe conceptualizar la sobriedad como algo que lo beneficia a él.

No por darle gusto a su familia, o para satisfacer al dueño de la organización para la cual trabaja.

Debe querer su sobriedad, no por el hecho de que se le amenaza con un divorcio, o por miedo a perder sus trabajo. Debe querer su sobriedad, por haber decidido cambiar su proyecto de muerte, por un proyecto de vida. Por supuesto, que su beneficio, se ampliará a aquellos que lo rodean.

Pero le recuerdo lo descrito con el capítulo 4, en una jerarquización adecuada (ver Figura 24), primero es la persona, luego la familia, mas hacia fuera está su trabajo y al último su entorno social.

Este enfoque egoísta, es indispensable para lograr una calidad de sobriedad. El enfermo ha de querer su sobriedad, aunque a nadie le importa, ya que así, podría respetarse a sí mismo, y obtener la dignidad que le corresponde como ser humano que es.

Bajo este lente de observación, llegar a una sobriedad, corresponde a tomar el control, la rienda de las emociones, lograr, un estado de madurez emocional, que se traduce en tranquilidad, equilibrio, mesura y seguridad.

Con la sobriedad el enfermo nace a una nueva vida. El obeso, bulímico, o anoréxico, logra regular su alimentación y no regresa a su trastorno alimentario. El neurótico se despega de su sintomatología, o termina la relación que el da sufrimiento, es decir: evoluciona de la enfermedad a la salud.

En las adicciones al alcohol y a las drogas mayores, la sobriedad sostenida es la salvación.

Características de las alteraciones psicológicas, que se presentan en la gran mayoría de los hijos de padres alcohólicos:

1. Los hijos de alcohólicos son terreno fértil para seguir conductas adictivas.

A pesar de haber sufrido con el alcoholismo de uno de padres, y de reprobar dicha conducta; los hijos de alcohólicos, fácilmente evolucionan a la misma conducta por identificación, es decir se hacen alcohólicos. Los que se proponen no repetir ésta conducta; tienen dos posibilidades: se casan con otro adicto; y ellos actúan la conducta adictiva en otra área, ya sea en comida, trabajo, ejercicio, etc.

2. No saben lo que es un comportamiento normal y por ende lo adivinan.

El hogar de un alcohólico no es “normal”. La vida gira en torno al adicto y la mayoría de los miembros de la familia deben aprender a sacar a su familia adelante, como ellos crean. Los hijos de padres alcohólicos o drogadictos no viven la misma vida que sus compañeros “normales”. Por lo tanto, el niño, luego adulto simplemente debe hacer todo lo posible por mantener la “normalidad”, como la ha observado en la de los amigos, la televisión, o simplemente adivinado.

3. Tienen dificultades para seguir un proyecto de principio a fin.

En la casa de un adicto, la vida diaria es francamente interrumpida debido a la conducta alterada o las acciones impredecibles de los adictos. Por ejemplo la familia puede empezar a jugar un juego de mesa, pero luego el papá llega a casa y todos deben dejar de jugar. O tal vez mamá se comprometió a ayudar a trabajar en un proyecto escolar, pero luego pierde el conocimiento y no sigue adelante con su promesa. Cuando la terminación y/o el seguimiento de proyectos no es constante después es una habilidad difícil de aprender para el hijo-adulto de un alcohólico.

4. Mienten en situaciones donde sería igual de fácil decir la verdad.

Como hijo de un alcohólico, hay que mentir constantemente e inventar excusas para "proteger" al padre adicto. El niño también escucha a los padres y demás familiares formar historias con frecuencia. Este comportamiento es una necesidad para mantener a la familia del adicto intacta, y por lo tanto se convierte en un rasgo natural. Una vez que el niño adquiere este comportamiento, tiende a quedarse con él ya de adulto.

Los niños mienten y maquillan la realidad, principalmente por la pena o vergüenza que les produce el caos familiar en el que viven (gritos, vómitos, incapacidad funcional del padre alcoholizado; violencia física y/o psicológica)

Además se identifican con un padre que regularmente miente, para minimizar su adicción.

Posteriormente de adultos mienten en situaciones tan simples como la ruta que se siguió para llegar a su casa, o que tipo de fruta le gusta. A menos que el niño o el adulto reciba suficientes consecuencias (ya sea interna: la culpabilidad/ansiedad, o externas como tener problemas con alguien), los hijos de padres alcohólicos pueden empezar a practicar el arte de decir la verdad.

5. Se juzgan sin piedad.

No importa lo que el hijo de un alcohólico haga, ellos no pueden "arreglar" a sus padres o a su familia. Ellos pueden ser capaces de cuidar a el adicto o a otros miembros de la familia, pero no son capaces de solucionar la raíz del problema: la adicción y la disfunción familiar. No importa lo bueno que el niño sea para el futbol, o sus calificaciones en la escuela, no importa lo limpia que pueda mantener la casa, o lo "bueno" que sea, no puede solucionar la conducta del adicto.

Además el hijo de un alcohólico tiende a culparse a sí mismo por las cosas malas que suceden en la familia, y con frecuencia esto lo llena de culpa absurda (cap.5)

Además el perfeccionismo es muy común, en los hijos de padres alcohólicos.

6. Tienen dificultades para divertirse.

Crecer con un padre adicto no es divertido. A los niños no se les permite ser niños. Cuando los niños no tienen alegría, posteriormente de adultos por lo general no saben disfrutar de la vida. Ellos están constantemente preocupados por su padre adicto, o están en problemas por cosas de las que no son responsables.

El adicto es el "niño" en la relación familiar. Debido a esto, el niño no sabe cómo ser un niño. Ha tenido que funcionar como adulto mucho tiempo antes, de lo que le corresponde.

7. Se toman a sí mismo muy en serio.

Debido a la alteración de los roles familiares en los que crecen, los hijos adultos de alcohólicos se toman a sí mismo muy en serio. El peso de la familia, y por lo tanto del mundo, está en sus hombros.

8. Tienen dificultades con las relaciones íntimas.

Al nunca haber conocido una relación "normal" no sabe cómo tener una. El hijo adulto de un adicto no confía en los demás. Ha aprendido que las personas no son dignas de confianza, y ha tenido su corazón roto desde una edad temprana.

Nuevas relaciones deben ser manejadas con precaución, porque el hijo de un alcohólico no quiere que los demás descubran su secreto. Han aprendido a aislarse de los demás para proteger sus sentimientos así como para proteger a su familia.

9. Hiper-reaccionan a los cambios sobre los cuales no tienen ningún control.

El hijo de un alcohólico/adicto no tiene control sobre su vida la mayor parte del tiempo. Ellos no pueden controlar cuando un padre está borracho, o que el padre sea un adicto. Un niño necesita sentirse seguro. Debido a esta falta de control como niño, posteriormente de adulto, necesita saber lo que va a pasar, cómo va a suceder y cuándo.

10. Buscan constantemente aprobación y afirmación.

Al crecer sin reglas y expectativas regulares y consistentes, no pudieron hacer a sus padres felices. Sin saber lo que es "normal", o que se espera de ellos, los hijos de alcohólicos necesitan que alguien les diga que lo que están haciendo es lo correcto. A menudo son indecisos e inseguros de sí mismos.

11. Suelen sentir que son diferentes de los demás.

Los hijos de alcohólicos saben desde muy temprana edad, que su casa no funciona normal Al visitar las casas de los amigos, observan y comparan las formas como funcionan otros padres. Se percatan que sus compañeros tienen que seguir reglas constantes como son: terminar primero su tarea, y luego poder ir a jugar. Cenar a determinada hora, bañarse, e ir a la cama, todas las noches. Así, se dan cuenta que ellos no están acostumbrados a esas estructuras.

12. Son: o muy responsables, o muy irresponsables.

Los hijos mayores de edad a menudo luchan con la ansiedad, el perfeccionismo, los trastornos alimentarios, o con trastornos obsesivo-compulsivos. Estos síntomas pueden llevarlos a buscar ayuda de psicoterapia, y con el apoyo adecuado, evolucionar a una vida normal.

El resultado opuesto es que sea el "caos" de la fiesta. Este niño adulto puede desarrollar adicciones. Puede evolucionar a vivir una vida muy parecida a su padre adicto, por el proceso de identificación.

13. Son extremadamente leales, incluso en casos donde es evidente, que la lealtad es inmerecida.

Debido a estas bajas expectativas, un hijo de un alcohólico/adicto termina con frecuencia en una relación con otro adicto, parejas abusivas, o con relaciones no saludables.

14. Son impulsivos.

No visualizan las posibles consecuencias de su impulsividad, ni consideran otras conductas alternativas más mesuradas. Esta forma impulsiva conduce a la confusión, odio a sí mismo y la pérdida de control sobre su entorno. Además, gastan una cantidad excesiva de energía en limpiar el desorden que generan.

Este último rasgo es bastante autodestructivo. Tendrán que luchar siempre por no caer en comportamientos incorrectos, cualquiera sea la forma que se adopte. (17)

Dificultades para la prevención.

El alcohol es la adicción mas común a nivel mundial. El uso del alcohol es tan habitual que está presente en todos lados. Las escasas medidas preventivas que se practican, resultan esfuerzos muy débiles. Son algo así como patadas de mosca, ante una aplastante maquinaria de producción, envase, transporte, venta y publicidad; que produce tantos dividendos y da empleo a miles de personas.

En los países mas desarrollados, han endurecido las penas en automovilistas detectados con alcoholemia; y han logrado evidentes reducciones, en accidentes y muertes. En los países subdesarrollados, las revisiones antialcohólicas que eventualmente establecen los departamentos de tránsito; sólo se han traducido en multas menores y/o sobornos a la autoridad. Lo único que se ha logrado, como medida preventiva, en los medios de comunicación, es que todo anuncio de bebidas alcohólicas, aparezca escrito en la parte baja de la pantalla, y se escuche una voz que dice "Evita el exceso".

Pero, ¿Cuánto es un exceso?, ¿Qué es tomar una dosis normal? Para el renombrado cardiólogo Dr. Valentín Fuster, tomar con moderación es ingerir dos bebidas en 24 horas, sean dos cervezas, dos copas de vino, dos whiskeys, etc., la tercera ya es entrar en un exceso. Además no son acumulables (no tomar 5 días y el 6°. tomar doce)

Y por lo que el lector ha leído hasta aquí, ¿Cree que será posible que una persona ya "alegre", "eufórica", "impulsiva", o "mareada", sin un freno consiente, podrá seguir el consejo: "Evita el exceso"?

Es posible si sólo tomó una o dos copas.

Si en un futuro, el sector salud, toma conciencia de las necesidades de prevenir el alcoholismo, tendrá que trabajar en ésta línea, comprobar que el mensaje "evita el exceso", no sirve para nada. Buscar otro tipo de información, que sea efectiva, en la prevención de esta adicción, y exigir que en todo noticiero donde informen sobre accidentes, riñas, violencia de género, violaciones, etc. se precise si hubo o no, la presencia del alcohol. Deberán endurecerse y sostenerse, las leyes que prohíban (y se castigue) a quienes manejen un medio de trasporte, habiendo ingerido alcohol.

La difusión suficiente de los efectos nocivos del alcohol, quizá llegue, cuando se inicien demandas a los productores, como ha sucedido con las tabacaleras. Demandas millonarias, han permitido la divulgación masiva del efecto del tabaco; se han incrementado los impuestos, y las cajetillas muestran algunos de los daños que esta adicción produce.

Tan es del dominio popular los efectos del fumar, que muchos niños cuestionan a los adultos y les preguntan "¿Por qué fumas, si hace daño ?" o inclusive " Si estás fumando me dañas a mi" Pero ningún menor pregunta ¿Por qué bebes?

Ojalá en un futuro próximo suceda.

VACUNA 9
El ENVEJECIMIENTO

"Has envejecido cuando tú conoces todas las respuestas,
Pero nadie te hace las preguntas".
Bert Kruger Smith

Como vimos en las primeras páginas de éste libro, los seres humanos en general no prevenimos. Tengo amigos muy inteligentes, a los cuales no se les "da" fácilmente la prevención. Repetimos dichos populares como: "Hombre prevenido vale por dos", o "Mujer prevenida, nunca se verá abatida", etc. etc. pero en la práctica diaria, la prevención no es el fuerte de la gran mayoría.

En los países más avanzados, el sujeto preparado; desde que inicia su actividad laboral empieza a ahorrar para su fondo de retiro. Desafortunadamente, en el mundo, son una escasa minoría, los que pueden hacerlo; los que pueden vivir por debajo de su ingreso y ahorrar.

Es muy común, que el joven profesionista, inicia su trabajo, en el mejor de los casos, inicia su patrimonio y su fondo de ahorro. Trabaja vertiginosamente, y no se percata que descuida su salud. Amasa una pequeña o mediana fortuna; que de pronto, se irá también vertiginosamente, para tratar de recuperar la salud, que se dañó en el camino del trabajo y el ahorro; o forma parte de los más ricos del panteón.

Todo ser humano, no importa si es profesionista, un ejecutivo, un obrero o un campesino, debería tener consciente que su principal capital es su salud. Pero ni seguimos una correcta jerarquía de valores, ni hacemos una adecuada prevención. No nos preparamos para la elección de pareja; no prevenimos crisis en la vida marital; no nos preparamos para ser padres. No cuidamos la salud, y no evitamos un buen número de enfermedades: infarto, enfisema, arterioesclerosis, obesidad, diabetes, hipertensión, cáncer, adicciones, etc. etc. No hacemos testamento (si acaso adquirimos bienes), y los seguros de vida y de gastos médicos, muchas veces no son considerados como prioritarios.

Tampoco nos preparamos para envejecer y morir.

En la gráfica del ciclo de la vida, habiendo recorrido la infancia, la adolescencia, y la adultez; a los 45 años se inicia el descenso. Los siguientes 20 años son descritos como la etapa de involución. En forma gradual y progresiva empieza el deterioro físico. La característica principal de esta etapa, es la retirada de las hormonas. La involución se extiende de los 45 a los 65 años. A partir de ahí, se entra en la senilidad (ver Figura No. 27).

Ciclo de Vida del Ser Humano

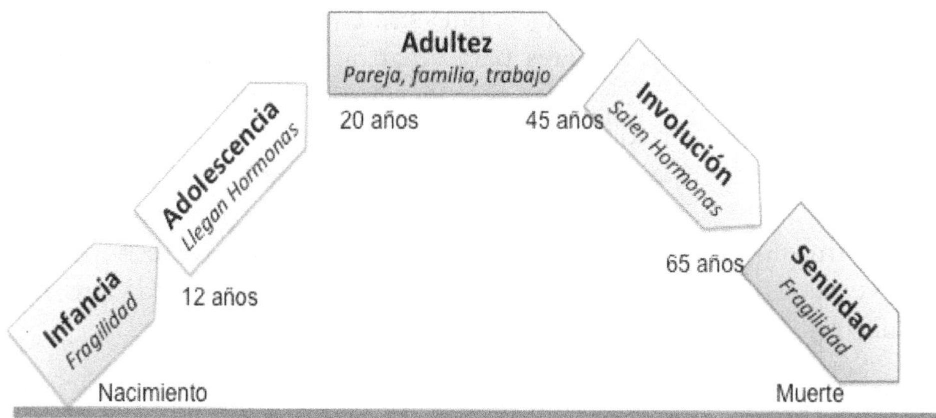

Figura 27.

El destino del hombre, según Voltaire es el siguiente:

1. Bebé: Se arrastra como oruga. Antes de caminar.
2. Infancia: Ligero y frágil como mariposa.
3. Adolescencia: Vanidoso como el pavo real.
4. Adulto: Trabaja como un caballo.
5. Involución: Astuto como un zorro.
6. Anciano: Feo y ridículo como un mono.

Toca su turno en este capítulo, a reflexionar sobre la última fase del ciclo vital; El Envejecimiento.

Vivir, envejece.

Es una pena tener que envejecer y morir, pero evidentemente es inevitable. Los organismos como el nuestro, están efectivamente diseñados para envejecer y morir; por que nuestras células están "programadas", por sus genes para que vayan experimentando gradualmente, esos cambios que denominamos Envejecer.

Hace tiempo que leyendo sobre la tercera edad; llegó a mis manos un diálogo que sucedió en París, en la primera década del siglo XX; entre el escultor Augusto Rodin, quien entonces tenía 67 años, y el escritor Anatole France de 63. Este último recibió años después, el premio novel de literatura, en 1921.

Rodin: "No se que hacer, me domina un tedio infinito, ¿vale la pena seguir viviendo?

Me tiemblan las manos, y me rodea una sensación de inmenso vacío....Qué hacer?

France: "Has el amor".

Rodin: "¿El amor?"

France: " Sí, has el amor, si puedes claro, pues la naturaleza a veces sabia, otras todo lo contrario, ha colocado los ímpetus viriles en los años de juventud, en la que, maldita la falta que nos hace, pues esa edad de por sí, nos suministra innumerables estímulos y quehaceres para amar la existencia. En cambio, deja desguarecida la vejez de ese supremo aliciente, la mayoría nos hallamos impotentes en todos los sentidos...".

Rodin: "Sí, la vida esta mal hecha, el orden de sus atractivos está mal calculado".

France: "!Imagínate, si todos los placeres de Eros, nos correspondieran al llegar a la vejez! Esta se convertiría en la edad ansiada; en un verdadero regalo, ¡Amar y luego morir, como las mariposas!

Rodin: "Sería un hermoso final...".

France: "Sí, pero la naturaleza es solo una madrastra".

Este diálogo lo sostiene todo anciano con su otro yo, con su yo dialogante, oponente y crítico. Con ese yo que se desarrolla paralelo al que todo aparentamos, y que es nuestro mejor amigo y confidente verdadero.

A finales del mismo siglo XX nuevos planteamientos, y el avance en el conocimiento, llevaron a las personas de edad madura a una nueva visión y a diferentes conclusiones: La naturaleza no es tan madrastra como creemos. No radica en ella el mal, sino en la sociedad, en la forma en que hemos diseñado y desarrollado nuestra educación.

En los primeros años de vida como se explica en el Capítulo 1, aprendemos una serie de mecanismo extraordinariamente complejos; que nos permiten comprender signos, significados, lenguaje (verbal y corporal), modos, modalidades, formas de relación, etc. Se calcula que en los primeros cinco años, grabamos un 65% de nuestro programa cibernético. De ahí a los 18 años, ese sistema computacional de nuestro aparato mental, se incrementa en un 30% más, por lo que llegamos a la mayoría de edad con un 95% ya estructurado. Lo podemos incrementar un 5% más, pero en general estamos repitiendo en nuevos escenarios, los mismos esquemas aprendidos en los primeros años.

Psicoanalíticamente, consideramos que "Infancia es destino" y para enfatizar su trascendencia decimos que, no se tiene 60 años, sino doce veces los primeros cinco.

¿Porque digo que los problemas del envejecimiento son de la sociedad, la cultura, el aprendizaje y no de la naturaleza? Porque sólo aprendemos a crecer, sólo se nos prepara para trabajar, para obtener un título o para aprender un oficio, que sea un medio de subsistencia; para tener una pareja y procrear hijos. En nuestra cultura, no pensamos, y mucho menos nos preparamos para el retiro. En los primeros cuarenta y cinco años, la vejez se vive sumamente remota. En cambio en oriente, específicamente en China, el personaje nacional que todos admiran y aspiran ser, es el viejo. Pero no el viejo sedentario, sino el viejo vagabundo.

Toda la literatura y toda la pintura china, desemboca en una silueta que cada chino lleva dentro de sí; de un anciano algo encorvado, de flotante barba, que trepa colinas, bordea lagos, cruza ríos tumultuosos. Sobre frágiles puentes, bajo el cielo de nubes y de pájaros; sus ojos lo escrutan todo, lo absorben todo, sus manos acarician tanto bambúes como rocas, sus pies rozan el agua.

Ha emprendido el gran viaje, el del conocimiento total, liberado de toda ambición que no sea esa. Es libre porque es pobre, y porque es viejo, y es rico por ser eso mismo. Su espíritu se esponja en una alegría irónica, hecha de dejación y de adelantada seguridad, de que todo esta perdido. Ya no hay lucha, nada que esperar; sólo la belleza milagrosa del camino.

El pueblo Chino, no es horroriza ante la vejez, no llora ni la rechaza con espanto. Es un pueblo práctico y filósofo, que le hace frente sin temor, llevándola hasta sus últimas consecuencias; la disolución total del individuo en el seno de la naturaleza, la gran madre, la armoniosa reunión a los elementos originales.

Regresemos a nuestra cultural y focalicemos nuestra atención al proceso que nos ocupa, en la etapa descendente del ciclo vital. Para poder comprender el proceso de envejecimiento, tenemos que conocer las características propias de la edad, saber que es lo que se modifica en el individuo, con el correr de los años, y lo que significa el aumento de edad; tanto desde el punto de vista fisiológico, como psicológico, objetiva y subjetivamente.

El ser humano tiene una actitud, una psicología peculiar en cada etapa de su vida; al nacer, en su infancia, pubertad y madurez, en la edad involutiva, la presenilidad y la senilidad. Toda persona sufre, al envejecer, una modificación en su psiquismo y por consecuencia cambia su conducta. No es fácil establecer los límites entre el estado que podríamos llamar normal al envejecer fisiológico, y el estado patológico de la senilidad.

El organismo que envejece alcanzará algún día el estado deficitario que llamamos senilidad; cuando sucede precozmente en relación con distintos trastornos orgánicos (arterioesclerosis por ejemplo), es cuando se le confiere la condición de enfermedad.

Es un error considerar anormal a un anciano porque tenga determinados trastornos amnésicos, se fatigue, haya lentificado su actividad, o sea más frágil que un adulto. Del mismo modo que no calificamos de anormalidad, la fragilidad, la ausencia de dientes, la necesidad de pañales en el inicio de la vida.

A pesar de que las primeras alteraciones del proceso de envejecimiento, aparecen en la edad involutiva, coincidiendo con la disminución de las hormonas sexuales, con las primeras canas, primeras arrugas, cambios metabólicos, cambios de la micción, cansancio, etc. en general se registra y se toma conciencia de ello, hasta años más tarde, cuando se ha avanzado en el descenso del ciclo vital.

A veces ante la pérdida de seres cercanos, de la misma edad, sutilmente se va instalando un temor, a un futuro amenazado por una próxima y progresiva pérdida de facultades físicas y mentales. El ser humano al no estar preparado, se enfrenta en forma brusca a una nueva y terrible realidad, ya que considera que hasta éste momento se hallaba en la línea ascendente de la curva vital, y a partir de ahora cada día irá a menos, y existirá mayor desproporción entre su poder y sus objetivos. Uno no decide ser viejo, como no decidió ser niño o adolescente, es algo que te cae encima cuando menos lo esperas. De pronto te percatas que ha sucedido algo, se ha producido un cambio; algún engranaje ya no funciona como antes.

El rendimiento laboral disminuye si no se esfuerza por mantenerlo en el mismo nivel, que antes se conseguía sin darse cuenta. Al disminuir la eficacia, el empleo puede peligrar. Disminuye el porte físico y la capacidad de adaptación.

El ser humano, se va percatando que sus amigos, parece que están mas marchitos de lo que les corresponde. Esto le pone nervioso, el comprobar que ahora son "muy mayores" los que incluso eran más jóvenes que él. La prueba de que se está entrando en la ancianidad, no es verse viejo uno mismo, sino ver viejos a todos los demás. Parecería que el mundo va envejeciendo a toda velocidad, alrededor de todo humano, cuando se pasan los 65 años.

El ambiente familiar se modifica, por la actitud de las nuevas generaciones. Los jóvenes piensan diferente y obligan a cambios progresivos de las relaciones sociales. Fisiológicamente se entra en un estado de minusvalía, que repercute en la capacidad para cultivar las distracciones habituales. La vida sexual no sólo se modifica potencialmente, sino que adquiere aspectos psicológicos nuevos. Por su edad, por sus años en la empresa, por la llegada de máquinas sofisticadas que no conoce, o por la presión de la siguiente generación, se llega a la jubilación.

Jubilarse viene de **jubilare** que significa (irónicamente) júbilo; alegrarse al cesar la obligación de trabajar. Pero, ni sabemos latín, ni es fácil vivir con la pensión que en general recibe todo jubilado. Tampoco es fácil que se genere felicidad en la pareja y familia, de tener ahora al jubilado, en casa, de tiempo completo. Probablemente algunos de los lectores disfrutaron la magnífica actuación de Jack Nicholson en la película "About Schmith".

En mis años de práctica profesional, he atendido a un buen número de personas (principalmente ejecutivos), quienes sin presentar una problemática emocional, ni familiar, han recurrido a mí, en busca de ayuda para diseñar adecuadamente sus años de retiro laboral. Para no desajustarse en la jubilación, y disfrutar al máximo la última etapa. Personas maduras, que por lo absorbente e intenso de su trabajo, no planearon el final del camino, pero con la capacidad de buscar ayuda.

La gente inteligente sabe que envejecer no es fácil. Se van perdiendo padres, hermanos, a veces hijos, amigos, trabajos, amores, dientes, cabello, dioptrías, tono muscular, aire residual para trotar o correr, facultades mentales (alteraciones de la memoria). Disminuye el grueso de los huesos y de las expectativas, el futuro se disminuye bruscamente.

El tiempo de las personas mayores, es tiempo de despedida. Hacerse mayor no es para mariquitas, dice un refrán norteamericano: "Growing old is not for sissies" (envejecer no es para maricas).

Hay toda una épica, en el anciano que se mantiene vivo, entero, alegre, abierto a novedades, cambios, asombros, y aprendizajes. Cada día es la reproducción del Ulises de Joyce; estoico ahora ante el dolor y el decaimiento, ante la progresiva cercanía de la muerte.

Poco a poco, lo quiera o no, el humano va haciéndose a la idea de que ha ido entrando en la última etapa de su vida y, por lo tanto aparece una actitud existencial frente a esta nueva situación; la cual vendrá determinada por dos grupos de factores; los deficitarios y los reaccionales.

El envejecer es un debilitamiento general y progresivo de las funciones normales de un organismo. Por los factores deficitarios que se instalan, se elaboran una serie de renuncias: se deja de hacer lo que se hacía, se deja de sentir lo que se sentía, se deja de desear, se deja de ambicionar, se deja de soñar, se deja de amar. Porque los factores deficitarios afectan la inteligencia, la afectividad, el nivel de integración, intelectual y las aptitudes.

Los factores reaccionales, están en función de las modalidades de vida del hombre, y poseen cierta especificidad.

Es indispensable encontrar un equilibrio entre la edad, la capacidad conservada, y los objetivos y apetencias. Si esto no se consigue es muy fácil caer en la desadaptación; en el desajuste emocional. El equilibrio se logra o no, según las características de la personalidad anterior, ya que, envejecemos como hemos vivido.

Las reacciones emocionales propias del envejecimiento, pueden adquirir distintas formas. Es frecuente ver en consulta, actitudes depresivas, que en gran parte dependen de un mirar hacia atrás y hacia delante; lamentando errores cometidos en el pasado, con sus consecuencias presentes y su repercusión en un futuro incierto.

En todas las etapas del ciclo vital los humanos somos emocionalmente devorados por los complejos de culpa. Este sentimiento es el verdadero problema de la vida, es uno de los rasgos del carácter, más difícil de solucionar y definitivamente es sentido con mayor intensidad al envejecer. Es una de las raíces de la depresión. (Capítulo 5 de este libro).

Muchos viejos se recriminan y culpan por el tiempo perdido, por las decisiones que resultaron incorrectas, o que no fueron tomadas a tiempo; por no haber sido previsores, etc. Otras veces se ignora la situación real, se sigue con todo el trabajo y la responsabilidad, aún a costa de un gran esfuerzo, o se cae en fracasos que frecuentemente no son aceptados como propios. Existen individuos cuyo carácter se vuelve autoritario y criticón, se encierran en sí mismos y rechazan todo tipo de ayuda emocional. Algunos llegan al extremo de tornarse misántropos: es decir un carácter huraño y desabrido, y con aversión al trato con humanos.

Alrededor de los 65 años, todos estos cambios se perfilan más, la conducta se altera (como ya lo señalé), según la actitud adoptada en los periodos anteriores. En un proceso gradualmente progresivo, vamos encontrándonos de lleno en las características propias del viejo.

La O.M.S. ha dictaminado en la actualidad que se es anciano a partir de los 72 años, y muy viejo a partir de los 90. En Europa Occidental, la duración media de vida pasó aproximadamente de los 40 a los 65 años entre 1860 y 1960. Actualmente se considera para México, la expectativa promedio de vida de 78 años para la mujer y 75 para el hombre. Pero a pesar de estos incrementos, existe un límite máximo de vida humana, ya que las células no se pueden reproducir indefinidamente. Este límite máximo se ha ubicado por algunos biólogos en los 100 años, otros opinan que el tope es 120.

Los 25 años de más duración de vida, entre 1860-1960 y los trece años de incremento entre los últimos cincuenta, que nos han sido concedidos, es el don más grande que jamás nos hiciera la naturaleza, (después de nacer), pero hay que poner atención en que esos años de más, vienen sólo al final de la vida. No por ellos es más larga la infancia, ni la adolescencia, ni la juventud, no; son más años de vejez.

Es imposible revisar aquí y ahora, todos los cuadros de patología emocional que van ligados con la senilidad. Sólo citaré que existen dos tipos de procesos: los no demenciantes, que son: neurosis, depresiones involutivas, alteraciones propias de la menopausia; y otros procesos que sí llevan consigo a una franca demencia, como son: la enfermedad Alzheimer, la enfermedad de Pick, la atrofia cerebral, demencia arterioesclerótica, etc. Lo que si trataré de delinear, son los rasgos biopsíquicos de la senilidad.

1. *Dificultad en movilizar recuerdos.* Esto lentifica la agilidad mental y perturba las funciones intelectuales, facilitando la aparición del síntoma psiquiátrico, que conocemos como perseveración. No me refiero a la constancia y tenacidad, sino a la persistencia en el mismo estado de ánimo, el mismo tema y la misma opinión.
2. *Dificultad en el aprendizaje de nuevos conceptos.* Por esta razón el interés queda fijado en los mismos temas, lo cual es otro motivo de perseveración. Los individuos poco inteligentes acusan más este defecto, mientras que las personas más cultivadas poseen un caudal mayor de recuerdos compensatorios.
3. *Lo expuesto justifica que el senil sea reiterativo,* y que hable, escriba y repita siempre los mismos temas.
4. Progresiva dificultad en la adaptación a situaciones nuevas. Esto en ocasiones depende de la conciencia que se tiene de inferioridad e impotencia, en relación con individuos jóvenes mejor preparados.
5. *Disminución del control de las reacciones emocionales o labilidad emocional.* Irritación cólera, tristeza, que se desbordan.
6. *Aparición de las tendencias egocéntricas y egoístas.*
7. *Otros rasgos propios de la edad son*:

- resistencia al cambio
- oposicionismo
- autoritarismo
- el conservadurismo
- la avaricia

Rasgos que sirven como agarraderas y mecanismos emocionales de soporte, para no caer en depresión. Con el fin de revisar con una mayor amplitud, he dejado al último, el sentimiento de soledad y el miedo a la muerte.

La vejez es miserable porque piensa demasiado en la muerte. Víctor Hugo escribió: "Los jóvenes se alejan de nuestro olor a tumba". El naviero Onassis declaró unos meses antes de fallecer, que el conocimiento final que le había dejado su larga existencia, y su trato con toda clase de personas podría resumirse así: "Miedo, miedo a morir". Lo mismo dijo Goya, lo mismo confesó Shakespeare quien agregó: "Sólo soportamos el peso de la vida y no nos la quitamos, porque ni siquiera sabemos si lo que hay tras la muerte es todavía peor".

Según la encuesta Gallup, realizada a la vez, en 70 países en 1977, para inquirir cuales son las preocupaciones que atosigan a la criatura humana, resultó que, en el ámbito personal, domina en todo el planeta la preocupación por la enfermedad y por la soledad. Estoy seguro que dichas preocupaciones, son extraordinariamente incrementadas al envejecer; y que los resultados de esta encuesta continúan vigentes 35 años después.

En la vejez donde se da el mayor número de suicidios, sobre todo en los hombres, lo que significa que muchos piensan que ésa última etapa, no vale la pena vivirla. Dado el extraordinario alargamiento que se ha producido en los años de vejez, hay que convertir éstos en algo que valga la pena, ricos en comunicación y afectividad; y no dejarlos degenerar en tristes sobrantes del festín de la existencia, que para el individuo creador y gozoso, es siempre demasiado corta. Séneca lo plasma en su magnífico ensayo "Sobre la brevedad de la vida".

Los elementos generadores de satisfacción en la tercera edad son el amor (hijos, familia, pareja, amigos) y la cultura. Las otras edades de la vida están condicionadas por los demás. En la infancia y la adolescencia, por todos los que comparten la casa paterna. En la adultez, por los miembros de la familia que hemos formado y por quienes nos acompañan en nuestra labor cotidiana. En la vejez cesa todo, excepto la pareja. Pero, ésa, en un alto porcentaje ha ido divergiendo de nuestra persona, o nosotros de la pareja. El resultado es de soledad y de libertad.

La tarea más solitaria es la de morir. Nacemos acompañados; nuestra madre, soporta y comparte con nosotros, hasta el más recóndito palpitar de su vida corporal y anímica. Pero para morir no sirve nadie más que nosotros, la conciencia de la vejez es la conciencia de la soledad, que irremediablemente nos acecha. Quien logra un estado de madurez y equilibrio emocional, en la edad adulta, salva su vejez del vacío acuciante; y a pesar de ser consciente de su soledad, no tiene un matiz lúgubre sino práctico, lleno de alegría, libertad y curiosidad. No existe vacío, si para llenarlo se tiene la cultura, en toda su vastedad.

Desde Aristóteles sabemos que la cultura, en tiempos de bonanza puede parecer un adorno, pero en épocas difíciles, es una aliado y soporte, que impide el desajuste del ser humano. Un magnífico ejemplo de ello nos lo dio Cervantes al planear, diseñar, en una palabra engendrar, la escritura del Quijote, en sus años de cautiverio y encarcelamiento.

En la difícil tarea de envejecer considero muy importante el apoyo cultural. Pero el amor al estudio, las grandes y sostenidas curiosidades, el arte, demandan un conocimiento previo, unas aficiones que van creciendo con el individuo; y que en la vejez no se pueden improvisar.

Las personas con baja cultura (como ya lo señalé), presentan una dificultad mucho mayor para el aprendizaje de nuevos conceptos. Su interés queda fijado en pocos temas; éstas estructuras mentales forman el grupo de los que no tienen remedio, los verdaderos viejos; los viejos de espíritu. El grupo formado por los que sólo aprendieron una actividad, casi siempre laboral, y ninguna forma de divertirse. Cuando se acaba el trabajo o no se puede continuar, la ausencia de otros intereses, sumergen al individuo en estados extremos de melancolía.

Jean Paul Sartré los anatemiza: en 1975 escribió: "No pienso realmente en envejecer. Me veo, me siento y trabajo como alguien que tiene 45-50 años, no me siento viejo... Sin embargo a los 70 años, uno ya es un viejo.... No me gusta la gente de mi edad..... ¡Son viejos! Resultan insoportables. Yo no soy como los viejos".

"Los viejos vuelven siempre sobre las mismas ideas, tienen ideas fijas, se sienten molestos por lo que se escribe hoy... ¡Son un fastidio!...... La edad es un castigo. En la mayoría de los casos, pierden cuanto de fresco había en ellos.... Me resulta muy desagradable encontrarme con viejos, a quienes conocí de muy jóvenes. Las personas de mi edad, con las que puedo conversar, son los muchachos que tienen 15 ó 20 años menos que yo. Con esos... todavía las cosas funcionan".

Además de Sartré existen muchísimos ejemplos, en los que la vejez ha sido hermoseada con la sabiduría: Newton, Kant, Singer, Tolstoi, Bertrand Russell, Pablo Casals, Andrés Segovia, Picasso, Reyes, Chaplin, Borges, Vela, Paz, Freud, Einstein, Churchill, Disraeli, Rubinstein, Voltaire, Franklin; por citar algunos.

La medicina actual no sólo ha luchado en pro del alargamiento de la vida; sino que ha de ir parejo con una vida joven y también con una sexualidad activa. A fines del siglo XX existen avances no imaginados por la generación de Rodin y France como son para el hombre:

- Prótesis de lo más sofisticadas.
- Parches dérmicos hormonales.
- Medicamentos de acción local para la erección.
- Nuevas substancias antioxidantes.
- Substancias estimulantes del apetito sexual.

- Sistemas de vacío para facilitar la erección, que son recomendados además, para mejorar la circulación de las arterias.
- La culminación de estos avances han sido la presencia en el mercado, de medicamentos efectivos para la disfunción eréctil. El Sindenafil (viagra) del que se venden millones de tabletas cada día. El clorhidrato de Apomorfina (Uprima), tabletas sublinguales, especialmente recomendadas a los diabéticos. En esta competencia entra también el laboratorio Bayer con el Vardenafil (Levitra) y ha salido al mercado otro medicamento más, para el mismo fin; y es de larga duración. La sal es Tadafil y el medicamento el Cialis.

También la mujer actual vive mejor ésta etapa de envejecimiento, que como la pasaron nuestras abuelas.

- Existen hormonas orales y parches dérmicos.
- Magníficos lubricanes vaginales.
- Los avances de las técnicas quirúrgicas de cirugía plástica, les permiten mejorar partes de su cuerpo, con lo cual se sienten más seguras y se mantienen más atractivas, durante un mayor tiempo.
- La posibilidad de lograr embarazos a edades cercanas a la menopausia, o en plena involución que hace unos años eran imposibles, actualmente son realidades.
- Medidas de preventivas contra la osteoporosis.
- Se investigan sales equivalentes del Viagra, para la mujer.

El Dr. Deepak Chopra, en su libro, "Cuerpos sin edad y mentes sin tiempo", menciona como factores positivos que retardan el envejecimiento los siguientes:

- Matrimonio feliz (o relación de pareja satisfactoria y larga)
- Satisfacción en el trabajo.
- Sensación de felicidad personal.
- Rutina diaria regular
- Rutina laboral regular.
- Facilidad para reír.
- Vida sexual satisfactoria.
- Facilidad para hacer y conservar amigos íntimos.
- Tomar al menos una semana de vacaciones por año.
- Sentir que se lleva el timón de la vida personal.
- Disfrutar del tiempo libre en aficiones satisfactorias.
- Facilidad para expresar los sentimientos.
- Optimismo con respecto al futuro (tener expectativas de larga y sana vida)
- Sentirse seguro de lo financiero, viviendo dentro de sus medios.

Respecto a los factores negativos que aceleran el envejecimiento, lleva al polo opuesto los factores descritos como positivos y agrega:

- Depresión, que como sabemos debilita el sistema inmunológico.
- Autocríticas.
- Auto recriminaciones

Factores para mí, determinados por los complejos de culpa.

La profilaxis de las enfermedades de substrato orgánico, degenerativo o vascular, es la vida higiénica y ordenada en todos sus aspectos.

Para ello, continúan vigentes las 10 reglas de oro de la salud, que la Asociación Médica Americana y la Fundación Americana para la salud, dictaron en 1982:

1. Chequeo médico anual: medida que permite detectar enfermedades en sus primeras fases.
2. No fumar: medida dirigida a la protección cardio-pulmonar y vascular, oxigenación. (enfisema, hipertensión, cáncer).
3. Beber con moderación: para protección de la función metabólica del hígado, así como para evitar accidentes y conductas impulso-destructivas.
4. Vigilar el colesterol.
5. Controlar cada caloría que se ingiere.
6. Aprender y utilizar a favor los valores nutritivos.
7. Tomarse tiempo para actividades recreativas y vacaciones.
8. Ajustarse a las presiones de la vida diaria.
9. Desarrollar un programa de ejercicio (para el manejo del stress y evitar enfermedades por angustia y depresión).
10. Conocer sus capacidades y limitaciones y actuar en consecuencia, (evitar conductas inadecuadas por sentimientos omnipotentes).

La vejez con sus parciales heridas, sus fallas y tropiezos, nos anticipa el fin total, la marcha definitiva, y nos ayuda a aceptarla resignadamente, incluso a desearla.

García Lorca (a quien no dejaron llegar a viejo) en su última otra teatral "Así que pasen cinco años", nos sumerge en el problema del tiempo, generador de la vejez. Magistralmente nos confronta con el hecho de que toda persona al madurar, se topa con el tiempo; y la vejez la considera una suave preparación para la muerte.

El Dr. Marañón pensaba, que la condición humana resulta dulcificada por la existencia y cercanía de los animales, cuya compañía nos evita la abrupta diferencia con el reino vegetal (vivo, pero mudo e inmóvil) y no digamos con el mineral, inerte e impasible.

¿Qué hacer para un mejor envejecimiento?

En la edad adulta: *prepararse.* Preguntarnos porque no se instalan ya, las 10 reglas de la salud. ¿Acaso, son formas de auto-agresión? ¿Nos estamos castigando por culpas no resueltas? ¿O nos creemos omnipotentes?

Vale la pena meditarlo.

Tomar conciencia que envejecer es un cambio; que cada cambio representa un reto, y la solución de todo reto proporciona una gran satisfacción.

Comprender ¿cómo? y ¿por qué? La mujer envejece mejor que el hombre. Ella por su condición biológica sufre en su vida, y afronta una serie de importantes cambios. El cambio de niña a mujer; casarse, la llegada de cada hijo, los cambios de residencia. S u involución (menopausia) es más brusca y dramática que en el hombre, quedando así entrenada para sus últimos cambios: la viudez y la vejez.

Ya entrado en la vejez Alfonso X (el sabio) recomendaba equiparse con

"Viejos amigos para hablar,
Vieja leña que quemar,
Viejo vino que beber,
Viejos libros que leer".

Lo primero que debe hacer cada individuo, si quiere que sus últimos años sean de suave alegría, es perder el miedo a morir. Aceptar la vejez no como una maldición, sino como una continuación del ciclo vital que nos ha sido dado.

Segundo, utilizar el capital acumulado de la experiencia y el tiempo de que ahora dispone.

En tercer lugar, tener actividad, instalar algún entretenimiento, buscar alguna afición que en otras etapas de la vida no se pudo seguir; o cultivar algo nuevo: fotografía, jardinería, golf, billar, coleccionar algo que le interese, numismática, filatelia, cocina…..etc.

La religión o la filosofía, proporcionan alegría en la vejez, a quienes buscan reflexión o experiencias metafísicas. Viajar es sumamente recomendable, ya que está comprobado que viajando se vive más; un mes viajando equivale a tres o más vegetando.

El cerebro trabaja como un músculo; eso está corroborado; por lo que es importante ejercitarlo para incrementar las neuronas y mantener sus conexiones (sinapsis); evitando las áreas de atrofia cerebral. Leer, escribir, estudiar, jugar ajedrez, hacer crucigramas y rompecabezas, estudiar un instrumento musical. Probar en las artes, pintura, escultura, cerámica; reunirse e interactuar con gente inteligente e interesante.

En pocas palabras vivir la vejez con sabiduría e investigación. Hacer con esta etapa de la vida, lo mejor posible. Recuerdo un pequeño poema del Dr. Homero Garza, un hai-ku, que corresponde a su pensamiento de esta fase del ciclo vital:

"Lenta soledad…….
Largo hastío…….
Y la vida tan breve".

El envejecimiento y la profesión médica.

Veamos ahora, lo que le sucede al médico en ésta fase del ciclo vital. ¿A qué se debe que siendo el médico, el más enterado en éste tema, no es el que vive más y mejor? ¿Por qué si conocemos que vale más un gramo de prevención que un kilogramo de curación, no aplicamos con nosotros las mismas medidas preventivas de calidad excelente? ¿Cómo es que ayudamos a muchas personas a desarrollar actitudes saludables ante el envejecimiento; y esas actitudes y consejos no nos las quedamos?

Decimos: "El buen juez, por su casa empieza", repetimos otro refrán: "En casa del herrero, azadón de palo", y ni empezamos por nosotros mismos, ni incorporamos cambios suficientes y eficientes para, como herreros, tener el mejor de los azadones. Logramos curar e influir en nuestros pacientes para que estén activos y productivos a los 80 años, como si tuvieran 40. Indicamos planes de ejercicio, comida apropiada para controlar el peso corporal, ayudamos para que minimicen el estrés. Conocemos todos lo expuesto anteriormente aunque no tengamos la especialización en Geriatría; y todo ese conocimiento no lo capitalizamos. En este diálogo con su yo interno, todo médico debe preguntarse y honestamente revisar sus respuestas.

¿Cuántas reglas de la salud siguen cada día?

¿Cuántos médicos se mantienen estudiando?

¿Cuántos se describen a sí mismos como médicos A.C. ?

Es decir "antes de las computadoras" y habiendo tenido la capacidad de sacar adelante una de las profesiones más difíciles y demandantes, se encuentran negados ahora para aprender a utilizar una herramienta, que va siendo del uso común en todas las esferas de la vida.

Como toda persona de mi edad, he vivido la pérdida de familiares y amigos. Algunos han muerto por edad avanzada; otros en accidentes y por enfermedades, en cuyo origen no tuvieron participación. Algunas han sido penas inevitables que he aceptado; como acepto mi propia evolución. Acepto que un día moriré, que moriremos y que lo único desconocido es el cuándo, y el cómo.

Pero lo que me ha resultado muy impactante, es la muerte de tres médicos, los tres fueron muy cercanos a mí en los años de la facultad de medicina, y posteriormente continuamos una estrecha y afectuosa amistad. Los tres presentan rasgos en común que quiero relatar.

Los tres se auto medicaban; dos de ellos sin ser Endocrinólogos trataron su diabetes, el otro sin ser cardiólogo, manejó su salud después de un infarto. Los tres minimizaron su enfermedad, ocultando síntomas a familiares y amigos. Los tres descuidaron su peso, su dieta y nunca siguieron un plan regular de ejercicio físico.

Mis tres íntimos amigos, igual que muchísimos colegas, utilizaron un mecanismo mental (que conocemos como Negación). Creemos que porque dominamos técnicas médicas y quirúrgicas, con las que tratamos las enfermedades de nuestros pacientes; vamos a ser igual de objetivos y de eficientes con nosotros mismos. Pensamos que a nosotros no nos afectará el sobrepeso, ni el sedentarismo, por lo que no requerimos, ni dieta adecuada, ni medidas de atención primaria de la salud, como es la Prevención.

Aquí opera otro segundo mecanismo mental, que es un sentimiento (en grado variable en cada individuo) de Omnipotencia. Gracias a estos mecanismos de negación y omnipotencia, a los médicos se nos dificulta aceptarnos incondicionalmente; es decir dejamos de ver que somos como todo el mundo, una mezcla increíblemente compleja de habilidades y limitaciones, negamos nuestras limitaciones, y perdemos oportunidades de tratamientos tempranos.

Los mecanismos emocionales aprendidos por el ahora médico, quedaron establecidos en sus primeros años; igual que en todo ser humano (Capítulo 2). Recuerde que infancia es destino.

Por lo tanto no todos los médicos "niegan" sus limitaciones, ni se sienten "omnipotentes" pensando que el conocimiento de enfermedades, les protege. Conozco médicos de 70 y más años, lúcidos, sanos, mesurados, delgados, activos, con una gran sabiduría, y con actividad profesional eficiente, inclusive con actividad quirúrgica.

Desafortunadamente, un alto porcentaje de profesionistas de la medicina, se descuidan, y podemos observar en ellos la negación y la omnipotencia. La base psicoanalítica que yo encuentro de estos dos mecanismos, de negación y omnipotencia en el médico, y que no es una patología exclusiva de esta profesión, la puedo explicar de la siguiente forma.

Cuando somos jóvenes, los años de estudio en la facultad de medicina y de post-grado son tan intensos, tan absorbentes y demandantes, que difícilmente atendemos nuestro cuerpo y nos olvidamos de algún deporte que en secundaria y/o preparatoria practicamos, simplemente ya no tuvimos tiempo disponible para ellos. Ya graduados, sumergidos en la práctica de la profesión (institucional y/o privada), menos tiempo libre; emergencias que nunca se sujetan a un horario regular; partos, cirugías prolongadas, exceso de trabajo, estrés, cansancio, todo lo cual nos impide atender necesidades familiares y personales.

Por otro lado, además los médicos somos tratados por los pacientes como semidioses. Nos suben a un pedestal y así esperan que fluya hacia ellos toda nuestra sabiduría y aliviemos todos los males posibles. En éste estímulo constante, cotidiano, gradualmente al pasar, semanas , meses, años, el médico va creyendo que es omnipotente, y que así como lo ven los pacientes y sus familiares, así es él. La minoría son los que maduramente comprenden que es un mecanismo emocional del enfermo, para mantener la confianza y la esperanza de recuperar la salud.

Todos los médicos hemos presenciado en algún momento, a un paciente dolido, asustado, postrado en la cama de hospital, que a pesar de su fatal pronóstico, se ilumina su cara y sonríe porque llegamos a revisarlo; ajustamos sus indicaciones sabiendo que no funcionarán positivamente.

Tal vez aquí, nos confronta la realidad y aceptamos nuestras limitaciones, pero con nosotros mismos, continuamos negando que también poseemos un frágil equilibrio.

Conocemos factores de riesgo para la salud y que en mayor o menor grado son causantes de enfermedad. Sin embargo no los confrontamos. Me refiero específicamente al síndrome nefrítico, a la hipertensión arterial, al consumo de sodio, tabaco, alcohol, y otras drogas, a la diabetes, la gota, el exceso de peso, la falta de ejercicio, el desarrollo neurótico de la personalidad, que lleva al distress y a la depresión.

¿Cuántos médicos participan en el chequeo anual preventivo, como el que indican a sus pacientes sanos? Los médicos debemos bajarnos del altar en que nos ubican nuestros pacientes. Debemos tener la humildad de aceptarnos como simples técnicos, como obreros calificados, en una profesión de servicio, que no nos habilita para tratar nuestro cuerpo y nuestra mente.

Debemos empezar por ayudarnos a nosotros mismos de una manera efectiva, aplicando medidas profilácticas lo más temprano posible, y no esperar para hacerlo, a que se presenten los tiempos en que la comodidad, los malos hábitos y la búsqueda desmedida de bienes materiales, ya hayan arruinado nuestro cuerpo, y el distress nuestra mente. Quienes acostumbren leer pasajes de la Biblia recuerden la historia del Génesis, sobre el diluvio universal, Noé, empezó a construir su arca, tiempo antes de que llegara una gran lluvia de cuarenta días y cuarenta noches.

Es aconsejable comenzar a preocuparse por la conservación de la salud con tiempo suficiente. Tener un orden de prioridades adecuado, y así impedir que la demanda laboral y social sea primero, y cada médico como persona sea al final.

De ésta forma, con una vida adecuada y correcta, todos estos años que podemos vivir los humanos en nuestros días, en relación con las generaciones pasadas, no serán un período de existencia o de vejez plagada de males e incomodidades; sino que estarán marcadas por el bienestar corporal y psíquico; y por la conservación de capacidad de trabajo, rendimiento y disfrute. Añadiendo en nuestras vidas, unos años más, en los cuales podremos realizar muchas de las cosas, que aún están a nuestro alcance.

En el último reporte de la Universidad de Harvard, sobre como vivir más y mejor; la facultad de medicina de la mencionada universidad, enfatiza que el secreto para vivir cien años, se centra en una actitud mental optimista, y seguir los siguientes diez pasos:

1. No fumar.
2. Actividad física y mental diaria.
3. Dieta saludable, rica en granos integrales, vegetales y frutas. Evitar las grasas saturadas y las trans.
4. Utilizar un multi-vitamínico cada día, y asegurarse de recibir suficiente calcio, y vitamina D.
5. Mantener peso y figura saludable. Cuidando el diámetro de la cintura. No debe pasar de 87.5 cm. en el hombre y 81 cm. en la mujer.
6. Mantener retos a la mente; practicando o estudiando, con incrementos en el nivel de dificultad.
7. Construir y mantener una red social sólida. Vínculos de amistad y convivencia regular y frecuente.
8. Proteger la vista y la audición.
9. Respetar los siguientes consejos preventivos:

a) visitar al dentista cada 6 meses.

b) Aseo bucal cotidiano, cepillado adecuado, y uso de hilo dental. El descuido de la boca, repercute en dolores innecesarios, mal nutrición, e incremento en el riesgo de problemas cardiacos; ya que por las encías, pueden pasar a la circulación sanguínea, bacterias que produzcan una Endocarditis. (infección aguda del corazón).

10. Revisar con el doctor, la posible necesidad del uso de medicamentos, para controlar altos niveles de presión arterial, disminuir el colesterol, o tratar la osteoporosis.

Quiero mencionar también, los consejos del hospital Monte Sinaí de Nueva York, considerado el número uno del mundo, en su departamento de geriatría. Asertivamente hacen la siguiente sentencia: "Nosotros creemos que hay algo más importante que ver el pasado en tu vida; y es ver hacia delante. Toma con seriedad y buen cuidado, todo lo relativo a ti mismo. El 30% de tu envejecimiento está determinado por tus genes, el otro 70% lo determinas tú".

El año pasado se publicó una investigación sobre la felicidad. Se concluyó que ésta se reparte a lo largo de la vida en una curva en forma de "U". Por lo general, la gente se considera más feliz en la juventud y en la vejez. El período más amargo, cae en torno a la mediana edad; crisis entre los 40 y 50 años. Este reporte es acorde con lo que aquí hemos revisado. Si el ser humano se desarrolló en sus primeros años con un predominio de alegría, y de seguridad; si no olvidamos que infancia es destino, y que cada ser envejece como ha vivido, la felicidad inicial, se reencontrará al final.

Aunque no se consigna en esta investigación, no hay duda, que otras personas mostrarían una gráfica de la felicidad, a la inversa. Es decir personas con una gran infelicidad, inseguridad, temores, pánico, en los primeros años de la vida; reencontrarán: amargura, inseguridad, y pánico ante la enfermedad y la muerte cercana, en los últimos años.

Para poder llegar a ser un héroe en la vejez, sin tontos temores, conociendo y apreciando el valor inmenso de cada día, con la sabiduría de Nikos Kazantzakis, quien sugirió que siempre deberíamos despertar cada día, como si fuese el primero de nuestra vida; saludar a la naturaleza y asombrarnos como si estuviéramos descubriendo todo a nuestro alrededor; y por la noche despedirnos, como si fuese el último día. Para llegar a esa posición emocional es indispensable, haber desarrollado una estructura de la personalidad; con cimientos sólidos, que se forman en los primeros años de la vida.

Al iniciar estas reflexiones, cité un diálogo entre Augusto Rodin y Anatole France, de principios del siglo XX. Para terminar, incluyo una parte muy breve, de una entrevista, que Eugenio Scalfari; el carismático fundador del diario Italiano: "La República", hizo a finales de 1996 a dos grandes actores de fama mundial: Marcello Mastroianni de 72 años y Vittorio Gassman de 74 años, ambos con una larga vida, rica en experiencias y en éxitos.

A pregunta específica de Scalfari: "¿Cuándo decidieron ser viejos?" Mastroianni respondió: "¿Decidido? Eso no se decide; te cae encima cuando menos te lo esperas. Te empiezan a llamar "maestro", y comprendes que ha sucedido algo; algo ha cambiado. Un engranaje ya no funciona como antes; algún pliegue en la boca, una arruga en medio de la frene, un modo distinto de ver a las mujeres, mas dulce, no sé".

A la pregunta "¿Cuál es el verdadero problema de la vida?" Gassman respondió: "A todos nos devoran los complejos de culpa; ese es el verdadero problema de la vida. Si pudiéramos vivir con una completa inocencia…".

Las últimas dos preguntas de la amplia entrevista fueron:

"¿Cuál es el mejor lado de la vejez?" Responde Mastroianni por los dos mientras Gassman asiente: "Ser por fin libres. Libres de decir y hacer lo que sea, total ya nadie nos puede quitar nada".

"¿Y los complejos de culpa? Esos, sí aún existen limitarían su libertad?"

Finaliza Gassman: "Créame, cuando se es realmente viejo, los complejos de culpa ya se han ido. Aún mas, su desaparición, es la verdadera señal de que ha empezado la vejez"

Reflexiones sobre la muerte

"Vivimos esta vida,
como si llevásemos otra en la maleta"
Ernest Hemingway

Cuando Rodrigo mi hijo menor tenía cinco años de edad, viajaba con él y con su madre, en automóvil, hacia una playa en a cual vacacionaríamos. El niño iba en su asiento especial de bebé en la parte trasera. En un silencio (sin música ni plática) dio inicio el siguiente diálogo: "¿Oye papá, que pasa si mi mamá se muere y yo todavía soy un niño?".

"Pero porqué piensas esos hijo, tu mamá está muy sana, no hay porque pensar en que muera siendo tú todavía un niño. Lo que seguramente pasará es que tu mamá muera muy viejita, cuando tú ya seas un adulto, y tengas tú propia familia".

"Pero puede pasar, mi mamá puede morir siendo yo un niño".

Seis meses antes, mi hijo ya había tenido contacto con la mortalidad de los seres vivos, cuando fue atropellado y murió un perrito, que le habían regalado. En ese momento, cuando lloraba por su mascota le expliqué (en palabras que entendiera) que todos los seres vivos, nacen y mueren. Ahora ante su preocupación de la posible muerte de su madre, como la mayoría de los padres, le contesté trasfiriendo el asunto a un futuro lejano, para calmar su ansiedad.

Era un tema que prefería no tocar; vi de reojo a mi esposa, y ella sin que el niño la viera, limpiaba unas lágrimas, con motivo del tema; pero mi hijo insistió, y me hizo sentir como un boxeador en una esquina, contra las cuerdas, sin poder esquivar su pregunta, entonces le dije:

"Mira hijo, si tu mamá muere y tú todavía eres un niño lo que va a pasar es esto: nos va a doler, seguramente lloraremos, y a pesar de estar tristes, tendremos que seguir con nuestras vidas. Yo modificaré mi horario de trabajo, para llevarte al colegio y recogerte, haré lo que ahora hace tu mamá, además disminuiré mis consultas para pasar más tiempo contigo; y conseguiré ayuda en la casa, para continuar como vivimos"

El niño contestó tranquilo: "Está bien".

Pensé que quizá su ansiedad sería, si mi mamá se muere, quién me lleva al colegio, y quien me recoge, ya que mi papá sale a su trabajo, Que voy a hacer solo. Mi respuesta al parecer le tranquilizó.

No se volvió a tocar el tema, pero aproximadamente seis meses después, aparece nuevamente su ansiedad ante la muerte, y nos pregunta: "¿y qué pasa si un día que salgan tú y mi mamá juntos, los dos se mueren?".

Le respondí: "Bueno, si eso sucediera, tú podrías vivir con tu tío (mi hermano) o tu hermano mayor, y terminar tú desarrollo en una de esas dos familias".

Mi hijo comentó: "me parece mejor con mi tío, que vive muy cerca, mi hermano está lejos en Boston". Tiempo después cuando tenía siete años, regresó su preocupación por la muerte. Iniciaba un año, en el que teníamos programado viajar a Europa ese verano. Por la televisión se enteró de la muerte de John-John, el hijo del presidente Kennedy, en un accidente aéreo.

El niño empezó a comentar que él no quería viajar a Europa en verano. A mi pregunta de "por qué", contestó: "¿ y si hay un crash?". Le expliqué que era el medio de transporte más seguro; le recordé todos los viajes que ya habíamos hecho en avión, sin problemas, pero él estaba obsesionado "¿y si ahora hay un crash?".

Un día me sentí saturado de su repetitiva preocupación y le dije: "ya esta bien, basta: si hay un crash, así nos tocó, se acabó, finito". A lo cual me dijo: "para ti es muy fácil papá, "se acabó, finito"; lo dices porque ya has vivido mucho, pero yo sólo tengo siete años".

Para el verano, su ansiedad había desaparecido, y viajamos sin problemas.

A mis hijos nunca les hablé de historias que niegan la muerte, que hablan de vida eterna, o de reencontrarnos en el cielo.

Mi hijo reaccionó como la mayoría de los niños; y su temor a la muerte quedó oculto, en el período de latencia (entre la infancia y la adolescencia). Afortunadamente ya no se le reactivó como a muchos adolescentes (algunos llegan a pensar en suicidarse). Nunca presentó temor ante películas de miedo o terror, y fuimos cuidadosos de no proporcionarle videojuegos violentos, donde unos personajes matan, decapitan o estallan a otros.

La vida continúa y los temores adolescentes hacia la muerte son desplazados, por tener que poner atención en estudios, carrera, post grado, formar una familia, trabajar.

Cuando los hijos crecen y se van, y se llega a la fase final del ciclo vital; con el deterioro físico, la muerte de familiares y amigos; vuelve la preocupación sobre la muerte. El culto a la vida, la juventud, la salud, el bienestar y la felicidad, inundan nuestra vida, así que resulta difícil pensar y hablar sobre la muerte.

En la edad adulta queremos sensaciones, estímulos, fiestas, sentirnos vivos, leer, escuchar música, hacer algún deporte. Darle seguimiento a nuestras aficiones y así desconectarnos de las partes feas de la realidad. No hay tiempo para pensar en el desagradable asunto de la muerte.

Desde el inicio de la historia la mortalidad ha acosado al hombre; y todos los seres humanos compartimos diferentes dosis del temor a la muerte. Este temor se manifiesta de múltiples formas:

- Como un temor claro y directo
- En forma indirecta detrás de algún síntoma psicológico
- Impidiendo la felicidad
- Muchas ansiedades sin motivo; o exageradas, son producidas por ansiedad de que algún día llegará la muerte

El Dr. Irvin D. Yalom, gran divulgador contemporáneo de la psicoterapia, ha descrito que no es fácil vivir cada momento con total conciencia de que moriremos; y asemeja este pensamiento, con tratar de mirar al sol de frente; sólo se puede soportar un breve rato. (26)

A todos nos pasa por la cabeza que moriremos, pero tendemos a rechazar esta idea. Todo mundo sabe que morirá, pero casi nadie se lo cree.

Las personas con mayor grado de conciencia sobre la certeza de su muerte, son las mas realizadas. Se entregan en mayor medida a lo que les llena. Saben que la vida no es un ensayo, así que no la desperdician.

En las páginas sobre el envejecimiento quedó asentado que la principal preocupación de los últimos años del ciclo vital es el miedo a morir. La vejez con sus fallas y tropiezos, nos anticipa el fin total, la marcha definitiva. La vejez es la preparación para la muerte.

Muchas personas logran disminuir este temor a la muerte, refugiándose en la religión. He asistido a varios funerales donde los familiares del muerto, trasmiten una clara alegría, porque "ya se encuentra con Dios". En estas ocasiones, su creencia me ha parecido positiva. El dolor ante la muerte es mucho mayor cuando no se tiene esa convicción de "pasar a una mejor vida".

La ansiedad ante la muerte es la madre de las religiones. Lo que las religiones ofrecen y venden es un seguro contra la angustia de muerte. Los seres humanos están dispuestos a comprar ese seguro con desesperación, a cualquier precio. Todas las religiones, de una u otra forma, buscan disminuir la angustia de nuestra finitud. (35)

Lograr esta tranquilidad es algo positivo para el ser humano. Además el creyente no se siente solo. Aceptar la soledad es una de las tareas más difíciles y angustiantes.

El aspecto que considero muy negativo de la religión, es que al no distinguir entre pensamiento, deseo y acción, presiona las funciones del yo. Es como si la religión se aliara con el superyó y lo hiciera más punitivo y sádico. En otras palabras, al postular que se puede pecar con el solo hecho de pensar o desear, las religiones ejercen una de las violencias más grandes sobre el ser humano.

En la estructura del aparato mental (capítulo 1) expliqué que lo interno se forma, con todo lo que entra del mundo externo. Como nadie tenemos una experiencia personal de la muerte, ésta no tiene una representación en el inconsciente. Nos es imposible imaginar que no existimos. Por esta razón Freud estableció que la muerte no desempeña un papel en el origen de las neurosis. (14)

Cuando nos muramos, pueden pasar dos cosas:

Primera, que no haya nada después.

Segunda, que haya algo.

Existen personas que piensan en la primera opción y otras, la mayoría, que prefieren la segunda. En el primer caso significa que todo se acabó. Si después de la vida no hay nada, la única pregunta que tiene sentido formularnos, es si uno modificaría su vida actual. ¿Viviríamos diferente?, ¿Cambiarían nuestros valores?, ¿Cambiaría nuestra moral?, ¿Dejaríamos a nuestra pareja?, ¿Nos volveríamos violentos, despiadados? La verdad, yo creo que no.

Seguiríamos siendo mas o menos igual de buenos o malos, generosos o egoístas, tristes o alegres. Vivimos del modo como nos sentimos bien. Lo que la mayoría normalmente busca o desea, es estar bien consigo mismo, y basándose en eso, actúa.

En la segunda opción, que haya algo tras la muerte:

Reencarnación, resurrección, unión con Dios, paraíso, etc.

No lo podemos averiguar hasta que muramos. Así que lo mejor es vivir como mejor nos sintamos, estar bien con nosotros mismos, que es lo que ya hacemos, y lo que haríamos si no hubiese nada tras la muerte o sea, hay que vivir conforme a los propios valores. Quienes piensan en la segunda opción, viven la vida como un ensayo de una obra de teatro, esperando la vida eterna como la mejor, la definitiva y verdadera.

Como todo ser vivo, que nace, crece, se reproduce, envejece y muere; algún día la muerte nos llegará. Lo único que desconocemos es el cuándo y el cómo. Sería fabuloso pasar a otra vida; estar en otra dimensión y continuar viviendo, continuar pensando, recordando y sintiendo, satisfacer muchos deseos no logrados antes de morir.

A pesar de que la mayoría de las personas lo crean y lo quieran, y de las tradiciones religiosas y culturales de todo el mundo; la existencia de otra vida después de la muerte, para mí es sólo un anhelo.

Mi forma de pensar me lleva a la primera opción, la posibilidad de otra vida no tiene un respaldo en evidencias de que así sea; por lo que no hay que engañarnos ni con bellas historias, ni con historias terroríficas infernales.

En las tradiciones Hebreas, se encuentra la principal fusión la literatura y sabiduría. En el Eclesiastés, redactado 200 años antes de Cristo, y en el libro de la sabiduría de Salomón. Describen aquí la idea de la vida como un don que va menguando, pero que sigue siendo extraordinario. (3)

Ahí están conceptos que encontramos y reencontramos en Shakespeare, Cervantes, Gohete, Nietzsche, Montaigne, Bacon, Emerson, Pascal, Jhonson, Proust, Spinoza, Freud, Compte-Sponville, etc., etc., etc….. y así no se les haya leído, ¿quién no ha escuchado?:

- "No hay nada nuevo bajo el sol".
- "Lo torcido no puede enderezarse".
- "Lo que falta, no se puede contar".
- "Qué saca el hombre de toda la fatiga con que se afana bajo el sol, después de solucionar sus necesidades básicas? sólo satisfacer su vanidad.
- "Donde abunda sabiduría, abundan penas; quien acumula ciencia, acumula dolor"
- "El hombre procede del polvo y retornará a él".
- "El hombre se asemeja a una frágil vasija de arcilla, es como el heno que fenece, como la flor que se marchita".
- "La vida es como un sueño que se esfuma".

Para la últimas páginas de este libro he seleccionado una cita del libro "Eclesiástico" de Jesús Ben Sirá.

"Corta y triste es nuestra vida.
No hay remedio en la muerte del hombre,
ni se sabe de nadie que haya vuelto del hades.
Por azar llegamos a la existencia,
luego seremos como si nunca hubiéramos sido.
Humo es el aliento de nuestra nariz,
y el pensamiento una chispa del latido de nuestro corazón,
al apagarse, el cuerpo se volverá ceniza,

y el espíritu se desvanecerá como aire inconsistente.
Caerá con el tiempo nuestro nombre en el olvido,
nadie se acordará de nuestras obras;
pasará nuestra vida como rastro de nube,
se disipará como niebla acosada por los rayos del sol.
¡Paso de una sombra es el tiempo que vivimos,
no hay retorno en nuestra muerte;
porque se ha puesto el sello y nadie regresa.
Venid pues, y disfrutemos de los bienes presentes,
gocemos de las criaturas con el ardor de la juventud,
hartémonos de vinos exquisitos y de perfumes,
no se nos pase ninguna flor primaveral.
Coronémonos de rosas antes que se marchiten;
ningún prado quede libre de nuestra orgía,
dejemos por doquier constancia de nuestro regocijo;
que nuestra parte es ésta, ésta es nuestra herencia".

Yo considero que morir es sólo dormir, sin soñar ni despertar.

Hay que aceptar nuestra vulnerabilidad, mirar cara a cara a la muerte, sin temor;

y agradecer cada día, las oportunidades breves y magníficas que nos brinda la vida.

VACUNA 10.
¿QUÉ HACER?

"La mejor manera de evitar un problema, es adelantarse a él".

Hace veintidós años, en compañía de tres íntimos amigos, un economista el Lic. Francisco Patiño y dos psicoanalistas, los Dres. Alonso Cantú y Manuel Muñoz, fundamos un centro de Educación Psicológica Integral que llamamos CEPI.

Estábamos conscientes de las bondades y necesidades de la prevención. Con esta finalidad diseñamos cursos para padres, parejas, y gente interesada. Cada curso constaba de doce módulos, uno por semana, y en tres meses, el alumno podría tener información de calidad, sobre el desarrollo infantil, la pareja, adolescencia, las drogas y sus usuarios, guía para la familia del enfermo mental, etc. etc. etc.

El único curso que tuvo demanda, fue el dirigido a la familia del enfermo mental. Es decir, sólo personas con el problema de su familiar enfermo encima, quisieron saber que hacer. No hubo interés en la prevención que era nuestro objetivo principal.

Probablemente nosotros estábamos adelantados en ese momento; o la gente no estaba lo suficiente sensibilizada a la importancia de la prevención.

Ahora entiendo, que la prevención exige un cierto grado de formación cultural; se necesita también una serie de cualidades, que no todo el mundo, por desgracia, posee.

La prevención es parecida al ahorro. Ahorramos dinero para cuando se nos presenta una emergencia, para la vejez, o para solucionar una enfermedad. Ahorra quién con disciplina gasta menos de lo que gana. Quien vive por encima de lo que gana, o subsiste cada día, con un ingreso miserable, no tiene excedentes para ahorrar. No puede ahorrar, no puede prevenir.

Como expresé en la introducción de este libro. La "vacunas" de las enfermedades no trasmisibles son únicamente dos: la información, y la educación para la salud.

Pero no es suficiente leer, enterarse, saber. Es necesario aplicar lo aprendido. Por esto decimos que el conocimiento aplicado es sabiduría, y el conocimiento no aplicado es estupidez.

Existen personas que no saben, pero que se guían por tener un muy buen sentido común. Otras personas, no saben, ni les interesa saber; cometen graves errores, pero viven convencidos de que siempre hacen lo correcto.

Un tercer grupo, no saben pero preguntan, se informan, toman cursos, leen, están ávidas de entrarse, y saber más. De este grupo informado, no todos aplican lo que han aprendido; y no es que necesariamente sean tontos. En el capítulo 5, donde reflexiono sobre la culpa, vimos como hay individuos que sabiendo que hacer para vivir mejor, no lo hacen, al ser dominados, por una culpa absurda inconsciente no resuelta, que se originó años atrás, en la infancia temprana, y que les impide aplicar convenientemente el conocimiento que tienen.

Espero que el lector sea del grupo humano, que utilice los conceptos aquí revisados. Los siguientes son los consejos más importantes que usted debe conocer; de cada uno de los temas expuestos. Estos consejos son una guía para reflexionar. Medite cada uno de ellos, y aplíquelos según sus circunstancias.

¿QUÉ HACER RESPECTO AL DESARROLLO DE LA PERSONALIDAD?

Capítulo 2

1. Entérese, lea y conozca, como se forma el aparato mental, y lo que sucede en cada etapa del desarrollo.
2. Localice y revise lo que sucede durante el embarazo, y siga las recomendaciones higiénico-dietéticas.
3. No fume ni beba alcohol, durante el embarazo.
4. Evite ingerir estimulantes y depresores del sistema nervioso central estando embarazada.
5. Evite el uso de fármacos durante el embarazo.
6. No se auto-medique estando embarazada.
7. Haga ejercicio moderado, y escuche música tranquila todos los días del embarazo.
8. Procure amamantar a su hijo los primeros seis meses de vida.
9. Recuerde que el edificio de la personalidad se cimienta en los primeros años de vida. En los primeros cinco años se graba el 65% del disco duro.
10. Localice, lea y aplique, las recomendaciones que ha impreso la clínica Tavistock de Londres: "Comprendiendo a su bebé". "Comprendiendo a su hijo de un año", a su hijo de dos años, etc. La colección cubre hasta los veinte años.
11. No discuta con adultos (su pareja u otras personas) frente a su hijo.
12. Explique a su hijo todo lo que pueda. No importa si le entiende o no. Lo importante es su actitud y la musicalidad tranquila, de su voz.
13. Es común que el bebé se calme utilizando el chupón. Tolere esto e higienícelo hasta los dos y medio o tres años. Es preferible el chupón al dedo.
14. De común acuerdo con su hijo, tirarán el chupón, el dedo no lo podrán retirar.

15. Si va a salir, avísele a su hijo y trasmítale seguridad y calma. Nunca le mienta, ni haga que lo entretengan para salirse.

16. Retire objetos a su alcance, que pueda llevarse a la boca.

17. Si su hijo hace un "berrinche" por que usted le niega algo, deje que pase el llanto y luego hable con él.

18. No es suficiente decirle a su hijo "No hagas esto", es necesario explicarle por qué no lo haga, o cómo si hacerlo.

19. No force el control de esfínteres en su hijo. Neurológicamente estará maduro para el control de la orina alrededor de los dos años, y para el control de las evacuaciones a los dos y medio.

20. No descuide las vacunaciones e su hijo. Si a usted se le olvida y no lo vacuna, a él no se le olvidará nunca, el resto de su vida.

21. Si detecta algún tic, pesadilla nocturna, o sonambulismo en su hijo; busque ayuda psicológica, ya que son síntomas de ansiedad.

22. Si su hijo tiene temor por la noche, acompáñelo hasta que esté tranquilo dormido en su cuarto.

23. Existen pediatras que desconocen la trascendencia emocional de los primeros años de vida, y que recomiendan a la madres que dejen llorar por la noche a su bebé; asegurándole que en una semana se acostumbrará. Si su pediatra es de esta escuela; busque una segunda opinión, cambie de pediatra, o recurra a un experto.

24. No comparta la cama con su hijo. El colecho es fuente de futuros problemas emocionales.

25. Lleva tres años, que su hijo logre una suficiente autonomía, (separación psicológica de la madre). Dele ese tiempo en exclusiva, y no se vuelva a embarazar hasta haber pasado esa etapa.

26. Revise lo expuesto en el capítulo 2 de este libro: Del nacimiento a la edad adulta.

27. Si no comprende lo leído y recomendado, busque ayuda para que le expliquen.

28. Si su hijo recurre a usted asustado, o angustiado, usted mantenga la calma. De lo contrario, el niño (a) se asustará más.

29. No utilice el televisor como niñera de su hijo. Seleccione y dosifique lo que su hijo vea.

30. Durante las comidas, apague el televisor. De preferencia escuche música tranquila. Y procure hablar en la sobremesa, no platicar y comer al mismo tiempo.

31. Lea a sus hijos todas las noches. Cuando su hijo ya pueda leer solo, acompáñelo todo lo que pueda y lean juntos.

32. Incluya en la formación de sus hijos, el estudio de un instrumentos musical. Esto desarrollará su cerebro, y lo hará emocionalmente mejor.

¿QUÉ HACER RESPECTO A LA ELECCION DE PAREJA? Capítulo 3

1. Antes de elegir, piense y diseñe el perfil psicológico de la persona que usted desea para convivir en pareja. Para ello tómese el tiempo que sea necesario.

2. Teniendo clara su expectativa de pareja, busque proactivamente a este tipo de persona.

3. Si usted espera pasivamente, que se presente una posible pareja; usted está esperando ser elegido. Quizá alguien tome la iniciativa y le acepte a usted como es.

4. Para tener clara si su expectativa de pareja la llena determinada persona:

- Haga directa y abiertamente todas las preguntas que sean necesarias, y cheque que las respuestas sean ciertas.
- Utilice la información que pueda obtener de terceras personas.
- Detecte posibles problemas potenciales.
- No negocie prematuramente. No se acelere.
- No acepte "El amor a primera vista". Usted no debería adquirir un automóvil, sólo por el modelo o el color.
- No se deje llevar por seducciones o adulaciones.
- Tenga presente que es primero la compatibilidad y luego el compromiso

5. El enamoramiento deforma la realidad, y vemos en el otro (a) lo que queremos ver, y escuchamos lo que necesitamos oír.

6. Recuerde el dicho:" El enamoramiento es un estado de locura transitoria, que se resuelve con el matrimonio".

7. La pareja requiere de tres ingredientes básicos: química, compatibilidad y compromiso.

8. Para comprender el compromiso en la pareja, recuerde el dicho norteamericano que diferencia la implicación del compromiso. "Hay relaciones que son como los huevos con jamón. La gallina está implicada, el cerdo comprometido".

9. No busque su "media naranja", la "media naranja" no existe. Usted debe ser una naranja completa, y buscar otra naranja completa.

10. No existe la compatibilidad al 100%, pero no se conforme con una mezcla menor de 90% a favor y 10% en contra y siempre busque la mención honorífica 95% o más a favor.

11. Si usted ya se encontró " muy bien" con su pareja, en primavera y verano, espere y valore como funcionan en otoño y en invierno. La pareja bien avenida, debe funcionar bien, en épocas tranquilas, y en épocas difíciles.

12. Usted no está preparado para enamorarse y establecer una relación formal si:

- Necesita una pareja para no sentir la soledad.
- Está con estrés, tensión, desesperación.
- Siente presión social o familiar de tener una pareja.
- Siente un gran vacío que tiene que llenar.
- No maneja adecuadamente su agresión.
- Si usted está pasando por un estado depresivo, o un estado de euforia.
- Si usted no ha resuelto un duelo por muerte o divorcio.
- Le urge solucionar su necesidad sexual.
- Usted cree que el verdadero amor lo puede todo.
- Cree que la pareja llenará todos los aspectos de su vida.

13. Si usted detecta uno de los siguientes defectos en su pareja potencial, no se comprometa. Termine esa relación. Busque otra pareja.

- Si es colérico (a), explosivo, violento.
- Si posee una (o varias) adicciones (ilegales o legales)
- Si existen daños emocionales, desde su infancia.
- Si tiene una necesidad de control.
- Si continuamente se queja como víctima y no hace nada para cambiar.
- Si tiene problemas sexuales
- Si padece inmadurez emocional (sufre intensamente) o esta pegado (a) a su mamá o papá.
- Si no ha cerrado el círculo de relaciones pasadas, sean por defunción, o divorcio.
- Si durante el noviazgo es infiel.
- Si no comunica genuinamente sus emociones porque no puede, o porque no desea hablar de sentimientos.
- Si existe un fanatismo religioso.
- Si es un (a) adulador (a)
- Si es irresponsable y mentiroso.
- Si es un (a) manipulador (a).
- Si arrastra sentimientos de injusticia desde la infancia.
- Si detecta que su pareja, toma decisiones unilaterales, sin consultarle, que afectan a los dos.

14. Antes de comprometerse revise con su pareja, si coinciden en el mismo orden de prioridades.

15. Si a usted le atrae el deseo de rescatar a alguien, de su mundo conflictivo; y quiere solucionar su sufrimiento; deténgase, busque terapia y revise los porqués de su atracción.

16. Si su relación de pareja terminó, (divorcio) tome un tiempo prudente, y elabore el duelo por el fracaso. Todo duelo lleva un tiempo de seis meses a un año.

17. Antes de pensar en el inicio de otra relación, camine solo (a) y revise con un profesional cual fue su participación negativa en su vínculo que fracasó. A pesar de que usted visualice, el total o el mayor porcentaje de las causas del divorcio en el otro (a); en algo colaboró. Identifique y modifique las causas profundas que le llevaron a unirse a su ex pareja. De no hacerlo, las posibilidades de volver a fracasar son muy altas.

18. No es suficiente llegar a la meta de unirse en matrimonio. Lo mas importante y difícil es mantenerse en armonía. Sucede igual que en un régimen para perder kilos. Primer objetivo, llegar a su peso ideal; segundo quedarse ahí, y no volver a engordar.

19. Si usted hizo una buena elección de pareja, el mantenimiento será mas fácil.

20. Recuerde la sentencia de Friedrich Nietzsche "No es la falta de amor, sino la falta de amistad lo que hace desgraciados a los matrimonios", por lo tanto cuide su rol de amistad con su pareja.

21. El mantenimiento preventivo de la pareja, consiste en revisar, una vez por semana, lo que molestó o enojó de la conducta del otro y viceversa y encontrar las formas para que esas conductas no se repitan.

22. Si usted se aguanta el malestar que le despierta su pareja, y no se lo dice, podrá olvidar el momento, pero acumulará coraje, y posteriormente va a explotar. (hacia fuera o hacia adentro.

23. De gota en gota de agua se llena y se derrama un recipiente. No permita que esto le suceda, aplique preventivamente los pasos descritos en el capítulo 3 sobre la pareja.

24. Primero debe integrarse bien la pareja, y después de dos o tres años (mínimo) de vivir unidos y en armonía, tomar la decisión de embarazarse.

25. Si la pareja puede vivir en otra ciudad, alejados de las familias de los padres de ambos, dos o tres años; esta distancia facilitará una integración mejor.

26. Piense bien cuando deciden buscar tener familia. La llegada de un hijo les compromete a la crianza. La pareja ya no podrá vivir igual, que la etapa solos.

27. El trabajo de la crianza de calidad, es arduo y difícil. No permita que familiares, amigos, o ideas religiosas, le empujen al embarazo.

28. Las parejas que se casan, por haberse embarazado tienen mal pronóstico, (no se han integrado dos, y ya son tres).

29. Recuerde toda pareja se erosiona de adentro hacia fuera. Nunca alguien de afuera irrumpe y altera la relación de una pareja bien unida.

¿QUÉ HACER PARA UN MANEJO ADECUADO DE LA RELACION PADRES E HIJOS.?
Capítulo 4

1. Todo ser en desarrollo necesita una estructura familiar estable; donde tanto la madre como el padre participen de común acuerdo en las normas de disciplina.

2. Para que los hijos al desarrollarse, no se salgan de las manos de los padres, hay que fomentar la comunicación desde pequeños. Debe conocer bien a sus hijos y a sus amigos, e implicarse en sus intereses, en el día a día.

3. Existen muchos riesgos en la educación de los hijos, y en la relación de estos con sus padres. Estos riesgos disminuyen si la disciplina se aplica en un clima de confianza, de calma emocional, y con un predominio de sentido común.

4. Recuerde, cada problema que se presente con sus hijos, es una oportunidad para revisar su plan de educación, y para corregir otras áreas alteradas.

5. Los padres deben corregir de forma razonable y moderada a los hijos. El castigo físico a un menor es un abuso que debe ser castigado. Produce daños físicos y psicológicos.

6. La violencia en ninguna de su formas es un elemento educativo.

7. En los primeros diez años de vida, todo niño es inseguro, dependiente y temeroso. Si el adulto le exige un funcionamiento, que no corresponde a su edad, está abusando.

8. El abuso infantil (en cualquiera de sus formas) genera culpa en el niño, por que es mas fácil para él pensar que sus padres son buenos y él es el malo, que merece ese maltrato.

9. Recuerde: La infancia no es la mejor etapa de la vida. El niño está a expensas de la inmadurez, impulsividad o patología de los adultos que lo rodean.

10. En los primeros años, el pensamiento del niño es concreto, se cree todo lo que le dice el adulto, al pie de la letra. Por lo que no le diga: " Me vas a matar de un coraje", " Te la voy a mochar, déjate ahí".

11. Cuando un hijo le diga que algo inadecuado le hicieron; créale en primer lugar a él. Enseguida investigue y actúe en consecuencia.

12. No le exija a un hijo (a) responsabilidades que no le corresponden. Por ejemplo que, se haga cargo o ayude con sus hermanos menores, o que cuide de los padres o los abuelos. Su compromiso es con él mismo, a desarrollarse. El compromiso de los padres es con cada uno de su hijos según el momento y las necesidades.

13. Las normas familiares deben ser: claras, precisas y definidas.

14. Ambos padres deben establecer las normas, y ellos respetarlas y comprometerse de acuerdo a esas normas familiares.

15. Recuerda que el hijo aprende más con el ejemplo, que con la palabra.

16. Si los hijos participan en forma activa en la definición de las normas familiares, se obtendrá mejor resultado.

17. Además de la definición de normas, es conveniente que los hijos participen en las medidas correctivas, lo que deberá hacerse si no se respetan.

18. Si los padres no evitan y/o corrigen comportamientos inadecuados, los hijos interpretarán que hay un apoyo implícito a estas conductas.

19. La eficacia de la disciplina se reduce si:

- No se cumple lo ofrecido
- Si transgresiones graves quedan impunes
- Si uno de los padres aplica la norma y el otro padre la permite.

20. La disciplina debe ir enfocada a promover cambios de comportamiento, y a auxiliar a los hijos para que comprendan, que determinada conducta, es inadecuada y que deben cambiarla.

21. Ante una falla, hay que intentar:

- Que haya una enmienda.
- Que el hijo comprenda lo que hizo.
- Que se arrepienta del mal que ha hecho.
- Que intente reparar el daño.

22. Para la prevención de que las conductas inadecuadas se repitan, es conveniente ofrecer alternativas.

23. Las medidas disciplinarias deben de estimular la empatía. Ayudar al hijo a ponerse en el lugar de aquellos a los que ofendió o que se hizo daño. Que se incremente su capacidad de ponerse en el lugar de los demás.

24. Evite reñir continuamente a los hijos, por conductas de escasa relevancia.

25. La corrección de conductas negativas, no debe plantearse en cualquier momento.

- Evite hacerlo en momentos de tensión
- Analice una conducta específica.
- Cuide de no caer en descalificaciones globales. No todo está mal en su hijo (a).
- Evite monólogos. Estimule que su hijo (a) participe, explique y reflexione sobre lo que ha hecho.
- Evite corregirlos frente a terceros.

26. La eficacia de los adultos para enseñar a respetar límites, aumenta cuando tienen una relación de calidad con los hijos.

27. No existe un modelo único de educar a los hijos. Lo que funciona con un hijo, puede no ser útil con otro.

28. Lo padres que de niños fueron maltratados (golpeados o abusados) deben ir a terapia, o serán padres tóxicos con altas posibilidades de repetir la misma conducta, que tuvieron sus padres con ellos, ahora ellos con sus hijos, o irse al otro extremo y ser absolutamente permisivos.

29. Cuando un menor de edad comete un delito, las leyes deberían co-responsabilizar y castigar a los padres, por haber fallado en la educación de sus hijos.

30. Para la salud mental de los hijos, el tiempo ideal entre el nacimiento de uno y otro hijo es de cuatro años.

31. Lleva un período de tres años el proceso de separación individuación entre el niño y la madre; lograr suficiente lenguaje, control de esfínteres, y madurez, para expresar lo que le molesta emocionalmente.

32. La mejor herencia que puede dejar a un hijo no es dinero, ni preparación académica: Es madurez emocional. Con madurez emocional será un buen ser humano, él se podrá preparar, y le aseguro que será feliz.

CUANDO LOS HIJOS SON ADOLESCENTES:

1. Recuerde, la adolescencia es una etapa "puente", entre la infancia y la adultez; por lo que la conducta y pensamiento del hijo fluctúa entre querer seguir siendo niño, y a la par independizarse como adulto.

2. La llegada brusca de hormonas, confunden al adolescente, de ahí el dicho "Hormona mata neurona".

3. Muchos adolescentes se pelean y no toleran al padre del sexo opuesto, inconscientemente pelearse sirve al hijo para poner distancia y no sentir atractiva a la madre; ya las hijas respecto al padre. Esto aplica también con los hermanos (as).

4. Hay adolescentes con los que no se pueden encontrar soluciones conversando. La mejor medida que pueden seguir los padres, en estos casos, es privarles de privilegios (renta de móvil, viajes, excursiones, etc.)

5. Las formas, o modos como le trataron sus padres en la adolescencia, ya no aplican para sus hijos. Muchas variables son diferentes, por lo que tiene que actualizarse.

6. En las nuevas generaciones, la adolescencia se va presentando, en una edad menor. Influye en esto la alimentación, y la información que ahora los hijos tienen fácilmente.

7. Nunca pierda el foco de lo que trata de corregir, ni permita que su hijo se lo cambie.

8. Fije límites.

9. Nada de lo que dice o hace el adolescente lo tome personal. Es la crisis de su edad.

10. Entre menos palabras use, mas logrará.

11. No suba el tono de voz, no repita una indicación, ni lo que ya se dijo con anterioridad, y se aceptó como norma.

12. No ejemplifique con sus hijos, el cómo le trataron a usted. No es de utilidad.

13. En la educación al adolescente, se vive un día a la vez.

14. Desconfíe de un hijo adolescente, sumiso, obediente ordenado, siempre "bien portado". Es preferible que revise si está acumulando tensión, o si le tiene miedo.

15. El hijo adolescente aprenderá:

- Si usted no pierde el control
- Si tiene calma
- Si ambos padres son consistentes

16. Que su hijo entienda la diferencia entre lo que corresponde que haga y cubra, y lo que son privilegios.

17. Si su hijo no le pone atención, no ponga atención a su demanda de privilegios.

18. Recuerde: los berrinches que su hijo hacía de niño (llanto, pataletas) ahora son los conflictos, pleitos, rebeldías del adolescente.

19. El adolescente reta, quiere pleito, ya que se está afirmando hacia un esquema de funcionamiento adulto. Muchos padres caen en el pleito.

20. Explique a su hijo, que su rol de padre le exige un funcionamiento que le puede resultar incómodo o desagradable. Sus medidas y acciones no son por coraje o venganza ante su conducta; son porque lo quiere, y le interesa que evolucione a ser un adulto de bien, por lo que lo disciplina.

21. No se desespere, si es consistente y perseverante, algún día su hijo le comprenderá y le agradecerá haberlo formado.

22. Todos los padres controlan a sus hijos, hasta que estos son capaces de controlar su propia vida. En las familias integradas, normales, la transición se produce después de la adolescencia.

23. En las familias con problemas, la saludable separación de los hijos, se demora durante años, o toda la vida.

24. La separación de la familia paterna, sólo puede producirse después de que el hijo ha logrado concretar los cambios que le permitirán hacerse dueño de su vida.

¿QUÉ HACER EN RELACION A LA CULPA?
Capítulo 5

1. Recuerde: La culpa es un auto-reproche moral. Es un sentimiento universal, que sólo tiene una función positiva; cuando limita actos en un individuo, para no afectar a terceros.

2. Lo más frecuente es que la culpa sea manejada en forma incorrecta; en cantidad excesiva y absurda, dañando la vida de quien la padece.

3. El sentimiento de culpa debe ser una herramienta para cambiar y mejorar. Nunca debe ser una forma de castigo, sufrimiento y devaluación.

4. Para evitar que su hijo estructure en su mente culpas absurdas, evite que presencie pleitos familiares.

5. Hable con su hijo y explique con calma, todo lo que pueda durante el desarrollo temprano.

6. No use la palabra culpa, es preferible hablar de responsabilidad con su hijo; y con usted mismo.

7. No pretenda, que su hijo pequeño le comprenda. A los adultos les corresponde entender al menor.

8. No eduque a su hijo a través de gritos, amenazas, golpes y castigos. La educación temprana requiere calma y paciencia. Cuenta hasta 10 ó hasta 100 si es necesario, antes de corregirlo.

9. No utilice a su hijo de confidente de sus problemas personales, ni conyugales.

10. No triangule (vía su hijo) el coraje que le despierta su pareja. Ventile su malestar directamente con él o ella.

11. Nunca juegue con su hijo pequeño preguntándole a quién quiere más, si a su padre o a su madre.

12. Cuide el cuando y el como le acerca ideas religiosas a su hijo. En los primero años de la vida, no está capacitado para comprender simbolismos, y cree absolutamente todo lo que escucha de los adultos.

13. Las religiones, si no son bien explicadas a un menor, generarán nuevas culpas, y reforzarán, culpas absurdas que el niño por sí mismo se adjudicó.

14, Muchos adultos apegados a una religión, viven convencidos de que han cometido una, o varias faltas, por las que deben pagar.

15. Si siente culpa por algo, no sólo se arrepienta consigo mismo, o en un templo; busque qué y cómo hacer, para reparar lo que hizo mal.

16. Si de adulto siente una culpa desproporcionada, en relación con lo que ha hecho o lo que piensa, y se ha convertido en algo opresivo y enajenante, vaya a tratamiento psicológico.

17. En todo cuadro depresivo, existe un sentimiento de culpa. Explórelo, aclárelo y soluciónelo.

18. Cuando un adulto no puede cuidar a su padre anciano, es frecuente que se sienta culpable por llevarlo a una casa de reposo (aunque ahí este mejor atendido). Siente ser un malagradecido, por no cuidarlo, como le cuidaron a él.

19. Con la gente mayor conviene primero buscar apoyo de cuidadores domiciliarios. Si la situación en casa no es posible; la casa de reposo debe contemplarse como la siguiente opción.

20. En las familias donde se mantuvieron relaciones armoniosas, entre padres e hijos, en general no sienten culpa; si no pueden cuidar a los mayores y los llevan a una residencia para ancianos.

21. Las casas de reposo para gente mayor, deben tener la misma carga emocional, que utilizar guarderías infantiles cuando los padres tienen que trabajar.

22. Cuando el adulto recurre al asilo para sus padres, por comodidad o por venganza, muy probablemente se sentirá culpable.

23. Así como es prudente, revisar todas las características de una guardería para los menores, hay que revisar la de un asilo para ancianos.

24. Los adultos que de niños se sintieron maltratados por sus padres, generalmente son los que los abandonan en sus domicilios, o en un asilo.

25. Si su relación de pareja fracasó y evolucionó a divorcio. Hable con sus hijos y acláreles que ellos no son responsables, ni culpables del divorcio.

26. Si ya se percató (solo o en terapia), de que arrastra culpas tempranas; busque ahora, cada día, como se va a castigar hoy. En su meditación puede adelantar escenarios, ver su posible castigo y prevenirse para no caer en el.

27. Todo exceso en su conducta, (alcohol, cigarro, café, comida, dieta, trabajo, ejercicio, etc.) puede estar al servicio de la culpa. Es decir, usted puede estarse castigando vía ese exceso.

28. Recuerde: el hecho es breve, el arrepentimiento es largo.

¿QUÉ HACER, EN LA PREVENCION DE CONDUCTAS DELICTIVAS?
Capítulo 6

1. Revise cuidadosamente el capítulo 6. Muchas medidas preventivas están incluidas y delineadas ahí.

2. Durante el embarazo, evite, fumar, beber alcohol, y/o utilizar substancias (medicamentos) estimulantes o depresoras del sistema nervioso; ya que el cerebro del bebé será dañado.

3. Igualmente, llegue, con una preparación al parto, un parto prolongado y problemático, también dañará el cerebro del bebé.

4. Evite toda forma de maltrato infantil.

5. Padres muy laxos, débiles y permisivos, así como padres ausentes, y padres muy exigentes, son facilitadores de futuras conductas delictivas.

6. Recuerde que el niño aprende lo que vive, si vive entre el maltrato familiar, eso aprenderá.

7. Evite juegos, programas televisivos y video juegos violentos.

8. La familia es la principal trasmisora de un sistema de valores que ayudarán al ser en desarrollo a controlar sus impulsos.

9. La desintegración familiar, la violencia y el uso de tóxicos (alcohol y drogas) en los adultos, son el caldo de cultivo para futuras personalidades delincuentes.

10. Pida ayuda psicológica si su hijo presenta:

a) mucha inquietud y ansiedad

b) si es hiperactivo

c)si le cuesta mucho concentrarse

d) si roba objetos a los demás

e) si miente sistemáticamente

f)si se burla y agrede a otros niños(bullying)

g) si otros niños lo agreden y se burlan de él

h) si presenta enuresis (se orina por la noche en la cama, después de los 4 años)

i) si presenta tics, o sonambulismo.

j) si se corta las uñas con la boca.

11. No le mienta a su hijo, ni acepte que él lo haga.

12. No presione a su hijo para que desde pequeño se defienda a golpes. Edúquelo para que se defienda vía la palabra.

13. Recuerde: la violencia aparece, cuando la razón falla.

14. La raíz emocional del maltrato y la violencia puede deberse principalmente a

a) Identificación con padres violentos

b) El miedo. El ser humano se violenta por temor a que le hagan algo.

b) Las personas que no tienen problema, en aceptarse débiles o frágiles, son menos violentos.

c) Nunca tape conductas delictivas de sus hijos, confróntelos y ayude a que se responsabilice de sus actos.

d) Conozca, para que pueda identificar (y poner a distancia) el perfil de una persona psicópata. (sea hombre o mujer).

él o la psicópata:

- es impulsivo.
- es manipulador. teatral. Fácil convence.
- es egocéntrico. Todo gira alrededor de él, a lo que él quiere, a lo que él necesita.
- tiene un encanto superficial. Es adulador y sabe caer bien a la mayoría de la gente.
- esta dispuesto a todo, para lograr sus fines.

- tiene gusto por la vida fácil.
- siempre sabe lo que hace. Aún y en cuando se le sorprende haciendo algo inadecuado lo niegue, o se defienda con "no sabía lo que hacía".
- es peligroso.

él o la psicópata:

- No tiene remordimiento. Fácilmente puede mentir y dar un falso testimonio de arrepentimiento.
- No tiene empatía. Le resulta imposible imaginarse lo que siente otra persona.
- No tiene culpa. (aunque aparente tenerla)
- No tiene ansiedad. Porque él no siente tener problemas.
- No distingue crueldad, ni dolor.
- No tiene conciencia de que algo está mal.
- No tiene rehabilitación.

18. La explotación o violencia psicológica surge, cuando los aprovechados (agresores) encuentran un terreno fértil, en una persona incapaz de oponerse. Los sumisos atraen a los abusivos como el polen a las abejas.

¿QUÉ HACER RESPECTO A LA CONDUCTA ADICTIVA? Capítulo 7

1. Revisa si tú o tu pareja tienen alguna conducta adictiva, (con o sin tóxicos), tus hijos podrán internalizar, y al hacerla propia, podrán copiar la misma, o hacer otro tipo de adicción.
2. Si tus hijos observan, que tú y tus invitados son más felices tomando alcohol, (riendo, cantando, etc.) buscarán repetir este modelo con sus amigos.
3. Cuida que tus hijos no hagan una dependencia de la televisión o de video juegos. Posteriormente lo harán a la computadora o al teléfono móvil; y podrían hacer otro tipo de adicción.
4. La forma para evitar adicciones tempranas (a la televisión, a los video juegos, a la computadora, etc.) es estableciendo que pase primero un tiempo de 30 o 60 minutos, en lectura de comprensión, o estudiando un instrumento musical, etc. y el mismo tiempo, después consumirlo en la diversión que prefiera y que usted permita.
5. Procura convivir en familia, y compartir juegos de mesa con todos tus hijos. Aprenderán formas sanas de diversión.
6. Si las personas tienen información veraz y oportuna, sobre las adicciones; estarían capacitadas (vía el conocimiento del problema) para enfrentar y/o prevenir adicciones. Infórmate y trasmite ese conocimiento.

7. ¿Has escuchado?: "El ocio es la madre de todos los vicios". Estimula en tus hijos el deporte, el estudio y el trabajo.

8. Existen personas que piensan que la información excesiva puede motivar el uso de tóxicos. No es así. Sólo la información distorsionada o sensacionalista puede motivar a su uso.

9. La edad más peligrosa para iniciar una adicción es entre los doce y los dieciocho años.

10. El uso de inhalables produce múltiples alteraciones en el organismo. El daño principal e irreparable, sucede en el cerebro por la destrucción de neuronas.

11. Los principales efectos de la cocaína son:

- Aumenta el estado de alerta
- Reduce la excitación, euforia, insomnio y pérdida de apetito.
- Las pupilas se dilatan
- Aumenta la tensión arterial

12. En una sobredosis de cocaína sucede:

- Agitación
- Alucinaciones
- Aumento de temperatura corporal
- Convulsiones
- Vómito

13. Recuerda el alcohol y el tabaco si son drogas, contienen substancias tóxicas como el etanol y la nicotina respectivamente, que producen adicción física y psicológica.

14. Las drogas lícitas se anuncian (a pesar de su efecto nefasto), porque las industrias de drogas lícitas tienen suficiente dinero y poder, para bombardear con anuncios a todos los niveles sociales de la población, sin importarles la edad ni la educación de los receptores.

15. Los efectos más nocivos de los barbitúricos son: la dependencia física y psíquica, y el riesgo de muerte, si se ingiere una sobredosis.

16. Cuando se consume cualquier tóxico (droga) en sobredosis, puede sobrevenir la muerte.

17. Los problemas más comunes de farmacodependencia en las amas de casa son:

- Uso de pastillas para dormir
- Pastillas para adelgazar
- Pastillas para los nervios
- Uso continuo de café, tabaco y alcohol

18. Recuerda; Todas las drogas tienen en común:

- La habituación
- La tolerancia

- La dependencia
- El síndrome de abstinencia cuando se suspende

19. El problema de las adicciones va en aumento, son una fuga del estrés, y no se ataca desde la prevención a poblaciones aún no contaminadas.

20. La educación sobre las adicciones, es la estrategia mas constructiva, por que la información queda englobada en el proceso activo del aprendizaje. Esta educación consiste en:

- Incorporar a los planes de estudio, información sobre el uso y el abuso de tóxicos, tanto legales como ilegales.
- Esta incorporación deberá adaptarse al nivel de desarrollo del niño.
- Los conceptos educativos deben desarrollarse por lo menos desde la educación primaria, hasta terminar la preparatoria.
- Es indispensable capacitar a los profesores que expongan la información y mejorar los debates que suscita el tema.

¿QUÉ HACER RESPECTO AL ALCOHOLISMO?
Capítulo 8.

1. Reconocer que el alcoholismo es una adicción.
2. El alcohol (etanol) es un depresor del sistema nervioso central.
3. Como depresor, rápidamente calma la angustia y el sujeto, se siente liberado para hablar y actuar.
4. Se llega a ser alcohólico, simplemente tomando alcohol.
5. No se requiere tomar licores fuertes par llegar a ser alcohólico. El alcohol contenido en las llamadas bebidas de moderación, como la cerveza, es suficiente, para que el sujeto evolucione a ser un alcohólico.
6. No se requiere ser un enfermo mental para llegar a ser alcohólico.
7. Debido al efecto depresor del alcohol, muchos individuos ansiosos, con dificultad para manejar el coraje, con mucha angustia, o con patología mental severa, se aficionan a ingerir alcohol, porque se sienten mucho mejor; se calman. No curan su problemática emocional, sino que a ésta se agrega otra enfermedad: La adicción al alcohol.
8. La conducta impulsiva y desorganizada del alcohólico activo, ha facilitado la confusión existente entre alcoholismo y enfermedad mental.
9. El consumo de vino de mesa en forma moderada (una copa en la mujer, dos en el hombre, en 24 horas), tiene un efecto bondadoso.
10. El beber inmoderadamente alcohol, tarde o temprano genera problemas en todos los apartados de la vida; y en todas las células del cuerpo.
11. El alcohol estimula en el usuario e incursionar en el uso de otros tóxicos. La relación más común es el alcohol-marihuana y alcohol-cocaína.

12. Cuando un enfermo alcohólico, logra un período de sobriedad, emerge su carácter real, o su patología; ya que continúa su personalidad previa al uso y abuso del alcohol.

13. La abstinencia del alcohol por si sola, no es suficiente para modificar el carácter. Es indispensable un trabajo terapéutico constante y efectivo en los grupos de Alcohólicos Anónimos, o de otro tipo de psicoterapia.

14. La muerte de neuronas (células del cerebro), a causa de la adicción nociva directa del alcohol, tiene como consecuencia "déficit" o pérdida de la memoria, y dificultades en el razonamiento.

15. Los cambios neurológicos (por daño celular) son irreversibles, y lo mismo ocurre en individuo inteligente que en ignorante, en el pobre que en el rico, en el emocionalmente sano y maduro, que en el enfermo e inmaduro.

16. Se ha calculado que el beber inmoderadamente un día, se le deja trabajo al hígado en sus funciones de desintoxicación, por un período de una semana.

17. Por lo anterior, al tomar varias veces en la semana, ésta glándula desintoxicante (hígado) empieza a forzarse, trabajando horas extras; y evoluciona al daño conocido como cirrosis hepática.

18. La cirrosis hepática aumenta la presión sanguínea en la vena porta. Esto provoca que se forme várices (venas dilatadas) en el estómago y en el esófago.

19. Si continúa la presión sanguínea por la cirrosis, las várices esofágicas y gástricas pueden romperse y generarse un abundante sangrado mortal.

20. Una ingestión brusca de licor de alta graduación, en un período breve de tiempo, puede generar una pancreatitis hemorrágica aguda, y la muerte.

21. Desde el punto de vista médico y de salud pública, el alcoholismo, no es diferente de otras adicciones. El hecho de que sea una adicción lícita, no le hace menos nociva que las ilícitas.

22. Si quieres prevenir el alcoholismo en tus hijos pequeños; muéstrales como puedes tú vivir y divertirte sin tomar alcohol.

23. La prevención del alcoholismo en tus hijos adolescentes es informándoles del alcohol y sus efectos y evitando el consumo en las reuniones.

24. Los padres no deben ver como normal que sus hijos adolescentes beban. No deben pensar "hacen lo que todos".

25. Debe cambiarse la idea, de que el consumo de alcohol, es sinónimo de mayor disfrute; en los momentos de ocio, fiestas y tiempo libre.

26. Todo bebedor tiende a minimizar lo que ha bebido, y a considerarlo como normal. Es recomendable, que los padres de familia adquieran un alcoholímetro y chequen el nivel de alcohol con la que sus hijos llegan a casa.

27. Actualmente tiene más vigencia el viejo consejo: "Si toma no maneje, y si maneja, no tome".

a) En muchas ciudades de países desarrollados, si usted hizo una fiesta en su casa, y su invitados ingirieron alcohol; usted es corresponsable, y puede ser llevado a la corte, si alguno de sus invitados tuvo algún problema de tránsito con alcoholemia.

b) Aunque éstas medidas no sucedan en donde usted vive, es recomendable que al terminar una fiesta pida un taxi, a quienes estén excedidos de alcohol, o se queden a descansar en su casa, y se vayan hasta el día siguiente.

28. Pruebe usted su grado de dependencia al alcohol, propóngase durante seis meses, o un año no probar absolutamente nada de alcohol, extienda esta prueba a toda su familia; y su grupo de amigos.

29. En todas las adicciones, sobriedad significa abstinencia del uso de tóxico, con calidad de vida.

30. En los trastornos de la alimentación, sobriedad, si se apega a la definición etimológica: "moderado en el comer y el beber".

31. Ebrio significa: "Embriagado o borracho" y se utiliza en sentido figurado para describir "ofuscado por una pasión". Ejemplos: "Ebrio de ira", "Ebrio de amor", "Ebrio de poder, Ebrio o confuso en un estado de manía", "confuso en un estado psicótico".

32. Posteriormente a una fase de adicción, evolucionar a la sobriedad, corresponde a tomar el control, las riendas de las emociones. La sobriedad es lograr un estado de madurez emocional que se traduce en tranquilidad, equilibrio, mesura y seguridad.

33. Con la sobriedad, el enfermo nace a una nueva vida. El obeso, bulímico o anoréxico, logra regular su alimentación, y no regresa a su trastorno alimentario. El neurótico, se despega de su sintomatología ya no presenta reacciones catastróficas, y/o termina la relación que le da sufrimiento.

34. La evolución de la enfermedad, a la salud mental es equivalente a pasar de la confusión y el sufrimiento, a la sobriedad emocional, a la salud.

35. En todas las adicciones (uso de depresores como el alcohol, uso de estimulantes, como la cocaína, adicciones al juego, al sexo, a sufrir, etc.) la sobriedad sostenida es la salvación.

36. Asiste con tu familia, a las juntas de información pública, que en sus aniversarios efectúan los grupos de Alcohólicos Anónimos. Son las personas más informadas en el tema

37. La única solución preventiva para el alcoholismo es la educación. Esto debe de estar respaldado por todos los sectores sociales.

38. En todos los centros escolares de todos los niveles, se deben desarrollar propuestas, para posibilitar el no consumo, o el consumo responsable del alcohol.

39. La información y educación sobre el alcohol y sus efectos, debe ser lo más temprano posible; y el consumo debe ser lo más tarde posible.

40. Si el ser humano iniciara su primeros tragos a los 26 años; no a los 16; su evolución sería diferente y favorable; por tener un sistema nervioso central más maduro.

41. En la mayoría de las personas los daños del alcohol, superan a los beneficios.

42. En los mensajes televisivos sobre el alcohol, la medida preventiva que exige el sector salud es insuficiente e inadecuada: "Evite el exceso".

43. Cuando una cantidad no se precisa, queda a expensas del definidor cuanto es poco, mucho, o un exceso.

44. El mensaje del sector salud debe precisar: "Beber con moderación son dos copas, de tres en adelante es un exceso. "Evítelo".

45. Si toma con moderación (dos en veinticuatro horas) tome la bebida que más le agrade. Si no toma con moderación, mas vale que no tome ninguna .

46. Uno de los daños más importantes del abuso del alcohol, que pasa inadvertido, es la obesidad.

47.Un consumidor de alcohol de riesgo, es aquel que no tiene aún problemas derivados del alcohol, pero que seguramente los tendrá en el futuro, por un hábito (cantidad y frecuencia) de como está tomando.

¿QUÉ HACER RESPECTO AL ENVEJECIMIENTO?
Capítulo 9

En las páginas del capítulo 9, están incluidos una serie de consejos, como son las diez reglas de oro de la salud, las recomendaciones de la Universidad de Harvard, etc.

Revísalas con detenimiento y aplícalas

Algo más que debes saber sobre el envejecimiento son los siguientes puntos.

1. Algunos cambios en la memoria son normales a medida que vamos envejeciendo. La forma de mantener y prolongar el funcionamiento adecuado del cerebro es utilizarlo.

2. Los síntomas de las enfermedades demenciales son más que simples lagunas mentales.

3. Enfermedades demenciales, son los trastornos donde se pierde la memoria. Demencia no es locura como mucha gente cree, se refiere a problemas de memoria.

4. La enfermedad demencial más común es la enfermedad de Alzheimer. Quienes la padecen presentan dificultades en actividades cotidianas como: comunicarse, aprender, pensar y razonar.

5. La enfermedad de Alzheimer, presenta problemas graves, que crean un impacto negativo en el ámbito laboral, social, y familiar del individuo.

6. La forma de aparición de la enfermedad de Alzheimer es variada; no existe un patrón único. Puede incluso no notarse hasta que la enfermedad ha evolucionado.

7. Las diez señales para detectar la enfermedad de Alzheimer son:

- Pérdida de la memoria.

Se olvida la información que se ha aprendido recientemente, y se recuerda a la perfección, sucesos que ocurrieron muchos años atrás.

- Dificultad para realizar tareas comunes.

Existen actividades que por lo general ya no pensamos para realizarlas, como vestirnos, guardar la ropa, preparar un platillo, etc. Los pacientes con demencia se les dificulta hacerlo.

- Problemas con el lenguaje.

Problemas para encontrar las palabras adecuadas simples, de uso cotidiano. Ejemplo: No recordar la palabra pluma o lápiz y tener que decir: "esa cosa que sirve para escribir".

- Desorientación en tiempo y espacio.

Olvidar o no poder precisar que día de la semana, mes o año es. Olvidar como regresar a casa.

- Juicio pobre.

Incapacidad para hacer juicios de cosas simples. Ejemplo: Se visten sin registrar el clima, poniéndose un abrigo en días calurosos, o poca ropa en un día frío. En cuestiones económicas, gastan grandes cantidades de dinero, en objetos que no necesitan.

- Problemas con el pensamiento abstracto.

Se pierde la capacidad para hacer cálculos, y se olvidan que son, para que sirven y el orden de los números.

- Desordenar objetos.

Cambios de lugar de objetos, sin recordar donde se dejaron (las llaves del auto, la cartera, el reloj, etc.) llegando a poner las cosas en lugares inusuales, como dejar el control de la televisión en el refrigerador, o la plancha dentro de la lavadora.

- Cambios repentinos de humor.

Cambios del estado de ánimo, sin razón aparente, de la calma al llanto, de la risa al enojo.

- Cambios de la personalidad.

Conforme pasan los años todos vamos gradualmente cambiando; en enfermedades demenciales, los cambios son bruscos y considerables, volviéndose la persona desconfiada, temerosa, confundida, o muy dependientes de un familiar.

- Pérdida de iniciativa.

La persona se vuelve muy pasiva, ve la televisión por largas horas, duerme mas horas de lo acostumbrado, se niega a realizar actividades habituales.

8. Es muy importante hacer un diagnóstico temprano de los trastornos demenciales, para recibir el tratamiento y los cuidados apropiados.

9. Para prevenir enfermedades demenciales, hay que evitar traumatismos en la cabeza, por lo que hay que utilizar protección adecuada al ir en bicicleta o motocicleta.

10. Otra medida preventiva muy importante es mantener el cerebro ejercitado, aprendiendo siempre cosas nuevas.

11. Las últimas investigaciones han precisado que en la India es el lugar del mundo con menor índice de personas con demencia. Se atribuye a la dieta. Se recomienda utilizar todos los días en la comida: mostaza y curry.

12. A pesar del envejecimiento, "El viejo achacoso" va desapareciendo. Cada día, hay más adultos cargados de años, de experiencia y conocimientos, con una mente fría y lúcida que no está empañada por miserias fisiológicas.

13. Ernest Hemingway escribió: "Nadie debería estar solo en su vejez. Pero es inevitable que así sea".

14. Vivir, envejece.

RESPECTO A LA MUERTE

Como no existe mas allá de nuestra vulnerabilidad y la muerte, no hay mas que aceptarla sin temor. Al no haber nada que hacer, incluyo algunas reflexiones famosas sobre la muerte.

"Una vez terminado el juego, el rey y el peón vuelven al mismo cajón. "
Proverbio Italiano

"Vivir en el corazón de los que dejamos detrás de nosotros, no es morir".
T. Cambell

"He meditado a menudo sobre la muerte, y encuentro que es el menor de todos los males".
Francis Bacon

"El que esta por morir, siempre suele hablar verdades".
Miguel de Cervantes

"Quien enseña al hombre a morir, le enseña a vivir".
Montaigne

"La muerte proporciona al hombre sabio, una razón para soportar las penas de la vida"
J. J. Rousseau

"Diferentes en la vida, los hombres son semejantes en la muerte".
Lao-Tsé

"La muerte es dulce, su antesala cruel".
Camilo José Cela

"El hombre es un ser para la muerte".
Martín Hidegger

"Nadie está mas muerto que el olvidado"
Gregorio Marañón

"La muerte es el remedio de todos los males, pero no debemos echar mano de este remedio, hasta la última hora".
Moliere

"La muerte es algo que no debemos temer. Mientras somos, la muerte no es, cuando la muerte es, nosotros no somos".
Antonio Machado

"En este mundo no hay nada cierto, salvo la muerte y los impuestos".
Benjamín Franklin

Complemento a esta reflexión: podrás evadir el pago de impuestos; a la muerte, no.

"Uno muere cuando deja de tener proyectos y pierde la curiosidad".
Manuel Vicent

"Las dos palabras que producen mas felicidad a quien las escucha no son: "Te amo", o "Te necesito"; son: "Es benigno".
Woody Allen

"Lo de morirme lo dejaré para cuando no haya mas remedio".
Fernando Savater.

"La vida es tan corta, que sólo alcanza para ser amateurs. Cuando ya estamos aprendiendo, la función termina. Cae el telón, se apagan las luces".

Charles Chaplin

RECOMENDACIONES FINALES

En las páginas del libro, y en el capítulo 10, el lector ha encontrado una serie de consejos, sobre que hacer respecto a cada uno de los temas expuestos. Las siguientes ideas son complementarias que te auxiliarán para disminuir el estrés, y vivir mejor.

1. Medita. Meditar todos los días. La actividad, las prisas, el ruido exterior, distraen nuestra atención y energía; y el estrés se incrementa.
2. La meditación es el camino para tranquilizar las complicaciones de la mente. Además provoca cambios positivos en las regiones cerebrales relacionadas con la memora, la empatía, la autoconciencia y el estrés.
3. La meditación nos da la experiencia de serenidad y concentración esenciales, para la confianza en uno mismo.
4. No hay excusas para no darnos un tiempo para meditar. Nos frenan la adicción a la acción, la pereza, y el desconocimiento de los beneficios de meditar. Además es gratis.
5. Reserva un lugar en tu casa, en tu área de trabajo, o en un parque, donde puedas meditar. Un sillón cómodo, música suave, luz tenue. Piensa en como va a ser tú día, respecto a tu persona, tu familia, y tu trabajo. Si estás luchando con una enfermedad, una dieta, una adicción, una relación, etc. no te tensiones ni seas catastrofista, imagina el escenario de la mejor forma de vivir el día de hoy.
6. Según el Budismo; la mayor parte del sufrimiento es creado por uno mismo. La meditación nos permite observar los pensamientos y las sensaciones asociadas a este sufrimiento. Al observarlos se desvanecen.
7. La autoestima no significa adularse a uno mismo ante el espejo, ni rodearnos de personas que nos admiren, y nos recuerden constantemente nuestras cualidades. Eso es narcisismo.
8. La autoestima es sentirse digno y capaz. Digno de ser amado y feliz. Capaz de afrontar los retos que la vida nos presenta.
9. La fórmula que escribió William James, hace 100 años, continúa vigente:

$$\text{Autoestima} = \frac{\text{Éxito}}{\text{Expectativas o pretensiones}}$$

10. Si tienes la expectativa de lograr algo:

- Obtener determinada calificación en un examen
- Obtener un puesto de trabajo o un ascenso
- Cerrar un negocio
- Obtener determinada ganancia
- Que una pareja te quiera
- Que un hijo te obedezca

O lo que sea y tienes éxito tu autoestima sube. Si no tienes éxito tu autoestima baja. Por lo tanto mide bien tus expectativas.

11. Vive con sentido común (que es el menos común de los sentidos). El sentido común es la visión compartida por muchos. No tomes decisiones absurdas y caprichosas, sin contrastarlas.

12. Asesórate bien para las decisiones importantes en los temas que no domines. Recurre a personas entrenadas.

12. Respecto a tu economía, gasta sólo cuando tengas dinero. Procura gastar menos de lo que ganas.

13. Si utilizas tarjeta de crédito, paga siempre tu saldo cada fin de mes. Si tú economía no te permite hacerlo, no la uses.

14. En occidente nos hemos enfocado al desarrollo intelectual de las personas; pero no en el desarrollo emocional. El arte de vivir empieza por una correcta gestión de las emociones.

15. Una emoción es un fenómeno físico, en el que se producen una serie de cambios fisiológicos que afectan nuestras hormonas, a nuestros músculos y a nuestras viseras. Esos cambios tienen una duración limitada a minutos o algunas horas.

16. Si tenemos una emoción negativa o displacentera y lo expresamos, descansamos. Pero si esa emoción se reprime, se puede convertir en un estado de ánimo, que puede durar meses o años.

17. Cuando algo te molesta, o no estés de acuerdo con alguien, comunícaselo. La asertividad es una herramienta de la comunicación que facilita la expresión de emociones y pensamientos. No debe ser un arma destructiva como la utilizan las personas agresivas. Por lo tanto ni sumisión, ni agresión. Asertividad.

18. La asertividad sirve para defenderse inteligentemente. Es un instrumento de salvaguardia personal, que nos dignifica.

19. Todos los sabios orientales coinciden en que el arte de vivir, se basa, en nuestra conexión con el momento presente.

20. La mente tiende a ir hacia el pasado y hacia el futuro. Muchos de los pensamientos sobre el futuro, son proyecciones negativas (como el miedo) de vivencias del pasado.

21. La felicidad ni se compra ni se vende. Casi nada de lo que nos ha proporcionado más felicidad lo hemos logrado con dinero.

22. La fórmula más sencilla y frecuente de la felicidad, es bastante fácil: adopta una dieta regular de placeres y deleites simples.

- Una compañía agradable
- Una comida sabrosa
- Una lectura interesante
- Una música grata
- Un paseo por el parque

- Un espectáculo entretenido
- Una charla amena
- Una risa a pierna suelta

23. La fórmula de la felicidad no es mágica, ni Universal. Cada persona debe encontrar un camino particular para conocer y gestionar sus emociones y sus sentimientos, para conseguir vivir mejor.

24. Los gobiernos de todos los países miden lo bien o mal que vivimos, por la situación económica. El producto interno bruto sólo mide las transacciones económicas; no sabe del auténtico bienestar de las personas.

25. Existen indicadores que miden el bienestar no sólo a través del flujo de dinero. En Bhutan identifican tres venenos en nuestras vidas:

- La codicia
- La hostilidad
- La ignorancia

26. Estos tres venenos han crecido en el mundo materialista. Están institucionalizados en nuestros sistemas económico, político y mediático.

27. Un progreso en generosidad, solidaridad y sabiduría contribuirán a pasar de una sociedad basada en el crecimiento económico, a otra basada en el crecimiento vital.

28. La educación actual sólo se ocupa de la mente racional, práctica, instrumental. Crea seres egoístas y prácticos que no tienen una dimensión de una vida solidaria con otros seres humanos en desventaja.

29. Respecto a tus relaciones afectivas, ama a la gente tal cual es, o no la ames. Si amas a la gente tal como no es, no es a ella a quien amas, sino a tus sueños.

30. En tus relaciones cuida los detalles, las pequeñas acciones cotidianas.

31. Vigila tu lenguaje y la forma como te comunicas. El 90% de los conflictos interpersonales tienen su origen en una verbalización inadecuada de las diferencias de opinión.

32. En la relación de pareja debe haber respeto y admiración mutua. Podemos admirar a una persona por sus cualidades humanas.

33. Siempre evita daños irreparables. Una vez que se hiere profundamente a alguien, nunca vuele a ser lo mismo.

34. El amor es como la cerámica. Cuando se rompe, aunque se reconstruya, se reconocen fácilmente las cicatrices.

35. Dedica tiempo de calidad a tu familia. No trates de compensar tu ausencia con regalos costosos. Inculca la cultura del esfuerzo, el ahorro, la espera, la paciencia, el buen juicio y la responsabilidad.

36. Saber trasmitir valores, poner límites y prohibir ciertos comportamiento a los hijos, es tan importante como prodigarse en muestras de ternura y cariño.

Colofón

Si al lector le quedaron conceptos claros, con lo descrito en las páginas de este libro; y a través del conocimiento, puede evitarse algún conflicto personal, familiar, laboral o social; el autor habrá logrado su objetivo.

GLOSARIO

Abuso físico: dañar a alguien, más débil (sea un menor o una mujer) utilizando la fuerza física.

Abuso psicológico: dañar a alguien, con palabras, insinuaciones, mentiras, humillaciones, alusiones mal intencionadas. Se conoce también como violencia perversa, o acoso moral.

Acoso moral: es un sinónimo de maltrato o abuso psicológico.

Adicción: condición en la que se necesita consumir substancias tóxicas (tomadas, inhaladas, o inyectadas) para poder vivir. También se le llama dependencia. El término también se usa en la conducta, sin el consumo de tóxicos, Ejemplo: adicción al juego, al sexo, al deporte, a sufrir, a otra persona, etc.

Adolescencia: es el período del ciclo vital, que se haya situado entre la infancia y la edad adulta. Se inicia con la pubertad. Sus límites van desde los 11 ó 12 años,

hasta los 18 ó 20.

Afectividad: conjunto de reacciones psíquicas del individuo, ante situaciones vitales, provocadas por contacto con el mundo exterior, o por modificaciones internas del organismo.

Afecto: es la forma más elemental de la afectividad. Es un estado psíquico inmediato, que no puede ser analizado, y que condiciona el sentido de una reacción. Puede ser agradable (placentero), o desagradable (doloroso). Sinónimo de sentimiento.

Anfetaminas: sustancia que actúa como estimulante físico y psíquico, disminuyendo la sensación de fatiga y de hambre y aumentando el estado de vigilia.

Alcoholismo: es la compulsión a beber alcohol. Es la dependencia de esta substancia (alcohol) que es un depresor del sistema nervioso central y que está presente como ingrediente activo en el vino, la cerveza y los licores destilados.

Alucinógeno: droga o fármaco que afecta el cerebro y provoca falsas percepciones (alucinaciones); es decir, hace que el consumidor vea, oiga, y perciba cosas irreales.

Angustia: sensación mayor que la ansiedad, con un sentimiento de impotencia, desorganización y aniquilamiento ante el peligro. Aquí se presentan cambios físicos, trastornos respiratorios (disnea), cardiacos (palpitaciones, ritmo cardiaco acelerado), digestivos, sudoración, etc.

Ansiedad: sensación de un peligro inminente, totalmente indeterminado, no cristalizado todavía. Su raíz es puramente emocional. Constituye uno de los elementos fundamentales de la enfermedad mental. En un grado mayor corresponde a la angustia.

Auto-crítica: capacidad que posee un sujeto para valorar de una manera justa sus actos, operaciones intelectuales, y el estado en el que se encuentra.

Autoestima: es la disposición a sentirse competente para hacer frente a los desafíos básicos de la vida, y sentirse merecedor de la felicidad.

Auto-exigencia: exigencia que opera dentro de un individuo, cuando ya ha introyectado las figuras de sus padres y se estructura el superyó.

Bulbo raquídeo: o médula oblonga es el más bajo de los tres segmentos del tronco del encéfalo. Presenta la forma de un cono truncado de vértice inferior, de tres centímetros de longitud aproximadamente. Sus funciones son la transmisión de impulsos de la médula espinal al encéfalo. También se localizan las funciones cardiacas, respiratorias, gastrointestinales y vasoconstrictoras.

Cocaína: la cocaína es un alcaloide que se obtiene de la planta de coca. Es un estimulante del sistema nervioso y supresor del hambre. En la mayoría de los países la cocaína es una sustancia prohibida.

Consiente: lo consciente designa al conjunto de vivencias de las que el sujeto puede darse cuenta, mediante un acto de percepción interna

Cólera: enfado violento.

Coraje: Valor, energía y voluntad para afrontar situaciones difíciles o adversas. Rabia e irritación que sufre una persona.

Culpa: es la sensación negativa que produce en el ser humano su propia consciencia -base de valores y principios morales y éticos- al confrontarse con una acción propia y/o ajena de cualquier tipo, calidad o nivel.

Déficit de atención: conjunto de síntomas principalmente de inatención, sentimientos subjetivos de inquietud, y de impulsividad. En los niños es común que se acompañe de hiperactividad, y que ésta disminuya en el adulto. Por el déficit de atención no se terminan los trabajos, o terminados se olvida entregarlos. Aún no terminan de preguntarle y ya esta contestando; le hablan y no escucha.

Depresión: es el diagnóstico psiquiátrico que describe un trastorno del estado de ánimo, transitorio o permanente, caracterizado por sentimientos de abatimiento, llanto, infelicidad y culpabilidad, además de provocar una incapacidad total o parcial para disfrutar de las cosas y de los acontecimientos de la vida cotidiana.

Drogadicto: persona que depende física o psíquicamente de una droga, debido al consumo reiterado de la misma. La Organización Mundial de la Salud ha cambiado el término a Farmacodependiente.

Denigración: ataque contra la dignidad de una persona, injuria, ofensa.

Delincuencia: conjunto de actos en contra de la ley, tipificados por la ley y merecedores de castigo por la sociedad, en diferentes grados.

Despenalización: Eliminación del carácter penal de una acción considerada delictiva. Existen sustancias tóxicas (alcohol, tabaco, café, y actualmente en algunos lugares marihuana) cuyo uso se ha despenalizado.

Economía mental: El aparato psíquico recibe excitaciones que pueden ser de origen interno (pulsiones, instintos) o de origen externo (exigencias escolares, laborales, sociales, etc.) que equivalen a un gasto de energía.

El funcionamiento del aparato psíquico puede describirse en términos económicos como inter-juego de cargas-descargas- contra cargas- sobrecargas.

Todo síntoma emocional, moviliza cierta cantidad de energía, determinado como contra partida, un empobrecimiento al nivel de otras actividades.

Egocéntrico: es la característica que define a una persona que cree que sus propias opiniones y/o intereses, son más importantes que las de los demás.

Ello: parte del inconsciente donde radican fundamentalmente el origen de pulsiones (impulsos) y deseos.

Empatía: es la capacidad que tiene el ser humano para conectarse a otra persona, y responder adecuadamente a las necesidades del otro; a compartir sus sentimientos e ideas.

Enfoque topográfico: es la forma de entender las áreas dela mente: consciente, preconsciente e inconsciente y ello, yo y superyó.

Etapa edípica: también conocida como romántica; complejo de emociones y sentimientos infantiles, caracterizados por la presencia simultánea y ambivalente de deseos amorosos y hostiles hacia los progenitores. El niño prefiere a la madre y rechaza al padre. La niña prefiere al padre y rechaza a la madre.

Etapa de latencia: periodo del desarrollo de cierta tranquilidad emocional, que va de la salida de la etapa edípica a la adolescencia. Cuando el niño cursa la primaria.

Ética: rama de la filosofía que se ocupa del estudio racional de la moral, la virtud, el deber, la felicidad y el buen vivir.

Eros: fuerza que nos empuja hacia la vida, la supervivencia, el amor, el deseo.

Esquizofrenia: trastorno mental severo, que dificulta establecer la diferencia entre lo que es real e irreal; pensar de manera clara; tener respuestas emocionales normales. En esta enfermedad se presentan: un aplanamiento de los afectos, y alucinaciones visuales, auditivas u olfatorias.

Fantasía: situación imaginada por un individuo que expresa ciertos deseos o propósitos. Su función es soportar lo arduo de la realidad.

Feminismo: conjunto heterogéneo de ideologías y de movimientos políticos, culturales y económicos que tienen como objetivo la igualdad de derechos entre hombres y mujeres.

Funciones yoicas: funcionamiento del yo que permite principalmente: capacidad de adaptación a la realidad, sentido de prueba de realidad (distinguir realidad de fantasía), control de los impulsos, regulación de ansiedad, tolerancia a la ansiedad y frustración, creatividad y capacidad de espera.

Frustración: respuesta emocional común a la oposición. Relacionada con la ira y la decepción, que surgen del no cumplimiento de la expectativa individual.

Hachís: droga psicoactiva derivada del cannabis. Sus efectos son semejantes a los de la marihuana.

Hipocampo: es una de las principales estructuras del cerebro humano y otros mamíferos. Se localiza en el interior de la parte medial o interna del lóbulo temporal, bajo la superficie cortical.

Hipotálamo: es una glándula endocrina que forma parte del di encéfalo, y se sitúa por debajo del tálamo. Libera al menos nueve hormonas que actúan como inhibidoras o estimulantes en la secreción de otras hormonas, por lo que se puede decir que trabaja en conjunto con ésta Suele considerarse el centro integrador del sistema nervioso vegetativo.

Hiperactividad: El comportamiento hiperactivo suele referirse a: actividad constante, tendencia a distraerse fácilmente, impulsividad, incapacidad para concentrarse y comportamientos similares. Puede haber o no agresividad.

Hiperreacción: reacción exagerada ante un estímulo.

Homosexual: persona que tiene una orientación sexual que se define como la interacción o atracción sexual, afectiva, emocional y sentimental hacia individuos del mismo sexo.

Iatrogénico: es un estado, enfermedad o afección causado o provocado por los médicos, tratamientos médicos o medicamentos. Este estado puede también ser el resultado de tratamientos de otros profesionales vinculados a las ciencias de la salud, como por ejemplo terapeutas, psicólogos , farmacéuticos, enfermeras, dentistas, etc.

Identidad: Conjunto de características, datos o informaciones que son propias de una persona o un grupo y que permiten diferenciarlos del resto. Es la experiencia del self como entidad única y coherente

Impulso: Tendencia a actuar sin una deliberación previa. Fenómeno contrario a un acto de voluntad. Es la urgencia que empuja a la obtención de la gratificación del deseo.

Inhalables: son sustancias volátiles que se utilizan inhalándose, para drogarse. Producen daño cerebral por la muerte de neuronas.

Innato: condición que se tiene desde el nacimiento.

Inconsciente: Parte del funcionamiento mental, que no está al alcance de la atención, pero que juega un papel muy importante en el determinismo de la conducta. Ahí se ubican deseos, temores, agresiones: primitivos o reprimidos.

Intimidación: o amenaza, es el acto que busca que los otros hagan lo que se quiere, a través del miedo.

Impotencia: incapacidad para realizar o hacer algo.

Introyección: Proceso de asimilación por el cual se desarrolla la representación mental de un objeto (por ejemplo: de una persona significativa y/o de la emoción que evoca).

Individuación: separación psicológica de la madre al salir de la etapa de simbiosis emocional con ella. En condiciones normales sucede después del tercer año de vida. El niño logra diferenciarse como un ser diferente de su madre.

Identificación: Mecanismo por el que el individuo tiende a adoptar características que pertenecen a otra persona. El niño primero imita y luego se identifica con el padre. La niña se identifica con las características de la madre.

Laxo: Flojo, falto de fuerza. Los padres débiles forman un superyó laxo.

Lóbulo temporal: parte del cerebro, localizada frente al lóbulo occipital, aproximadamente detrás de cada sien, que desempeña un papel importante en tareas visuales complejas, como el reconocimiento de caras.

Marihuana: es una sustancia estimulante del sistema nervioso central, que produce alucinaciones. Las personas suelen fumarla como un cigarrillo o en una pipa. Es la droga ilegal de abuso más comúnmente consumida.

Médula espinal: largo cordón blanquecino localizado en el canal vertebral, encargada de llevar impulsos nerviosos, del encéfalo al cuerpo.

Mezcalina: sustancia estimulante del sistema nervioso, alucinógeno. Es el principal alcaloide del peyote.

Masa encefálica: el encéfalo, parte del sistema nervioso central, situado en el interior del cráneo, comprende el cerebro, el cerebelo y el tronco encefálico.

Mesencéfalo: o cerebro medio, es la estructura superior del tronco del encéfalo, une al cerebelo con el di encéfalo.

Neo córtex: llamado isocórtex, es el cerebro racional. Constituye la capa de neuronas, que recubre todos los lóbulos del cerebro de los mamíferos.

Neuropsicología: disciplina fundamentalmente clínica, donde convergen la neurología y la psicología. La neuropsicología estudia los efectos que una lesión, o funcionamiento anómalo en las estructuras del sistema nervioso central, causa sobre los procesos cognitivos, psicológicos, emocionales y del comportamiento individual.

Neurosis: trastorno mental leve o moderado, donde predomina un incremento de la angustia y que puede llegar a distorsionar el pensamiento racional y el funcionamiento a nivel social, familiar y laboral adecuado de las personas.

Nicotina: compuesto orgánico, que se encuentra en la planta del tabaco, con alta concentración en sus hojas. De alto poder adictivo que inhalado al fumado puede estimular o tranquilizar al usuario. Es un tóxico lícito con severos daños en la circulación y el funcionamiento pulmonar.

Neurológico: de la neurología o relativo a ella.

Onanismo: masturbación. Interrupción del acto sexual antes de que se produzca la eyaculación. Fijación en esta salida del impulso sexual, por medio de la cual el individuo prefiere masturbarse a estar con una pareja.

Perversión: alterar el buen gusto o las costumbres que son consideradas como sanas o normales, a partir de desviaciones y conductas que resultan extrañas.

Pituitaria: glándula compleja que se encuentra en la base del cráneo, conectada al hipotálamo.

Parafilias: patrón de comportamiento sexual en el que la fuente predominante de placer no se encuentra en la cópula, sino en alguna otra cosa o actividad que lo acompaña. Sinónimo de perversiones.

Pensamiento concreto: es la incapacidad de entender generalizaciones o ideas abstractas. Es común en el niño pequeño; el que en condiciones normales, evoluciona al pensamiento lógico y abstracto.

Pensamiento abstracto: supone la capacidad de asumir un marco mental de forma voluntaria. Esto implica la posibilidad de cambiar, a voluntad, de una situación a otra, de descomponer el todo en partes y de analizar de forma simultánea distintos aspectos de una misma realidad.

Psicoanálisis: terapia profunda (psicoanalítica). Conjunto de procedimientos y técnicas terapéuticas para el tratamiento de conflictos psíquicos.

Psicoanalista: persona entrenada para la aplicación del psicoanálisis.

Psicólogo: profesional especializado en un área determinada de la psicología, que es la ciencia que estudia los procesos mentales en sus tres dimensiones: cognitiva (pensamiento), afectiva (emociones) y comportamental (conducta).

Psicoterapia: proceso de comunicación entre un psicoterapeuta (es decir, una persona entrenada para evaluar y generar cambios) y una persona que acude a consultarlo («paciente» o «cliente») que se da con el propósito de una mejora en la calidad de vida en este último, a través de un cambio en su conducta, actitudes, pensamientos o afectos.

Psiquiatra: persona que después de estudiar medicina, hace una especialidad en psiquiatría y se dedica al estudio de la enfermedad mental con el objetivo de prevenir, evaluar, diagnosticar, tratar y rehabilitar a las personas con trastornos mentales y asegurar la autonomía y la adaptación del individuo a las condiciones de su existencia.

Psicópata: individuo que no siente remordimiento ni tiene empatía con el sufrimiento de sus semejantes. Utiliza a las personas como si fuesen objetos para conseguir sus propósitos. Otros rasgos característicos son: egoísmo desmedido, y un encanto superficial. Son los seres humanos más peligrosos.

Psicosis: trastorno mental grave, de origen emocional u orgánico, que produce un deterioro de la capacidad de pensar, de responder emocionalmente, de recordar, de comunicar y de interpretar la realidad. Es común en este trastorno la presencia de alteraciones de la percepción o alucinaciones.

Psilocibina: estimulante del sistema nervioso central con efectos alucinógenos.

Realidad: término lingüístico que expresa el concepto abstracto de lo real.

Rol conyugal: actividad que desempeña cualquiera de las personas físicas que forman parte de un matrimonio.

Self: Si mismo

Separación: Acción de separar o distanciar a dos personas que estaban juntas en el espacio o en el tiempo. Es un complemento de la individuación.

Simbiosis psicológica: es una metáfora biológica que se usa en psicología para describir la situación de unión psicológica de dependencia en dos individuos. Esta dependencia es normal en etapas muy tempranas de la vida después del nacimiento. (El niño en sus primeros tres años de vida está en simbiosis con su madre, en su estructura mental no se diferencian las representaciones de si mismo y de la madre).

Síndrome de abstinencia: es el conjunto de reacciones físicas que ocurren cuando una persona con adicción a una sustancia (alcohol o bebidas con etanol, tabaco u otras drogas) deja de consumirla.

Sobriedad: Control o moderación que tiene una persona en su manera de actuar, especialmente al comer y al beber.

Superyó: es la parte del aparato mental que tiene como función integrar al individuo en la sociedad. Es la instancia que va a observar y sancionar los instintos y experiencias del sujeto y que promoverá la represión de los contenidos psíquicos inaceptables. En su origen la forman los padres del individuo.

Superyó sádico o punitivo: es la parte del aparato mental extremadamente exigente que impide el crecimiento adecuado de la estructura que conocemos como: "yo". Padres muy exigente y agresivos forman un superyó sádico.

Sistema límbico: es un sistema formado por varias estructuras cerebrales que gestionan respuestas fisiológicas ante estímulos emocionales. Está relacionado con la memoria, atención, instintos sexuales, emociones (por ejemplo placer, miedo, agresividad), personalidad y la conducta.

Sublimación: mecanismo de defensa que el yo dirige de forma inconsciente e involuntaria la energía psíquica asociada a un deseo o representación inaceptable hacía actividades no censurables por su conciencia moral. Ejemplo: el cirujano "sublima" su agresión transformándola en beneficio a su paciente.

Tánatos o instinto de muerte: Provoca en el sujeto, un apetito hacia el estado de tranquilidad total, hacia el cese de la estimulación y de la actividad, un afán por regresar al estado inorgánico inicial. El masoquismo, el sadismo y todo afán por la destrucción es expresión patológica del instinto de muerte. Aquél impulse agresivo está volcado contra el Self.

Termorregulación: es la capacidad que tiene el organismo para regular su temperatura, dentro de ciertos limites, incluso cuando la temperatura circundante es muy diferente.

Teoría del apego: es el vínculo emocional que desarrolla el niño con sus cuidadores o figuras de apego (Caregivers) y que le proporciona la seguridad emocional indispensable para un buen desarrollo de la personalidad. La tesis fundamental de la Teoría del Apego es que el estado de seguridad, ansiedad o temor de un niño es determinado en gran medida por la accesibilidad y capacidad de respuesta de su principal figura de afecto (persona con que se establece el vincula, la madre o su equivalente).

Tóxicos lícitos: sustancias tóxicas que pueden ser utilizadas sin restricción de las leyes.

Tóxicos ilícitos: sustancias tóxicas no permitidas legalmente.

Valores: Cualidades que rigen el comportamiento de un ser humano y van ligados con la ética de cada persona.

Víctima: es una persona que sufre un daño o perjuicio por culpa ajena o por una causa fortuita.

Vigilia: acción de estar despierta o en vela.

Vínculo: Relación que desarrollan dos individuos mediante la cual, cada uno es distinto y específicamente significativa para el otro.

Violencia: es el tipo de interacción humana que se manifiesta en aquellas conductas o situaciones que, de forma deliberada, provocan, o amenazan con hacerlo, un daño o sometimiento grave (físico, sexual o psicológico) a un individuo o una colectividad; o los afectan de tal manera que limitan sus potencialidades presentes o futuras.

Yo: Una delas tres estructuras psíquicas (yo, ello y superyó) formada por las funciones que median (transacciones) con las otras dos instancias y con la realidad externa.

BIBLIOGRAFÍA

1. BERNE Erik, "El guión de vida", Bilbao Ed. Desclée de Bouwer, S.A. 2000

2. BERUMEN Patricia, "Violencia intra-familiar", Editorial Aldia, 2003.

3. BLOOM Harold, "Donde se encuentra la sabiduría", Editorial Taurus, 20005.

4. CAMPS Victoria, "Que hay que enseñar a los hijos, Editorial Plaza Janés, 2000

5. Centros de integración Juvenil, "Las drogas y sus usuarios".

6. Centro Mexicano de Estudios en Farmaco-Dependencia, "Fármacos de abuso, CEMEF, 1976.

7. COMTE-SPOWVILLE André, "La feliz Desesperanza" Editorial Paidós, 1999.

8. CUELI José, "Vocación y afectos, Editorial Limusa Weily, 1977.

9. CORSI Jorge (compilador) "Maltrato y abuso en El ámbito doméstico", Editorial Paidós, 2003.

10. DE ANGELIS Bárbara, PHD "Are you the one for me?, Dell Publishing, Random House, Inc, 1992.

11. FREUD Sigmund, "El yo y el ello" (1923) Tomo III de las obras completas, Editorial Biblioteca Nueva 1973

12. FREUD Sigmund, "Tres ensayos para una teoría sexual" 1905, Tomo II de las obras completas, Editorial Biblioteca nueva, 1973.

12. FREUD Sigmund, "Totem y Tabu" (1912-1913) Tomo III de las obras completas, Editorial Biblioteca nueva, 1973.

13. FREUD Sigmund, "El porvenir de la Ilusión (1927), Tomo III de las obras completas, Editorial Biblioteca nueva, 1973.

14. GARRIDO Vicente, "El Psicópata: un camaleón en la sociedad actual", Editorial Algar, 2000.

15. GARRIDO Vicente, "Cara a cara con el Psicópata", Editorial Ariel, 2004.

16. GERINGER Woititz Janet, "Adult children of alcoholics", Editorial Health comunications, Inc. 1983.

17. GRAY John, 'Los hombres son de marte, las mujeres son de Venus", Editorial Océano-Atlántida, 1995.

18. GRIMBERG León, "Culpa y depresión", Editorial Paidós, 1963.

19. HALPERN Howard M., "Como romper con su adicción a otra persona", Editorial Obelisco, 2001.

20. HALES y Col. Robert, "Tratado de psiquiatría" The American Psychatric Press, 2000.

21. HARE Robert, "La psicopatía: "Teoría e investigación", Editorial Harder, Barcelona ,1984.

22. HARER Robert, "Sin conciencia: El inquietante modo de los psicópatas que nos rodean",
Editorial Paidós, Barcelona, 2003.

23. IRIGOYEN Marie France, "Acoso moral",
Editorial Paidós, 1999.

24. IRIGOYEN Marie France, "Mujeres maltratadas",
Editorial Paidós, 2006.

25. IRVIN Yalom, "Mirando el sol", Editorial Ewiece, 2008.

26. KUSHNER Harold, "When bad things happen to good people". Random House, Inc. 1996.

27. LAZEAR Jonathon, "El hombre que confundió el trabajo con su vida" Editorial Vergara, 2002.

28. LEVY Norberto, "La sabiduría de las emociones", Editorial Plaza-Janés, 2001.

29. LEVITT Steven y Dubner Stephen,"Freakonomics", Hamper Collins Publishers, 2005.

30. MELLODY Pía, "La codependencia", Editorial Paidós, 2005.

31. MORENO Kena y colaboradores, "Como proteger a tus hijos contra las drogas", Centros de integración juvenil, A.C.

32. PUNSET Eduardo, "El alma está en el cerebro"
Editorial Aguilar, 2006.

33. RAMIREZ Santiago, "Infancia es destino", Editorial siglo XXI, 1975.

VIVES Juan, "El mito de Dios" Cuadernos de Psicoanálisis, Vol. XXV, Julio-Diciembre 1992

36. WHYTE Lancelot Law, "El inconsciente antes de Freud". Editorial Joaquín Mortiz, S.A. 1967

AGRADECIMIENTOS

Muchas personas me han ayudado a lo largo del camino, imposible citarlas a todas.

Agradezco a Doña Laura Barragán de Elizondo, quien tuvo la confianza en mi para nombrarme Director del Manicomio del Estado de Nuevo León; "La casa de salud mental", antes de graduarme de médico, y mucho antes de ser Psiquiatra. Cinco años al frente de ese nosocomio de 200 camas, me dejaron una extraordinaria experiencia.

Ahí conocí y conté con el apoyo incondicional de dos mujeres voluntarias: Rosy S. de Martínez y Evelia S. de Torres.

Mi maestro y amigo Sergio J. Martínez influyó y motivó para que no me quedara como Psiquiatra, y avanzara a formarme como Psicoanalista.

Mi agradecimiento especial a Pepe Cueli, amigo querido y tutor de muchos años en mi historia intelectual.

Respecto al presente libro, una multitud de amigos y colegas leyeron partes o todo el manuscrito, y me ofrecieron sugerencias: Alonso Cantú, Francisco Patiño, Patricio González, Emilio Sáenz, Rubén González, Carlos Leal isla, Zita Holvart, Romeo Flores, César Lucio Coronado y Carlos Goldman.

Mis hijos Enrique y Rodrigo, y mi hermano Ponciano, fueron mis más cercanos consultores. Mi hija Claudia tuvo una influencia decisiva para darle forma y foco al libro. Y mi esposa Lupita, fue incansable ayudándome a escribir y transcribir mis ideas, hasta considerarlas adecuadas.

La mayor deuda es con mis pacientes; quienes son los mejores maestros que todo médico tiene; deben permanecer anónimos, pero ellos saben quienes son.

Me han confiado su conflictos, sus angustias y sus temores, me permitieron utilizar sus historias, y juntos cambiamos sus identidades.

Algunos leyeron parte del manuscrito, y ofrecieron consejos. Otros con quienes trabajé muchos años atrás, no los pude contactar; utilicé algunas experiencias y su identidad quedó disfrazada en forma efectiva.

Considero que estos últimos, también estarán complacidos que sus historias sirvan para prevenir el sufrimiento de otras personas.

SOBRE EL AUTOR

Formado profesionalmente en la Universidad Autónoma de Nuevo León como Médico Cirujano y Psiquiatra.

Doctorado en psicoanálisis en México D.F., en el Instituto de Psicoanálisis de la Asociación Psicoanalítica Mexicana. Certificado por el Consejo Mexicano de Psiquiatría Mexicana y por la International Psychoanalytical Association. Ha desempeñado varios cargos en el sector salud y académico, donde ha impulsado múltiples programas de prevención y de educación para la salud. Además desde hace 40 años atiende pacientes y asesorías privadas.

Made in United States
Orlando, FL
30 June 2025